本书的出版得到了河南省高等学校哲学社会科学应用研究重大项目：
新常态下河南省承接产业转移促进制造业转型升级研究（2016-YYZD-20）的资助

刘珂 等/著

河南省制造业
转型升级研究

RESEARCH ON THE TRANSFORMATION AND UPGRADING OF
MANUFACTURING INDUSTRY
IN HENAN PROVINCE

社会科学文献出版社
SOCIAL SCIENCES ACADEMIC PRESS (CHINA)

序　言

　　当前，全球制造业技术进步越来越快，新产品新技术不断涌现，同时，人们的收入水平也在不断提高，消费升级的速度也越来越快，这些变化使全球制造业呈现出一些新的发展趋势：由规模化生产向定制化生产转变；由单纯生产产品向为顾客提供服务为中心的服务型制造转变；由传统生产向智能化和信息化转变；由粗放生产向可持续化生产转变；专业化分工更加精细，企业之间更加强调协作与分享。这些新的发展趋势，给中国制造业发展既带来了机遇，也带来了挑战。习近平总书记在中共十九大报告中提出：加快建设制造强国，加快发展先进制造业，推动互联网、大数据、人工智能和实体经济深度融合。2017 年 12 月召开的中央经济工作会议提出：要推进中国制造向中国创造转变，中国速度向中国质量转变，制造大国向制造强国转变。如何更快地推动中国制造业转型升级，实现从中国制造向中国创造转变，从制造业大国向制造业强国转变，是当下中国经济发展的核心问题。

　　河南省是我国中部地区的经济大省，近年来全省经济发展水平快速提高，正在由传统的农业大省向新兴的工业大省转变。河南省制造业的生产规模不断扩大，经济效益也在不断提升，企业的自主创新能力和创新水平也得到了明显的提高，部分制造业产业的整体竞争能力得到稳步提升。目前，河南全省制造业门类齐全，体系完整，在食品加工、装备制造业、汽车及零部件业等领域在全国占有重要地位。制造业已经成为河南省现代化建设和工业化发展的支撑，对河南省的国民经济和社会发展起着至关重要的作用。但是，与我国沿海发达省份相比，河南省工业基础薄弱，产业结构不合理，企业研发能力弱，资源环境约束较强，这使河南省在经济发展方式转变和产业结构调整方面面临着更大的压力，制造业转型升级必须走在全国前列。

　　本书聚焦当前我国经济发展中的核心和热点问题，把河南省制造业转型升级置于全球经济结构调整和产业转型升级的大背景下，探讨了在河南省占重要地位的九类制造业产业的转型升级问题。这九类产业分别是电子信息产业、汽车产业、装备制造业、食品产业、医药产业、建材产业、冶金产业、化工产业、纺织服装业，其中有些是河南省的传统优势产业，有些是河南省的支柱产业，有些是河南省的战略性新兴行业，这些产业在河南省制造业中占有重要地位，对河南省经济发展举足轻重。本书基于每类制造业的发展现状和优劣势，深入探讨了每类产业转型升级存在的问题和困境，并提出了每类产业转型升级的路径和对策措施。

总的来看，河南省制造业转型升级面临着如下一些困境：一是河南省制造业面临新的市场形势变化。在我国经济进入新常态的背景下，河南省的土地、自然资源、劳动力等生产要素越来越稀缺，过去制造业企业靠低工资、低技术和低质量所形成的低成本优势已荡然无存。二是长期以来河南省都以传统生产技术和劳动力密集型企业为主，制造业存在比较突出的结构性矛盾。河南省制造业行业分散、地域分布不集中、集聚水平低、竞争力弱、配套能力差、资源消耗严重、企业规模普遍较小等结构性问题比较突出。三是河南省制造业企业的研发投入少，企业自主创新能力弱。河南省制造业企业大多集中于传统行业，技术要求不高，主要生产市场上的低端产品，制造业没有形成有力的核心竞争力，更缺乏国际竞争力。四是我国大力推进绿色发展对河南省制造业发展提出了新要求。河南省自然资源人均拥有量在全国处于较低水平，总量矛盾和结构性矛盾很突出，一直是全国资源环境问题比较严重的地区，在过去的几十年中河南省经历了快速工业化的过程，给河南省控制环境污染和生态破坏带来很大的压力。

为促进河南省制造业转型升级，需要我们基于河南省制造业的发展基础和发展态势，对河南省制造业转型升级问题有比较全面和深刻的认识。第一，制造业的转型升级，既包括产业升级，也包括产业转型，这是相互关联的两个问题，需要不同的发展思路。第二，制造业转型升级的实质是本地制造业从全球价值链低端逐步到全球价值链高端的不断攀升，是一个动态的、连续不断的演化过程，在这一过程中创新是推动制造业转型升级的根本动力。第三，制造业转型升级不仅意味着采用新技术和生产新产品，更意味着产品价值的提升，是从当前所处的低技术、低附加值状态向高技术、高附加值状态进行的转变，在这个转变过程中，最重要目标是实现效率提升和价值提升。第四，制造业转型升级要依托河南省的比较优势，不能盲目地搞赶超战略。河南省制造业转型升级的可行路径应该是在传统优势产业中开发新技术、新产品，提升产品价值，提升产品竞争力，及时回应市场需求变化。第五，在当前我国供给侧结构性改革的大背景下，我国产业转移的速度加快，承接来自发达地区的产业转移是河南省制造业转型升级的一个重要途径。第六，实现制造业转型升级的主体是企业，地方政府部门需要采取有关措施来激发企业在推进产业转型升级中的主观能动性。在推进制造业转型升级的过程中，地方政府的主要任务是为企业做好服务，优化经济发展环境和完善为企业服务的制度建设。

　　本书基于翔实的数据资料分析，得到了一些新的研究结论，对河南省制造业转型升级问题提出了一些新的观点和新的看法。本书的研究成果对研究河南省产业发展的专家学者具有一定的参考价值，对政府部门制定产业政策也具有一定的借鉴价值。制造业转型升级问题涉及面广，研究这一问题需要研究人员既具备经济学和管理学等学科的知识，还要对相关产业的技术知识有一定的了解，因此，限于作者研究能力和知识储备的不足，本书难免会出现一些不足甚至错误之处，请读者批评指正。

目　录

第一章 河南省制造业转型升级研究总报告

制造业是国民经济的主体，是立国之本、兴国之器、强国之基。自改革开放以来，中国依靠成本优势大力推动出口导向型制造业发展，国内外市场需求的不断扩大，使中国制造业得到了全面的发展，一跃成为世界工厂。但是，2008年全球性金融危机发生之后，中国制造业的环境发生了巨大变化。首先，国外市场高速增长带来的规模效益开始消失，外需大幅度萎缩后，在规模效益阶段形成的粗放式的低成本竞争模式掩盖的弱点和不足随之暴露；其次，由于大规模的基础设施投资与地产开发，中国的要素资源价格出现持续提升，制造业成本压力越来越大；最后，劳动力开始大规模流向服务业，2012年，第三产业产值首次超越第二产业，服务业对劳动力的争夺导致劳动力价格长期上涨，制造业面临招工难问题。这些变化给中国制造业发展带来了巨大的压力，转型升级是中国制造业发展的必由之路。习近平总书记在2017年10月召开的中共十九大上提出：加快建设制造强国，加快发展先进制造业，推动互联网、大数据、人工智能和实体经济深度融合。2017年12月召开的中央经济工作会议进一步提出：要推进中国制造向中国创造转变，中国速度向中国质量转变，制造大国向制造强国转变。因此，如何更快地推动中国制造业转型升级，实现从中国制造向中国创造转变，从制造大国向制造强国转变，是当下中国经济发展的重要课题。

一　全球制造业发展呈现出的新趋势

当前，全球制造业的技术进步越来越快，新技术不断被开发出来，同时，随着人们收入水平的不断提升，消费者的偏好也在不断变化，消费升级的速度也越来越快，这些变化都推动着制造业不断出现新的发展趋势。消费者需求升级以及不断追求个性化的产品，推动着制造业企业从过去一直习惯的规模化批量生产模式向定制化生产模式转变，商业模式也从过去习惯的以产品为主模式转为以客户为主模式。此外，全球资源稀缺的严重性越来越突出，各个国家对环境保护的重视程度也在不断加深，这些约束条件形成了一种倒逼机制，逼迫制造业企业改变传统的生产经营模式，不断寻求更加高效和持续化的生产经营模式。总的来说，全球制造业发展目前呈现出以下几个方面的新趋势。

（一）由规模化生产向定制化生产转变。从供给方来看，在工业经济时代，基于对效率和成本的要求，实现利润和价值最大化的途径是标准化、规模化生产，规模效应是工业经济时代企业控制成本、实现高额利润的主要途径，而其规模化生产是建立在对生产过程和最终产品的统一化、规范化和标准化的基础上的。当前，全球经济发展进入数字经济时代，市场和产品被不断细分，根据用户的需求进行个性化、差异化的产品研发成为趋势。另外，伴随着全社会分工协同网络的不断完善，精细化、模块化的分工、协同生产成为生产系统的改革新趋势，大规模生产设计的刚性生产系统转变为可重构系统，进而为个性化规模定制的模式创新提供了可能。从需求方来看，随着经济发展水平的提高，人们对产品的需求越来越个性化，一方面是由于发展中国家收入持续增长，全球数十亿人口摆脱了贫困，居民消费水平越来越高，越来越追求个性化的产品和服务，提高了对定制化产品的需求；另一方面，信息技术、3D 打印、物联网技术、新材料和自动化等新兴技术在制造业的广泛应用，使制造业企业为个人和小众市场生产高度个性化和定制化的产品在技术上成为可能。

（二）由单纯生产产品向为顾客提供服务为中心的服务型制造转变。为了更好地了解和满足客户的需求，制造业企业将从原来的专注于生产环节向供应链下端的服务环节延伸，向顾客提供专业化和高度集成的服务产品组合。近年来，消费者的需求正在从单纯购买产品转向享受服务与体验，信息技术的日臻完善也使消费者和企业之间能够通过虚拟的网络平台获取信息、完成交易和实现人机互动。新一轮工业革命正在如火如荼地进行中，推动着制造业发生重大变革，也对发展服务型制造提出了新的要求。以向顾客提供服务为核心的产业结构转型，不是要放弃加工制造工业，而是要在维持加工制造环节优势的基础上加快发展以设计、研发为核心的生产性服务业，实现由生产型制造向服务型制造转变，提升本国或本地区的产业竞争力。在"工业 3.0"和"工业 4.0"时代，制造业已不再是传统的制造业，已经不再单纯是一个"制造 + 销售"的过程，而是转变成了当下流行的"生产＋服务"的过程。以苹果和 IBM 等现代化大企业为例，企业的关注重心已不再是生产过程，而将重心转移到了产品的开发、改进、销售、售后服务等环节，生产环节在企业经营过程中的地位越来越不重要，而服务环节在企业经营全流程中的作用越来越大。在"工业4.0"时代，那些专注于加工制造环节的企业在整个产业链条中只是处于从属地位，完全不拥有产品的定价权，而且随时可能被其他处于相同环节的厂商所取代。而那些在产业链条中处于研发、采购、储存、物流、营销、服务、融资和技术支持服务等环节的厂商，在产业链条中处于核心地位，具有制定价格的话语权，是产品价值产生的主要来源。在产业价值链的分配过程中，处于服务环节的企业居于核心地区，在价值分配中处于主导地位，拥有产品的定价权，这些企业有机会获取高额盈利。以苹果公司的产品为例，尽管 iPhone 手机的生产环节主要是在中国完成，但中国的加工厂所获得的价值微不足道，只占 iPhone 手机利润的 1.8% 左右，而苹果公司因为拥有 iPhone 手机的核心技术和知识产权却获得巨额利润，据估算，每部 iPhone 手机对美国 GDP 的贡献达 400 美元上下。在全球 500 强企业所涉及的 51 个行业中，有 28 个属于服务业，其中有 56% 的企业在从事服务业。美国的苹果公司基本上不参与产品的生产，而其主要关注的核心业务是品牌建设和产品的设计与销售，公司的全部产品基本上都是由外国的代工厂所生产。

（三）由传统生产向智能化和信息化转变。近年来，信息技术发展迅速，信息化技术在生产生活中的普及水平快速提高，数字技术、网络技术和智能制造技术日益渗透到产品研发、设计、制造、销售和售后服务的全过程中，与传统的生产制造模式相比，信息技术的发展和普及给各类产品的生产都带来了进行重大变革的机遇。一方面，研发设计技术日益智能化，设计环节和制造环节之间的时间差越来越短，使新产品的研发比过去节约了大量时间，降低了新产品的研发成本，并使新产品迅速上市；另一方面，机器人和自动化控制等智能装备在车间生产和仓储管理中得到越来越广泛的应用，更多运用智能制造技术和装备不仅使很多企业显著提高了生产效率，同时也大大降低了人力成本。另外，云计算等新技术不断涌现，为全球产业链的高效运转提供了更为便捷的平台，分布在世界各地的设计、研发、生产和销售环节通过网络连成一体，形成了协同化的生产模式。目前，物联网的快速发展正在影响到全球越来越多的制造业企业。传感器、自动控制、智能机器人、嵌入式电子设备、网络互联等技术的综合运用有效整合了制造业供应链的数据，使生产过程变得越来越信息化和智能化。在生产车间里，智能设备、机械和控制系统互通性越来越强。纵观世界工业发展的历史，在机械化、电气化和信息化引领的三次工业革命后，以新一代信息通信技术与制造业深度融合为核心特征的新一轮工业革命正在蓬勃兴起。新一轮工业革命为中国制造业的转型升级提供了难得的历史机遇，无论采取什么样的实现路径，根本上都是在促进信息化与工业化的深度融合，最终实现智能制造。当前我国制造业尚处在机械化、电气化、自动化、信息化并存，不同的地区、不同的行业、不同的企业处于发展不平衡的阶段。相对于工业发达国家，我们的发展环境更为复杂，任务更为艰巨。无论是制造业向高端发展，还是人工智能、大数据、云计算与制造业的融合发展，都要循着数字化、网络化、智能化的方向，一步一步地发展，提升制造业的质量和效益。

（四）由粗放生产向可持续化生产转变。自 20 世纪 70 年代以来，全球经济快速发展带来的环境生态问题引起了人们的强烈关注，人们开始反思经济发展与资源可持续利用以及环境保护之间的关系问题，人们为保护自然环境不受破坏做出了一系列的努力。然而，时至今日，资源与环境问题仍然困扰着人类社会。为应对环境保护与生产制造之间的矛盾，传统的工业设计理念不断进行革新，传统的生产技术不断进行改造升级，以充分利用自然资源和实现对环境友好的生产。近年来兴起于欧美日等发达国家的"绿色供应链""低碳革命"和"零排放"等产品设计理念开始流行于全世界，"绿色制造""循环经济"等清洁生产理念成为各个国家追求的目标，新型能源、节能环保产业日益受到各个国家的重视，这些新兴的发展理念和生产方式表明绿色化发展方式已经成为制造业未来发展的方向。低能耗、低污染的产品日益受到人们的青睐，各个国家也纷纷出台政策支持低耗能和低污染产品的生产。未来随着全球人口的不断增长和新兴经济体国家工业化的进一步推进，全球能源、矿产和水资源等的稀缺程度将会进一步加强。随着全社会环保意识和资源可持续利用意识的加强，制造业企业都在努力生产那些能够减少能源与材料使用量的环保产品，并通过技术革新采用可持续化生产工艺，从而提高资源利用效率和经济效益，提高企业竞争力和实现可持续化经营。我国过去经济发展中采用粗放型增长模式，消耗了大量资源，污染了环境，造成了经济生活中的一系列矛盾，粗放型生产模式严重地制约着我国经济的进一步发展。如果我们不转变经济增长方式，再靠大量消耗生产要素求得增长，我们的现代化建设是难以为继的。所以，我国制造业企业必须跟上发达国家先进制造业企业的步伐，推进生产方式从粗放型向集约型转变，从主要依靠增加投入和上新项目的外延式增长方式向主要依靠创新和新技术的内涵式增长方式转变，扭转过去那种高投入、高消耗、低质量、低产出的增长模式，转变到主要依靠科技进步和提高劳动者素质上来，转变到以经济效益为中心的轨道上来，转变到生产要素优化组合和充分利用的少投入、低消耗、高技术、高质量、高产出的集约型经济增长方式上来。

（五）专业化分工更精细，企业之间强调协作与分享。信息技术的广泛应用和交通基础设施条件的不断完善推动了供应链运输成本的降低，这使得制造业企业之间的分工越来越精细，每个企业专注于产业链的某个环节，分工的深化加大了企业之间对合作的需求，企业内部管理结构从传统的多层级组织模式向扁平化组织模式转变，从全球视野进行资源配置成为制造业企业降低生产成本和培育竞争优势的新思路。上述变化趋势给制造业企业的内部管理带来了明显的变化，传统的工业化思维强调企业业务大而全，内部管理采取科层管理结构，层级多，管理组织等级分明，这种管理结构的优点是管理精细、严格，缺点是难以适应快速变化的市场需求，因此，市场需求的快速变化使传统的制造业企业逐渐形成了扁平化的组织结构，使企业能够快速决策以应对市场变化。企业之间的分工精细和互联网思维更加强调制造业企业的开放、协作与分享，要求制造业企业减少企业管理的内部层级结构，形成扁平化的组织结构，以便快速响应客户需求。在整个产业链条中更加注重企业之间分工的专业化与精细化，这种变化使制造业企业的生产组织更富柔性和创造性。在资源利用方面，制造业企业普遍出现了在全球范围内配置资源的趋势，信息技术的进步使全球制造业企业通过互联网相互联系，加快了制造业全球化发展的步伐，生产领域和流通领域发生了巨大变化，制造业企业通过互联网将价值链与生产过程分解到不同国家和地区，技术研发、生产以及销售在全球范围内的协作日趋加强。一些大型跨国公司在全球不同国家建立生产基地和采购仓储中心，由来自不同国家和地区的众多供应商提供零部件和相关服务，形成相互协作、相互依存的利益共同体，从而显著降低了生产成本，提升了供应链竞争力。

二　河南省制造业的总体发展情况

根据 2017 年河南省国民经济和社会发展统计公报的数据，2017 年河南全省生产总值 44988.16 亿元，其中，第一产业增加值 4339.49 亿元，第二产业增加值 21449.99 亿元,第三产业增加值 19198.68 亿元,三次产业结构为 9.6∶47.7∶42.7,全省人均生产总值 47130 元。自 2014 年以来,我国经济进入新常态,总体经济增长率有所降低,但是河南省经济发展速度在过去的几年中一直处于全国前列。2012 年河南省生产总值为 29797 亿元,2017 年达到 44988 亿元,五年增长了 51%,年均增长率为 8.4%。

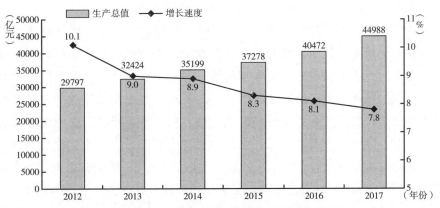

图 1-1 2012~2017 年河南省生产总值及增长速度

资料来源:《2017 年河南省国民经济和社会发展统计公报》。

2012~2017 年,河南省的三次产业结构发生了较为显著的变化,第一产业占生产总值的比重从 12.4% 下降到 9.6%,五年间下降了 2.8 个百分点;第二产业占生产总值的比重从 53.9% 下降到 47.7%,五年间下降了 6.2 个百分点;第三产业占生产总值的比重从 33.7% 上升到 42.7%,五年间上升了 9 个百分点。

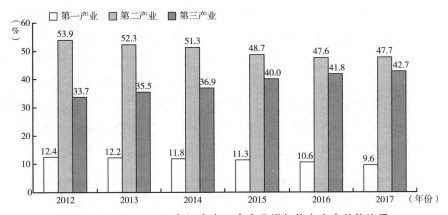

图 1-2 2012~2017 年河南省三次产业增加值占生产总值比重

资料来源:《2017 年河南省国民经济和社会发展统计公报》。

表 1-1　规模以上高成长性制造业、传统支柱产业、六大高载能行业
和高技术产业主要指标（2016 年）

行业	单位数（个）	增加值占规模以上工业比重（%）
高成长性制造业	11784	48.4
电子信息产业	339	4.0
装备制造业	4281	16.6
汽车及零部件产业	716	4.1
食品产业	3616	15.6
现代家居产业	1602	4.2
服装服饰	1230	3.9
传统支柱产业	10015	44.5
冶金工业	1155	7.8
建材工业	3778	12.5
化学工业	1574	7.0
轻纺工业	2894	10.4
能源产业	614	6.8
六大高载能行业	6924	32.3
煤炭开采和洗选业	264	2.6
化学原料及化学制品制造业	1316	5.3
非金属矿物制品业	3914	13.0
黑色金属冶炼及压延加工业	587	4.0
有色金属冶炼及压延加工业	568	3.7
电力、热力的生产与供应业	275	3.6
高技术产业	1098	8.7
医药制造业	462	3.1
航空、航天器及设备制造业	6	0.0
电子及通信设备制造业	327	4.2
计算机及办公设备制造业	36	0.2
医疗仪器设备及仪器仪表制造业	245	1.0
信息化学品制造业	22	0.2

资料来源：《河南统计年鉴 2017》。

三　河南省制造业转型升级的紧迫性

近年来，随着河南省总体经济发展水平的快速提高，河南省制造业也得到了突飞猛进的发展，已经成为新兴的工业大省。目前，河南全省制造

业门类齐全，体系完整，在食品加工、装备制造业、汽车及零部件业等领域在全国占有重要地位。制造业已经成为河南省现代化建设和工业化发展的支撑，对河南省的国民经济和社会发展起着至关重要的作用。2017 年 10 月，中共十九大作出了"我国经济已由高速增长阶段转向高质量发展阶段"的重大论断，强调建设现代化经济体系，必须把发展经济的着力点放在实体经济上，加快建设制造强国。2018 年的中央经济工作会议在部署 2018 年重点工作时，明确提出，"紧紧抓住制造业这个根基不放松"、"把供给侧结构性改革推向深入，推进中国制造向中国创造转变、中国速度向中国质量转变、制造大国向制造强国转变"。这些重要的论断和指示，为当前和今后一个时期着力发展实体经济特别是制造业指明了前进的方向，为加快新旧动能转换、做强做优"中国制造"提供了根本的遵循。目前，全球制造业发展形势正在发生深刻变化，我国制造业面临的竞争压力越来越大。一方面，以美国为首的工业发达国家纷纷出台重新振兴制造业优势的战略规划，发达国家的制造业将会再次得到发展；另一方面，众多的发展中国家也都非常重视制造业的发展，一些发展中国家在制造业方面的比较优势开始显现，比如，工资成本低，土地和原料价格低，这些发展中国家的制造业开始进入加速发展阶段。来自发达国家和发展中国家的双重压力迫使我国制造业必须尽快完成转型升级，否则，我国制造业的发展将步履艰难。对于河南来说，目前正在由传统的农业大省向新兴的工业大省转变，制造业的生产规模不断扩大，经济效益也在不断提升，企业的自主创新能力和创新水平也得到了明显的提高，部分制造业产业的整体竞争能力得到稳步提升，制造业对河南省整体经济发展的带动作用越来越大。但是，资源约束越来越强，人们的环保意识也越来越强，这就要求河南省在经济发展方式转变和产业结构调整方面必须走在全国前列，河南制造业面临的转型升级压力也越来越大。

（一）第四次工业革命已经开始，全球制造业格局正在发生深刻变化。2014 年 4 月，德国政府在汉诺威工业博览会上率先提出了"工业 4.0"的概念，亦即第四次工业革命，主要是指利用物联信息系统将生产中的供应、制造、销售等方面的信息数据化、智慧化，最后实现快速、有效、个性化的产品供应。新的生产理念和生产方式带来了制造业的深刻变化，发达国家为了继续在制造业领域占据优势地位，纷纷加大了科研投入和创新力度。近年来，许多高科技领域获得了重大成果：3D 打印、"互联网＋"、云计算、生物技术和新材料等领域取得了重大突破，许多技术已经实现了工厂化生产；智能工厂和智慧车间等基于信息物联网的新兴制造业技术正在改变传统的工业化生产方式；众筹、网络众包和个性化定制等新型的筹资理念和营销方式正在改变传统的工业价值体系；可穿戴智能产品、无人机等新型产品的研制成功为制造业开创了更加宽广的新领域。这些制造理念、营销方式、制造技术、生产方式的新变化，既给我国制造业发展带来了压力和挑战，也给我国以及河南省的制造业转型升级和创新发展带来一系列的发展机遇。自 2008 年全球发生金融危机以来，以美国为首的欧美发达国家提出了重新振兴制造业的国家发展战略，不断地加大在制造业领域的投资和研发力度，力图重新占领全球制造业的制高点，全球制造业的发展和竞争格局正在发生着重大的变化和调整。除了采取上述措施，以美国为首的欧美发达国家还在国际贸易领域不断发力，试图继续掌控国际贸易规则的主导权，积极推动跨大西洋贸易与投资伙伴协定（TTIP）等多边规则，想通过制定对自己更加有利的贸易规则和贸易政策来提升本国制造业的竞争地位，在国际贸易领域获取更大的利益。同时，广大发展中国家也不甘落后，积极推动本国制造业的发展，一些新兴经济体国家加快谋划产业布局，出台各种政策措施发展新兴制造业，期望在世界新兴制造业领域占有一席之地。河南省的制造业发展必须基于全球视野为本省的制造业发展进行定位，充分利用国家出台的各项政策措施以及国家在制造业领域的新机遇，在未来的全球化竞争中积极抢占有利位置。

（二）资源环境约束压力日益增大，制造业转型升级刻不容缓。自改革开放以来的 40 年间，我国制造业经历了一个飞速发展的阶段，制造业产业规模占到了全球制造业总产值的 1/5 以上，我国目前已成为世界上制造业规模最大的国家。在经济快速发展和制造业规模迅速膨胀的同时，我国传统的经济增长模式也带来了一系列问题，高投入、高能耗、高污染导致资源约束和环境污染问题越来越严重，传统的经济增长模式已经难以为继，必须加快产业结构调整步伐和转变经济增长模式。在资源约束问题上，2016 年，我国的石油对外依存度为 65.1%，天然气对外依存度达到 34%，对资源的过度消耗以及对进口资源的过度依赖，对我国经济的长期发展非常不利，也使我国长期经济增长面临较大的外部风险，一旦来自其他国家的资源供应出现了问题，就会对我国经济带来灾难性的影响。在环境问题上，我国制造业得到快速发展的同时，环境污染问题也越来越严重，自然环境的承载能力接近极限，大气、水、土壤等方面的污染日益严重，可供开发利用的土地越来越少，土地资源开发接近枯竭。习近平总书记近年来多次强调："既要绿水青山，也要金山银山。"在经济发展的同时维持资源的可持续利用和环境友好是制造业产业结构调整的大方向。在劳动力资源上，我国在改革开放后一直支撑经济高速发展的人口红利开始消失，刘易斯拐点已经出现，以劳动力成本低维持我国制造业竞争优势的局面一去不返，资源问题、环境问题、劳动力紧张问题对我国制造业发展提出了新的要求，转型升级已迫在眉睫。按照人均 GDP 水平、三大产业比重和城市化发展水平来评估我国的经济发展阶段，上述指标表明我国经济发展已经进入工业化后期阶段。按照进入工业化后期阶段经济发展特点的国际经验，进入工业化中后期阶段后经济发展主要以产业结构优化和提质增效为主，当前我国经济进入新常态，经济增长速度从高速增长转为中高速增长也是符合世界经济发展规律的，我国制造业当前的发展应该是以稳定增长速度、提质增效和优化产业结构为重点。

（三）我国经济发展进入新阶段，制造业产业结构调整和转型升级速度加快。2017 年 10 月，习近平总书记在中共十九大报告中指出，我国经济已由高速增长阶段转向高质量发展阶段，正处在转变发展方式、优化经济结构、转换增长动力的攻关期，建设现代化经济体系是跨越关口的迫切要求和我国发展的战略目标。2015 年 5 月国务院发布的《中国制造 2025》也曾经提出，中国要用 10 年的时间发展成为世界制造业强国。从我国制造业与发达国家制造业发展水平的比较上来看，我国制造业的生产规模比较大，在世界上排第一位，但是大而不强，我国的制造业企业在全球价值链分工体系中主要处于加工制造环节，自主创新能力弱，研发能力不足，缺乏核心技术，许多高端产品的核心零部件和关键技术都严重依赖进口，绝大部分企业没有形成持续的创新体系。在通信设备制造领域，我国近 80% 的核心技术芯片还依赖进口，在与国际同行竞争中处于不利地位。2018 年 4 月在中美贸易摩擦中，美国商务部禁止美国企业向我国的中兴通讯股份有限公司出口芯片，这对中兴公司的生产带来了巨大威胁，中兴公司面临无米下锅的境地。在制造业产品出口方面，我国制造业出口产品的质量一直不够稳定，质量波动较大，我国长期占据全世界召回问题产品排行榜的首位，每年都因为质量问题给企业造成巨额的经济损失，近年来每年的经济损失都在 2000 亿元以上。一些传统产业的产能过剩问题很严重，如钢铁、煤炭、水泥等传统行业，既存在产能的总量过剩，也存在结构性过剩的问题，部分低端产品的产能绝对过剩，而有些高端产品还要依赖进口。不仅是传统产业，就连光伏产业等新兴产业也出现了严重的产能过剩。近年来，我国中央政府提出了供给侧结构性改革的经济发展总体思路，其中的一项重要工作就是去产能，主要任务就是化解传统行业存在的严重产能过剩问题，同时推进传统产业的转型升级。经过几年来的努力，去产能工作取得了一些成绩，但是和中央政府制定的去产能目标相比，还有很大的距离。产能过剩使一些传统企业困难重重，产品销售不畅，经济效益低下，系统性风险增加。目前，正在全球范围内进行的第四次工业革命同我国的经济发展战略相吻合，也给河南省制造业转型升级带来难得的机遇。河南省未来的制造业发展需要充分利用这一战略机遇，按照《中国制造2025》的总体布局，以创新驱动和信息技术为引领，加快制造业产业结构调整和产业转型升级，突出河南创造、河南质量、河南品牌，把河南省建设成为具有国际影响力的制造业强省。

四　河南省制造业转型升级的困境

制造业转型升级是河南省提高工业化水平和提高全省经济发展水平的必然选择。自改革开放以来，河南省经济高速增长，目前已成为我国排名第五位的经济大省，在河南省经济的快速发展过程中制造业的贡献功不可没。但随着全球经济形势的不断变化和第四次工业革命的到来，以及资源环境的约束越来越强，河南省制造业转型升级的任务繁重，还存在许多制约因素影响着河南省制造业顺利实现转型升级。

（一）河南省制造业面临新的市场形势变化。自2008年全球爆发金融危机以来，我国实体经济受到强烈冲击，河南省的制造业也同样面临多方面的困境。全球制造业市场需求萎缩，订单大幅减少，企业效益下滑，经营困难。严峻的国内外市场形势使我国制造业过去一直以来存在的弊端暴露无遗。在过去的几十年中，我国制造业长期高速发展，数量的高速扩张掩盖了制造业企业在质的方面存在的一些问题，如内部管理粗放，企业研发投入不足，创新性产品和技术开发不足，没有长期的发展战略规划等，这些问题在市场高速扩大时期不会给企业带来严重问题，但是当市场形势不好的时候，这些问题就会给制造业企业带来灾难性的影响。河南省的大部分制造业企业都属于传统制造业领域，许多企业缺乏现代企业管理的理念和技术，不重视人才储备、技术研发、生产数据分析等基础性管理，成本核算方式简单粗放，长期以来都是依靠高投入和高能耗维持企业生存和运转。这种落后的管理方式已经很难适应经济全球化过程中的激烈市场竞争。在我国经济进入新常态的背景下，河南省的土地、自然资源、劳动力等生产要素越来越稀缺，过去制造业企业靠低工资、低技术和低质量所形成的低成本优势已经荡然无存，河南省的制造业企业必须转变发展方式，要向以提高技术水平和产品质量水平为核心的内涵式生产方式转变，通过提高产品质量和服务水平不断提高竞争力水平，积极回应消费者偏好的变化，实现更高的经济效益。

（二）河南省制造业存在比较突出的结构性矛盾。河南省作为新兴的工业大省，在装备制造、汽车及零部件加工、食品加工等领域具有一定的发展基础和优势。在迈向制造业强省的道路上，作为中西部地区经济发展势头最好的省份之一，与我国东部发达地区相比，河南省的制造业发展还存在着明显的劣势，长期以来河南省都以传统生产技术和劳动力密集型企业为主，制造业存在比较突出的结构性矛盾，这些传统的劣势会给河南省制造业的产业结构调整带来不少困难，转型升级步伐也会由于受到多方面限制而比较缓慢。河南省制造业虽然有一定的发展基础，但是长期粗放式的发展使河南省的制造业企业存在着行业分散、地域分布不集中、集聚水平低、竞争力弱、企业规模普遍较小等结构性问题，企业管理水平低，地方政府的市场监管和引导能力不足，这些使河南省制造业结构性矛盾的解决更加困难。近年来，全球性金融危机给我国制造业企业带来了一定的困难，第四次工业革命的兴起也给河南省制造业企业发展带来了更大的压力，这些困难和压力从另外一个角度来看实际上也是河南省制造业企业转型升级的良好机遇。为应对全球经济形势的变化，我国中央政府这些年非常重视经济结构调整，中央多次提出要加快产业结构调整，实现制造业转型升级，从以往粗放经营为主的落后发展方式向集约经营的新型发展方式转变。但是，我国自改革开放以来经济增长速度一直维持在较高水平，数量的高速增长使结构方面存在的问题被忽视，制造业的结构性矛盾被掩盖，错过了几次制造业转型升级的良好时机。像河南省的郑州、洛阳、开封、安阳、漯河、许昌、濮阳等地，在食品加工、机械制造、重型设备和汽车制造等产业上都有一定的产业基础和技术基础，但是由于企业管理方式落后，经济上缺乏活力，制造业的优势与发达地区相比正在逐渐消失，制造业对全省经济社会发展的带动能力和支撑作用正在衰减。河南省制造业如果不抓住当前我国进行供给侧结构性改革的有利时机及时进行产业升级，未来的发展将更加举步维艰，甚至有可能进入一个长期的衰退过程。河南省制造业企业长期以来存在的产品质量低下、配套能力差、资源消耗严重等结构性矛盾将会更加凸显，给河南省总体经济发展带来不利影响。

（三）河南省制造业企业的研发投入少，企业自主创新能力弱。河南省制造业企业大多集中于传统行业，技术要求不高，产品质量低，主要生产市场上的低端产品，在市场竞争中主要以大批量、成本低维持竞争优势。在这种发展态势下，河南省的许多制造业企业盲目追求数量上的扩张，追求短期利益，急于求成，不愿意在新产品、新技术上进行投资，企业缺乏创新能力，在企业经营中主要采用跟风和投机策略，制造业没有形成有力的核心竞争力，这不利于河南省制造业企业走出国门，形成国际竞争力，2018年4月美国对我国中兴通讯股份有限公司的制裁事件给我们敲响了警钟。2018年4月16日，美国商务部宣布未来7年将禁止美国公司向中兴通讯销售零部件、商品、软件和技术。中兴通讯严重依赖从美国进口芯片等元器件，美国的封杀对于中兴通讯无疑是一场灾难。这次事件最终会向什么方向发展，目前还难以预测，但是一个深刻的教训就是制造业企业要注重新产品、新技术的研发，尤其是要提高自身的自主创新能力，否则，关键核心技术依赖其他国家的企业，我们的企业就难以在世界上拥有强有力的竞争力。2018年4月20日，习近平总书记在全国网络安全和信息化工作会议上说，核心技术是国之重器。要下定决心、保持恒心、找准重心，加速推动信息领域核心技术突破。客观上来看，我国制造业生产出的产品普遍高科技含量低，在国际市场上缺乏强有力的竞争力，很容易被其他国家的产品所替代，河南省的制造业产品更是如此。因此，河南省制造业必须加大研发力度，形成自己的核心技术，出口产品必须从"中国制造"发展为"中国创造"。近年来，我国制造业受到了来自新兴经济体国家和回归实体经济的发达国家的双重竞争压力，制造业企业面临的国际竞争日益激烈，没有核心技术的企业，将来很难在世界市场上占有一席之地，因此，河南省制造业企业加强核心产品和技术的研发势在必行，否则，也会像中兴通讯一样，很容易被其他国家所控制。

（四）推进绿色发展对河南省制造业发展提出了新要求。中共十八大把生态文明建设纳入"五位一体"总体布局，提出建设美丽中国的目标。中共十九大把坚持人与自然和谐共生作为基本方略，进一步明确了建设生态文明、建设美丽中国的总体要求。在过去的几年中，我国生态文明建设的决心之大、力度之大、成效之大，在我国发展史上是前所未有的。推进绿色发展是建设美丽中国的基础，对制造业来说，就是要减少资源消耗、减少污染排放、减少生态破坏。河南省人口众多，自然资源人均拥有量在全国处于较低水平，总量矛盾和结构性矛盾很突出。尽管过去的几年中我国在环境保护方面取得了巨大的进步，但是中国目前的生态环境总体恶化的趋势没有得到根本扭转，大气污染、水污染和固体废弃物增加日益严重，农村环境形势严峻。河南省的资源环境问题就全国来说一直是比较严重的，在过去的几十年中河南省经历了快速工业化的过程，造纸、酿造、电力、化工、建材、冶金等高能耗高污染行业得到了快速发展，而且在未来还将继续发展，这给河南省控制环境污染和生态破坏带来很大的压力。另外，河南省以煤为主要能源的能源结构将会长期存在，煤的燃烧大量排放二氧化硫、氮氧化物、二氧化碳、烟尘、粉尘等污染物，河南省打赢蓝天保卫战的任务非常艰巨，在过去的几年中，郑州市的空气质量在全国的省会城市中一直处于污染最严重的城市之一。地方环境问题处理不当还会引发一些群体性事件，这已经成为当前影响社会稳定的关键问题之一。河南省制造业当中，存在大量的高耗能、高排放的制造业企业，这些企业面临的环境保护和节能降耗任务非常艰巨，过去那种依靠牺牲环境和资源来实现高速发展的路径已经难以为继，需要从根本上进行改变经济发展方式，走绿色发展、循环经济之路。

五　河南省制造业转型升级的总体思路

河南省是我国中部地区的经济大省，农业一直在全国占有重要地位，是我国重要的农产品生产和加工基地，近年来第二产业和第三产业也得到了快速发展。从全国经济的发展布局来看，河南省正在努力建设成为全国"三化"协调发展示范区和全国重要的经济增长板块。鉴于制造业在经济发展中的主导地位，加快河南省制造业产业结构调整、构建制造业现代产业体系是推动河南省经济稳定协调发展的重点任务。在我国经济进入新常态和进行供给侧结构性改革的背景下，制造业转型升级是推进河南省经济高速增长的发动机，以网络技术、智能技术等现代科技技术推动河南省制造业转型升级，是河南省发挥后发优势实现弯道超车和实施跨越式发展的必由之路，河南省制造业是否能够顺利实现转型升级决定着河南省走新型工业化道路、加速实现工业化和现代化的战略目标能否顺利实施。此外，推动河南省制造业的转型升级，也在缩小河南省与我国东部沿海发达地区之间的发展差距、促进全国经济协调均衡发展和解决河南省大量劳动力的就业问题等方面发挥重大作用。

（一）制造业的转型升级，不仅包括制造业产业升级，同时也包括制造业产业转型。对于制造业产业转型，其主要需要考虑的是转变企业经营思路，改变经济发展方式，增加产品的经济附加值，由传统的以投资为动力转变为以创新为动力，并且充分考虑环境因素，不以牺牲环境为代价追求产量增长和经济效益提升。制造业升级的核心是提升本地制造业在全球产业价值链上的地位，实现的主要途径是制造技术升级、制作工艺升级、产品升级换代、组织管理模式升级等。制造业转型和制造业升级并不是泾渭分明的两个路径，在本质上实际是一回事，两者相辅相成，相互促进，以制造业转型推动制造业升级，以制造业升级推动制造业转型。提升加工制造水平，现阶段，制造业产业链各个环节的附加值分布不均，中间环节的附加值降低，而对于河南，其加工制造业的中间附加值占据增加值大部分，而就目前来讲，中间环节的发展后劲明显不足，所以着眼将来，大力发展两端的增值环节成为一个明智的选择，不仅可以着眼于提升中间环节的水平，而且可以将新技术，新思想积极用于两端环节的发展，推进产业转型升级。

（二）制造业转型升级是一个动态的、连续不断的演化过程，在这一过程中创新是推动制造业转型升级的根本动力。制造业转型升级的实质是本地制造业从全球价值链的低端逐步到全球价值链高端的不断攀升，在这个攀升过程中，一些企业因为跟不上技术革新和市场变化而被淘汰出局，同时一些具有创新性且竞争力强的企业发展壮大起来，在这一过程中相关的产业可能会长期存在，不会轻易消失，但是相关的企业可能会有兴有衰，产品也会不断更新换代。政府在促进制造业转型升级方面能够发挥重大作用，政府主要的精力应该放在促进产业创新上，应该加大力度支持产业在产品和技术上进行创新，政府可以采用的政策措施主要有：投入直接引导资金推进创新，设立创业基金支持创新，出台扶持政策支持企业开展研发工作，支持研发平台的建设和运营，加大对人才的引进和教育培训投入，通过上述措施的有力实施来引导和鼓励企业进行创新。但是由于制造业转型升级并不是一蹴而就的，而是一个长期的过程，是一个动态演化的连续过程，只有起点没有终点，因此，政府需要借鉴发达国家和发达地区产业发展的经验教训，遵循产业成长的规律，循序渐进地推动本地制造业转型升级。一定要结合本地的产业基础和资源优势，强化具有竞争力的优势产业环节，协调推进产业链各环节均衡发展，形成基于产业链的全球竞争力，使本地企业的比较优势得以有效发挥。新时代下的企业的竞争不仅仅是单个企业的竞争，更是整个产业链的比较，对于企业来讲，拥有核心创造力就相当于拥有了企业安身立命的法宝和发展的保证。对于企业来讲，取长补短同样重要，大力发展自身的优势，同时又加大对短板的发展力度，才能使企业发展越来越好。

（三）制造业转型升级不仅意味着采用新技术和生产新产品，更意味着产品价值的提升。当前，全球的产业分工与过去相比发生了很大的变化，过去主要以产业间分工为主，目前已演进到主要以产业内分工为主，产品内分工是当前全球分工的主要形式。大型跨国公司在全球范围内进行生产流程布局，根据各个国家和地区的比较优势条件，在成本最低和资源条件最好的地方建立生产基地，以提高产品竞争力和提升产品附加值。从产业转型升级的内涵上来看，制造业转型升级本质上就是本地的产业从当前所处的低技术水平、低附加值状态向高技术水平、高附加值状态进行的转变，在这个转变过程中，最重要目标是要实现效率提升和价值提升，如果没有实现这种效率和价值的双重提升，产业的转型升级就只是一种表面上的转型升级，而非真正的转型升级，企业从一个产业转移到另一个产业只是结构上发生了变化而非结构上进行了优化，这种表面上的转型升级从长期来看对于提升区域产业层次和提升区域产业竞争力并没有太大的帮助。对于优势资源，要积极整合，并且使其流动起来，流向薄弱之处。河南省自然资源和劳动力资源都很丰富，但是如果一味发展资源性产业和劳动密集型产业，会使产业发展陷入路径依赖的误区，容易造成附加值分布不均，应该整合资源优势，积极引进高新技术和先进管理理念，吸引下游的高科技产业向上游流动，促进制造业转型升级，在全球分工体系中提升产品价值和产业竞争力。

（四）制造业转型升级要依托河南省的比较优势，不能光凭热情搞盲目赶超战略。河南省在制造业领域拥有一些具备传统比较优势的产业，如食品加工、机械制造、汽车及零部件制造、装备制造等，河南省在农业、能源、原材料等资源型产业方面也有一些比较优势，但是河南省在上述产业领域的比较优势目前还没有充分发挥出来，还有很大的提升空间。近年来，劳动力和土地等资源越来越紧张，生态环境保护的力度也越来越大，资源环境的约束使新兴产业和节能环保产业成为未来的重点发展产业，这些变化既给河南省这些具有比较优势的产业领域带来转型升级的巨大潜力，也给河南省制造业转型升级带来巨大压力。河南在战略性新兴产业的选择上要基于河南本省的产业基础和资源条件，不能盲目搞跨越式赶超战略，而是要依托当前具有传统比较优势的产业选择性地发展战略性新兴产业。当前，产业发展形势多变，新技术不断出现，在产业和技术前景尚不明晰的前提下盲目进入一些新兴产业领域，有可能给河南省经济背上沉重的包袱，我国一些地方政府近年来盲目发展光伏产业导致产能严重过剩就是前车之鉴。当前，河南省制造业转型升级的可行路径应该是在传统优势产业里开发新技术、新产品，提升产品价值，提升产品竞争力，及时回应市场需求变化，这种转型升级投入小、风险小、回报率高，比较适合河南省这类相对落后的地区。对于现阶段的河南省来讲，对增量和存量的平衡十分重要，应该积极防止低产能重复建设，造成浪费和经济效益下滑，引导产业向新技术、新能源、绿色、健康的方向发展。河南在很多产业领域有着长期积淀，有些产品和产业只是暂时处于困难时期，一旦有了合适机会，必然能够重焕生机，关键是重视新技术和先进的管理思想，加大对高科技领域的投入，激发传统优势制造业领域的发展潜力，稳步推进河南省制造业转型升级。

（五）承接来自发达地区的产业转移是河南省制造业转型升级的一个重要途径。我国东部沿海发达地区经过几十年的快速经济增长，资源约束越来越严重，一些地区土地资源紧张，劳动力缺乏，难以开展进一步的产业扩张，由于土地价格高昂，工资水平高，一些企业从沿海发达地区转移到资源条件相对丰裕的内陆欠发达地区，像河南这样的内陆地区，土地资源相对丰富，劳动力丰富，工资水平低，交通基础设施完善，还有比较大的开发空间，具备承接发达地区产业转移的良好条件。当前，在供给侧结构性改革的大背景下，我国产业转移的速度加快，内地相对落后的地区均把承接产业转移作为提升本地经济发展质量和促进本地制造业转型升级的一个重要途径。各地竞相出台招商引资的支持政策与优惠措施，通过引进技术先进、管理模式先进的新项目和企业在本地落户，推进本地制造业企业在技术、产品、管理方式上转型升级，促进知识和技术外溢，提高产业链配套水平，促进本地企业与引进企业之间的产业链对接，提高本地企业的技术水平、学习能力和管理水平，形成有竞争力的产业集群，提升产品价值，推动河南省制造业转型升级。

（六）实现制造业转型升级的主体是企业，地方政府部门需要采取有关措施来激发企业在推进产业转型升级中的主观能动性。在推进制造业转型升级的过程中，地方政府的主要任务是为企业做好服务，优化经济发展环境和完善为企业服务的制度建设。地方政府要为产业发展设计与营造促进企业成长的环境和制度，为企业提供相关的公共信息，推动技术密集型和知识密集型产业的形成和发展。经过多年来的发展和完善，河南省在经济环境的建设和营造上积累了不少经验，已经取得了显著的进步，但是与我国发达地区相比，在经济发展的大环境上仍然存在着较明显的差距，尤其是促进高新技术企业发展的创新体系、创业体系和为企业服务的金融体系还处于初步形成期，与深圳等地区在促进创新型企业发展方面存在不小差距，地方政府还有很多方面需要学习。近年来，河南省城镇化水平提升很快，产业集聚区的发展也日益成熟，有利于创新创业和知识集聚的软硬环境日臻完善，经济发展大环境和创新创业大环境的日益完善将显著推进河南省制造业转型升级。除了注重经济发展大环境的营造，地方政府还应出台措施培育有影响的制造业龙头企业，发展与主导产业相配套的辅助产业，提升产业链的配套能力和资源整合能力。地方政府要着力要培育一批技术先进、生产过程环保、经济效益好的大型企业集团，强化大型企业集团对与其配套的中小企业的辐射带动力，引导大型龙头企业对与其配套的中小企业进行正面引导，培养行业的健康发展意识和能力，加强企业间协调，使中小企业的产业配套能力、专业化生产能力和创新能力显著提升。地方政府要引导中小型企业走差异化发展道路，避免同质性竞争，鼓励中小企业依据本企业的特色和优势积极融入当地产业链，参与区域产业链的分工与合作，在与大型企业集团的合作中提升技术水平和管理水平，做专做精做强。地方政府还要注重发展大中小企业在合理分工基础上进行协作的现代化网络，进一步发挥行业龙头企业的带动作用，推进河南省制造业转型升级。

六　河南省制造业转型升级的对策

第一，发挥河南省制造业的比较优势，优化河南省制造业的产业布局。要实现河南省制造业的转型升级，首先要分析各类制造业的产业特点、技术特点、发展现状和发展趋势，结合河南省的产业基础和资源条件，找到河南省在制造业领域具有比较优势的产业和产品，根据不同的产业和产品采取针对性的发展策略，形成产业配套水平高、相互支撑能力强的制造业产业布局。河南省制造业经过多年的发展，目前已发展成为我国的制造业大省，和我国沿海发达地区相比，河南省能源充足、原材料丰富、劳动力充沛，在资源条件方面具有较为显著的比较优势，但是在生产技术水平和企业管理水平方面，河南省的制造业企业目前还落后于我国发达地区。在河南省的制造业升级过程中，充分利用要素成本优势，发展具有比较优势的产业和产品是必然选择。长期以来，河南省在纺织服装工业、食品加工、机械制造等传统产业领域具有很好的发展基础，在这些领域河南省都有一些国内外知名的大型企业。这些传统行业属于劳动力密集型产业，劳动力使用量大，技术含量低，附加值低，在全球产业链分工体系中处于产业链低端。但是这些优势传统行业主要提供老百姓的日常用品，与普通老百姓的日常生活密切相关，而且这些产业能带来的就业机会比较多，这一特点对于人口大省河南省来说，有利于发挥河南省劳动力丰富的比较优势，需要根据市场环境的变化进一步发展。装备制造业对于改造传统产业、培育新兴产业和推进传统产业转型升级具有重要的支撑作用，发展先进的装备制造业是河南省制造业转型升级的关键。从美日欧等发达国家地区的工业化发展历程来看，制造业大国的地位都是依靠发达的装备制造业来支撑的。河南省是我国内陆地区规模最大的装备制造业省份，河南省在制造业领域也有一定的发展基础和竞争优势，拥有一批重大的标志性产品和技术装备，从河南省制造业的综合实力来看，河南省装备制造业虽然具备一定的产业规模，但是大而不强，缺乏国际性竞争力，产品价值不高。当前河南省正处于工业化发展的关键时期，需要加速推进装备制造业发展以支撑河南省的工业化进程和推进制造业转型升级。河南省的高新技术产业也有一定的发展基础，是河南省制造业转型升级的重点领域。高新技术产业代表了一个地区的工业化发展水平，为促进河南省高新技术产业发展，河南省需要出台促进高新技术产业发展的专项政策和法律法规，制定高新技术产业发展的专项计划，并划拨专项资金支持高新技术产业，确定重点领域进行集中投资，推进高新技术制造业的自主设计和制造，通过高新技术产业的发展推进河南省制造业发展的总体水平。

第二，加大对于技术创新的支持力度，促进河南省制造业的技术创新。与发达国家以及我国东部沿海发达省份相比，河南省在制造业领域的技术创新能力较差，开发新产品的能力也比较弱，企业缺乏原创性的技术和产品，绝大部分企业走的是引进技术的路径，企业在重大技术装备自主研发与制造方面的水平更为落后，企业普遍缺乏高效的研发团队，技术力量比较薄弱。针对当前河南省制造业企业缺乏技术创新能力的现状，河南省在制造业领域需要加大对于技术创新的支持力度，促进制造业企业重视技术创新并采取切实的行动，实施好国家提出的创新驱动发展战略。河南省地方政府需要出台相关政策引导制造业企业加大人力、物力投入新技术和新产品研发，鼓励以龙头企业为核心实施应用性重大科技项目，以应用性重大科技项目为平台建设以企业为主体的产学研用相结合的技术创新体系，适应市场需求变化，借鉴国内外发达国家和地区在技术创新管理方面的经验，突出企业在技术创新过程中的核心主体地位，把企业真正建设成为研究开发投入的主体、技术创新活动的主体和创新成果应用的主体。同时还要发挥目前实施的科技重大专项的引导作用，根据河南省制造业产业发展规划，选择性地在具有比较优势的制造业领域开展重点产业技术创新工程，加强产学研用相关机构的分工与协作，攻克一批对河南省制造业发展有重大影响的关键共性技术。河南省在推进制造业的技术创新过程中，要充分利用国内和国外的创新资源，与发达国家和地区的企业、科研机构合作，在保护好河南省本地企业自主知识产权的基础上，实施技术引进、合作研发、人才引进等举措，有效利用国内外两种创新资源，推进河南省制造业企业在新产品和新技术研发方面有所建树，支撑河南省制造业转型升级。

第三，提升制造业产业能级，建设先进制造业工业体系。一是打造新型制造业体系。按照《中国制造2025郑州行动纲要》，研究谋划全省制造业布局和功能分区，进一步优化全市工业主导产业和新兴产业布局。加快打造先进制造业体系，强化电子信息、汽车和装备制造、新材料等战略支撑产业引领发展，引导现代食品制造、装备制造等传统优势产业转型发展，布局新一代信息技术、生物及医药、智能高端装备制造等新兴产业跨越发展，推进电子商务、现代物流、研发设计等生产性服务业加速发展。二是加快培育世界级产业集群。研究制定河南省建设世界级先进制造业集群工作方案，着力建设世界级智能终端、客车、轨道交通装备、冷链食品和铝精深加工等产业集群，进一步提升电子信息、汽车、装备制造、新材料、现代食品等产业能级，加快提升生物及医药、品牌服装及现代家居产业规模。强化产业转型攻坚，落实工业绿色化改造、工业智能化改造、企业技术改造等攻坚方案，制定实施电子信息、汽车及零部件、装备制造、新型材料等重点产业转型升级行动计划。三是加快培育新兴产业。制定河南省新兴产业发展指南，制定实施盾构装备、数控机床、动力电池、信息安全、智能传感器等先进制造业培育规划。加快培育集成电路、新型显示面板、智能传感器、新能源、生物医药、人工智能、增材制造、基因诊疗、智能机器人等新兴产业，建设一批示范企业，实施一批重点项目，加快新兴产业规模化发展。加快布局未来产业，围绕未来产业和技术发展趋向，着力发展石墨烯、纳米材料、可见光通信、北斗导航等未来产业，谋划和筹建一批未来产业研发生产基地，抢占产业发展的新高地。

第四，提升融合发展水平，着力培育新型制造业模式。一是加快工业化与信息化融合发展。实施信息化应用示范工程，培育一批工业化与信息化两化融合贯标企业，组织开展各类宣贯和培训活动，推动两化融合管理体系贯标由试点推广向全面普及转变。推进制造业互联网深度融合，积极创建国家、省、市大规模个性化定制、制造业互联网"双创"平台，服务型制造等各类试点示范企业。二是推进工业智能化改造。发展以"设备换芯"为重点的智能化改造，鼓励有条件的企业牵头或参与智能制造标准制定，承担国家智能制造综合标准化和新模式应用项目、智能制造试点示范项目，加快建设一批智能工厂、数字车间，形成一批具有行业竞争力的系统解决方案提供商。三是加快"企业上云"。积极建设河南工业云，实施"百千企业上云"计划，推动一批有条件的企业上云，降低企业信息系统构建成本，提高企业信息化应用水平，培育企业发展新动能。四是加快发展工业互联网。发展工业互联网，促进新一代信息技术与制造业深度融合，推动工业企业内网、外网建设。引进培育一批工业互联网解决方案提供商，搭建一批工业互联网平台，建设汽车、电子信息等工业互联网平台应用示范集群，构筑工业互联网产业生态。五是发展信息安全产业。加快郑州信息安全产业基地建设，推动一批有潜力的企业入驻，形成示范引领作用，吸引省内信息安全领域创新资源集聚，将郑州信息安全产业基地建设成为国内具有重要影响力的信息安全产业集群。

第五，提升企业实力，大力培育优势企业。一是实施企业家领航计划。落实国家《关于营造企业家健康成长环境弘扬优秀企业家精神更好发挥企业家作用的意见》，出台河南省制造业企业家培育计划，培养一批具有全球战略眼光、市场开拓精神、管理创新能力和社会责任感的优秀企业家。建立因政府规划调整、政策变化造成企业合法权益受损的依法依规补偿救济机制，营造促进企业家公平竞争、诚信经营的市场环境，引导金融机构为企业家创新创业提供资金支持，建立创业保险、担保和风险分担制度，建立健全帮扶企业家的工作联动机制。二是培育工业战略性企业。制定河南省培育工业大企业实施规划，建立完善战略性企业培育机制，制定和实施工业战略性企业培育规划，增加一批百亿级企业。支持战略性企业加快"走出去"步伐，建成一批跨国公司，发展一批具有国际竞争力的大企业集群。鼓励有条件的企业向平台型企业转变，打通供需链条，整合行业资源，着力形成一批平台型大企业，不断提升行业竞争优势。三是实施重点企业培优计划。按照产业布局，从新一代信息技术、生物医药等重点产业领域中，选取一批重点企业实施培优计划，通过深化企业服务、强化政策支持、创新发展模式、设定指导性目标，在未来几年内实现企业产值规模显著增加，效益显著提升。培育一批"专精特新"中小企业。落实国家、省、市扶持中小企业发展的各项政策措施。引导大型企业与中小企业、微小企业开展合作，实现互利共赢融通发展。

第六，努力争取国家层面对于河南省制造业在产业政策上的支持。在过去的几年中，中原经济区建设和郑州航空港经济改革实验区建设先后成为国家战略，河南省要重点围绕这两个国家级经济区建设，努力在传统产业改造升级、战略性新兴产业培育和产业创新能力提升等方面争取中央政府的支持，在土地使用政策、财政税收政策、生态保护政策等方面出台扶持办法，助力河南省制造业转型升级。我国中央政府在国家产业战略布局方面经常会出台一些推进办法，河南省应当抓住机遇，在河南省的传统优势产业和战略性新兴产业领域，更多争取国家级的制造业产业基地或制造业产业示范区，如新材料产业基地、新能源汽车制造基地、新能源产业基地、传统产业转型升级示范区等，争取国家级新型工业化基地、循环经济和节能减排试点、承接产业转移示范区等，这些国家级的产业基地和产业示范区，都会有一些配套的扶持措施和政策支持，经过几年的发展就能形成新的发展优势和品牌优势。在财税金融政策方面，河南省地方政府要重点争取国家在航空产业发展、制造业关键领域和关键环节的科技创新方面加大对河南省的支持力度，通过加大对制造业关键领域和关键环节的研发力度，以技术和产品上的重大突破推动河南省制造业转型升级。在土地使用与自然资源利用方面，河南省地方政府要努力争取中央政府支持河南省制定新的工业用地供给制度和完善工业用地租赁制度，并结合河南省的实际情况制定国有建设用地分期出让制度，通过实施更加灵活的土地使用政策降低投资成本，从而吸引投资并促进河南省制造业转型升级。

第二章 河南省汽车产业转型升级研究

第一节 河南省汽车产业发展现状及存在的问题

一 河南省汽车产业发展现状

(一) 在全国的地位

根据中国汽车工业协会的相关资料，截至 2014 年，全国（统计数据不包括港、澳、台，下同）除了西藏没有汽车工业，30 个省区市共有汽车工业企业 3367 家。其中：汽车整车 115 家，改装汽车 538 家，摩托车 138 家，车用发动机企业 40 家，汽车摩托车配件企业 2456 家，汽车配套相关行业 80 家。河南有汽车整车企业 8 家，占全国总数的 6.96%；改装车企业合计 38 家，占全国总数的 7.06%；摩托车企业 15 家，占全国总数的 10.87%；主要零部件企业 500 多家，占全国总数的 20%。

2014 年全国汽车产量 2251347 辆，同比增长 7.08%。其中，河南省汽车产量 409267 辆，占全国汽车产量的 18.18%，同比增长 13.15%。2014 年全国各省区市汽车工业总产量情况如图 2 - 1 所示，2014 年全国汽车产量集中度如图 2 - 2 所示。

按企业规模划分，河南省大型企业实现汽车工业总产值 3533881 万元，占总数的 54.16%，中型企业实现 2599193 万元，占总数的 39.85%，小型企业实现 390010 万元，占总数的 5.98%（如图 2 - 3 所示）。

(二) 产品结构不断优化

河南省的汽车产业主要包括以下三个部分：整车制造、汽车改装车、汽车零部件。目前，河南省汽车产业以运动型多用途乘用车（SUV）、大中型客车、皮卡以及改装车为主。河南省生产的公路客车和高档皮卡产品

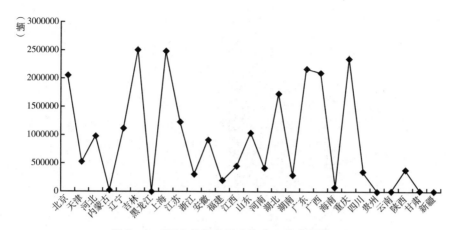

图 2-1 2014 年各省区市汽车工业产量情况

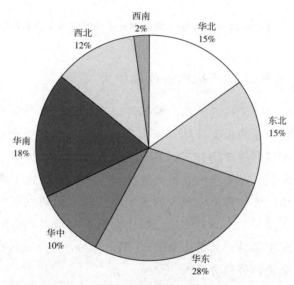

图 2-2 2014 年全国汽车产量集中度

在全国同行业中处于领先地位，河南省专用汽车产品中的专用半挂车在国内同类型产品中处于领先地位，市场占有率较高。

虽然，宇通、少林在河南的客车工业中都是大名鼎鼎的企业，但河南省在轿车生产方面一直欠缺，没有制造轿车的企业。2009 年底，海马集团郑州基地 15 万辆轿车项目实现竣工，标志着从此轿车有了"河南造"，这将补齐河南没有轿车制造企业的短板，同时，这也标志着河南省汽车产业的产品结构正在不断优化。

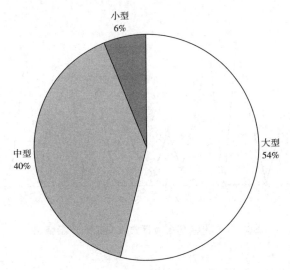

图 2 - 3　河南省 2014 年按企业规模划分完成的汽车工业总产值情况

（三）零部件配套产业规模持续扩大

随着整车生产规模持续扩大，零部件以及相关配套产业迅速发展，在河南省经济发展中起到重要作用。河南省的汽车零部件生产企业约有 300 家，生产的汽车零部件产品有 700 多个产品获得了国家批准。河南省汽车零部件产业的发展已经初步形成较大规模，生产的一批汽车零部件产品在国内同类产品中已经初步形成较大的影响力。如洛阳的汽车内燃机、许昌的汽车传动轴、濮阳的汽车刹车片、焦作的汽车制动器和南阳淅川的减震器等，这些汽车零部件产品销往全国 20 多个省份，在国内具有较高的市场占有率，并且远销国外部分地区。

全国最大的汽车零部件产业集群已经落户河南淅川县，淅川县充分发挥汽车减震器生产的基础优势，其减震器生产能力不断提高，已成为世界三大减震器企业之一。园区年产汽车减振器 1000 万支，汽车活塞杆 1000 万支，在做大做强汽车配套产业的基础上，走技术创新之路，实现了新的跨越式发展。

二　河南省汽车产业发展中存在的问题

（一）河南汽车工业占工业总产值的比重小

2014 年，全国汽车工业产值占工业总产值的比重为 3.93%，2013 年这一比例是 4.33%，下降了 0.4 个百分点，河南省的这一比重则由 2013年的 3.13% 下降到 2014 年的 1.39%，仅为全国平均水平的 35.37%，位列第 21。2014 年全国各省份汽车工业总产值情况见表 2－1。

表 2－1 2014 年各省份汽车工业总产值情况

地 区	工业总产值（亿元）	汽车工业总产值（亿元）	汽车工业总产值占工业总产值的比重(%)	按汽车工业比重排序
全 国	844268.79	33155.18	3.93	—
北 京	14513.63	1776.74	12.24	3
天 津	20862.74	1576.64	7.56	6
河 北	39698.80	820.15	2.07	15
山 西	16013.83	63.34	0.40	26
内蒙古	17774.82	151.79	0.85	24
辽 宁	41776.73	689.05	1.65	17
吉 林	16917.61	4584.22	27.10	1
黑龙江	11514.56	118.30	1.03	22
上 海	32445.15	4141.75	12.77	2
江 苏	107680.68	1517.64	1.41	20
浙 江	56410.48	1524.89	2.70	13
安 徽	25875.87	1462.22	5.65	8
福 建	27443.90	179.67	0.65	25
江 西	17949.38	275.31	1.53	18
山 东	99504.98	3011.58	3.03	12
河 南	46856.14	652.31	1.39	21
湖 北	28073.07	3084.69	10.99	5
湖 南	26386.58	583.42	2.21	14
广 东	94860.79	3568.46	3.76	11
广 西	12836.57	596.89	4.65	9
海 南	1600.13	92.80	5.80	7
重 庆	11847.06	1375.55	11.61	4
四 川	30485.09	435.49	1.43	19
贵 州	5519.96	52.81	0.96	23
云 南	7780.83	138.37	1.78	16
西 藏	74.85	0.00	—	31
陕 西	14283.48	663.80	4.65	9
甘 肃	6175.24	5.40	0.09	28
青 海	1893.54	4.92	0.26	27
宁 夏	2491.44	1.07	0.04	30
新 疆	6720.85	5.91	0.09	28

资料来源：根据《中国统计年鉴（2015）》和《中国汽车工业年鉴（2015）》整理。

（二）产业规模小，结构不合理

虽然河南省汽车工业发展较快，但同周边省份相比其规模较小。2014
年汽车年产量为 409267 辆，在全国各个省份中排名第 15。河南省临近省
份的汽车工业发展水平高于河南省汽车产业的发展水平，江苏、湖北、山
东和安徽四个省份已经形成了以优势企业为主，形成本土化品牌，带动本
土汽车产业发展的生产格局。

大中型客车、轻型商用车和 SUV 汽车产品是河南省汽车产业中发展情
况比较好的产品，但是这几种汽车产品都属于小众汽车产品，其市场规模
也比较小，上升空间有限。此外，河南省的乘用车产品销量偏低，占河南
省汽车产品总销量的比例较小，2014 年全国乘用车销量占整车销量的比例
为 72%，同年，河南省乘用车的销量占本省汽车总销量的比例仅有 32%。
河南省汽车产品的品种和产品结构都急需进一步优化。

（三）自主创新能力弱，研发投入不够

与江苏、安徽、重庆等地区的汽车产业相比，河南省在汽车产业中投
入的研发资金较少，这制约了河南省汽车产业创新能力的提高，阻碍了河
南省汽车产业的发展。多年来，河南省轿车关键零部件发动机和变速箱的
生产都处于空白状态，缺乏生产这两类汽车零部件产品的关键技术，也没
有企业在这两个模块投入研发资金。根据中国汽车技术研究中心所做的调
查可知，在汽车产业发展较好的江苏、安徽、重庆等地区，企业在关键技
术研发上投入的资金占到企业营业收入的 1.8% 左右，研发费用支出仅占
营业收入的 1.9%，而河南省多数汽车整车制造企业和零部件生产企业都
不愿将大量资金投入技术研发，多数企业的研发费用占营业收入的比例都
低于 1%，研发投入远远落后于上述三个省份，无疑，研发费用投入过低
会制约河南省汽车产业自主创新能力的提高，进一步阻碍河南省汽车产业
竞争力的提高。

汽车产业属于资金密集型产业，不管是汽车关键核心技术的研发，还
是原材料的研发等都需要投入大量的资金。企业如果想提高自身的自主创
新能力就更加需要在关键核心技术方面投入大量的资金。但是，河南省的
现实情况是整车制造企业与零部件生产制造企业整体实力较差，资金投入
远远不够。

（四）零部件品种缺项多，配套水平不高

虽然河南省有部分零部件产品在全国同行中处于领先地位，发展情况较好，但从整个产业链来看，河南省汽车零部件产品的品种不全，尤其是发动机、自动变速箱等一些关键零部件还处于空白状态，没有生产这些汽车零部件产品的企业。在中国汽车工业年鉴统计的 212 种零部件中，河南省有 155 种零部件产品处于空白状态；81 种底盘系统零部件中，河南省有 53 种处于空白状态；在电气系统 31 种零部件中，河南省有 25 种处于空白状态；车身附件 40 种零部件中，河南省有 33 种处于空白状态。

汽车零部件支撑产业的发展对汽车整车制造生产能力的提高有重要作用，本土化汽车零部件配套企业的生产能力能够直接决定本土整车制造企业的生产成本，进而影响本土整车制造企业的市场竞争力。河南省零部件企业总体配套能力不强，郑州当地的汽车零部件企业生产的产品配套率不足 25%；河南省汽车零部件企业生产的汽车零部件产品的标准化、系列化、通用化程度偏低，只能适应一家或者少数几家汽车整车制造企业的汽车产品。零部件配套水平低，使得河南省整个汽车产业发展缺少凝聚力和前瞻性。

第二节 河南省汽车产业发展的优势

一 大中型客车优势明显

客车尤其是大中型客车是河南省汽车产业中发展较好的优势产品，郑州宇通是国内客车行业中的知名企业，多年来郑州宇通客车的产销量都处于国内同行首位。2014 年，国内共销售中型客车 79612 辆，中型客车销售量排名前十的企业共销售 70994 辆，该销售量占整个中型客车（含非整车）市场份额的 89.17%。其中，郑州宇通客车销售中型客车 25880 辆，排名第一。2014 年中型客车（含非整车）销量排名前十的企业累计销售量以及增长率如图 2 – 4 所示。

2015 年国内经济增长速度放慢，经济出现下行态势，面临经济增速放缓和传统客车市场开始收缩的压力，宇通的销售量仍然保持了较好的成绩，2015 年全年实现销售收入 418.12 亿元，销售新能源客车 20445 台，与 2014 年同比增长 17.9%，销量和市场占有率均稳居行业第一，大中型

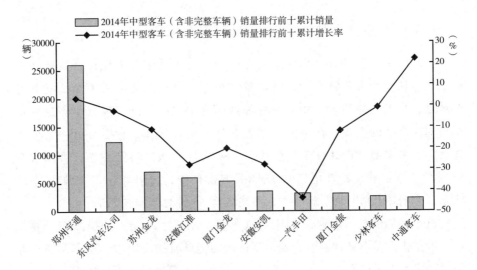

图 2 - 4 2014 年中型客车（含非完整车辆）排行前十累计销量及增长率

资料来源：《中国汽车工业年鉴》。

客车、工程机械年销量总计 70616 台，比 2014 年增加 5535 台，同比增长 8.5%；2015 年宇通出口客车 7000 余台，比 2014 年增长 10.4%，尤其是在法国等高端市场上取得了连续性突破。

二 改装车市场迅速崛起

改装车起源于赛车运动，最初，人们对汽车进行改装主要是为了提高赛车的性能，而现在，人们对自己的爱车进行改装更多的是为了彰显个性和品位。一项针对改装车的网络调查显示，有 85.3% 的受访者表示会对自己的车进行改装，其中 38.4% 的被访者表示对自己的爱车进行改装是为了彰显自己的个性，他们把自己爱车的外观改装得更加美观、更加个性，追求时尚休闲娱乐；29.6% 的被访者表示是为了追求更快的驾驶速度；追求驾驶安全的受访者占 13.5%。其中，80 后以及 90 后多追求漂亮的外观和较高的行车速度带来的刺激感，60 后则更多关注驾驶安全性能。

随着有车一族时尚、舒适、个性化需求的增加，汽车改装渐渐成为时尚的代表，由此掀起了汽车改装车的浪潮。截至 2015 年，全国除西藏外，有 30 个省份有改装汽车生产，2015 年 1 ~ 7 月全国改装汽车累计产量 746599 辆，7 月同比增长 3.75%，其中河南 2015 年 1 ~ 7 月改装汽车累计产量69817辆，排名第三。按产量全国排名前十的省份分别是湖北、四川、河南、山东、江苏、浙江、广西、河北、重庆、辽宁（见表2-2、图2-5）。

表2-2 2015年1~7月改装汽车按产量前十名情况

地区	排名	1~7月累计产量（辆）	1~7月累计同比增长率（%）
湖北	1	142848	1.68
四川	2	81509	-14.83
河南	3	69817	5.86
山东	4	69718	-8.85
江苏	5	64705	-31.12
浙江	6	59169	10.96
广西	7	42024	-5.71
河北	8	41483	-20.59
重庆	9	20053	4.06
辽宁	10	16412	-5.40

资料来源：中国汽车工业协会。

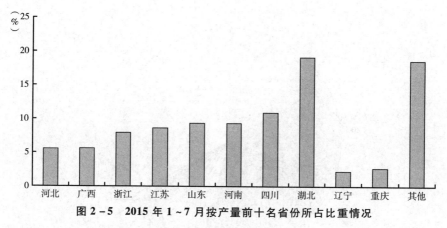

图2-5 2015年1~7月按产量前十名省份所占比重情况

资料来源：中国汽车工业协会和中国产业信息网。

三 新能源汽车优势突出

河南省在新能源汽车领域起步比较早，发展基础也比较好，已初步建立了以整车制造企业和优势零部件生产企业为主的技术研发体系。其中，宇通客车公司的纯电动客车技术水平在全球都处于领先地位；在控制及系统集成等核心技术研发方面实力处于领先地位的是海马汽车、少林客车和郑州日产汽车。全省新能源汽车整车生产制造企业约有 200 款车型获得了《工业和信息化部车辆产品公告》。2015 年，全省新能源汽车产销量突破 2万辆，实现销售收入 160 亿元，其中，宇通推广销售新能源客车共计 2.04万辆，实现销售收入 153 亿元，市场占有率在全国同行业中处于领先地位，率先在全国实现了新能源汽车从示范推广到产业化的跨越式发展。宇通客车、郑州海马、郑州日产、少林汽车等 4 家整车生产企业已经有一批获得国家公告资质的产品在多个城市投入使用（见表 2 – 3）。

表 2 – 3　河南省部分企业节能与新能源汽车推广与应用情况

企业名称	国家公告产品	产能规模
郑州宇通客车股份有限公司	11 款混合动力及纯电动城市客车	2000 辆新能源汽车
郑州日产汽车有限公司	4 款纯电动乘用车	1000 辆纯电动汽车
海马（郑州）汽车有限公司	2 款中速纯电动汽车	5000 辆纯电动汽车
河南少林汽车股份有限公司	6 款混动和电动中轻型客车	1000 台新能源客车

资料来源：工信部《节能与新能源汽车示范推广应用工程推荐车型目录》（第 31 批）。

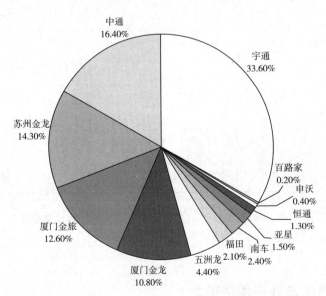

图 2 – 6　2015 年底整车企业混合动力大型客车推广数量所占比例

资料来源：中国产业信息网。

随着国家对新能源汽车的大力支持和一系列优惠政策的出台，国家对购买混合动力大型客车的单位会给予一定的补助，混合动力大型客车的推广和应用取得了显著成果，2015 年底，宇通的新能源混合动力大型客车更是取得佳绩，在全国主要的 12 家混合动力大型客车企业中推广数量排名第一（如图 2 - 6 所示）。

第三节　河南省汽车产业转型升级的必要性分析

一　适应汽车市场个性化需求的需要

随着我国经济社会的快速发展，汽车已进入千家万户，走进普通大众的生活，近几年来，私家车保有量继续呈快速增长的趋势（如图 2 - 7 所示）。2015 年新登记注册的汽车高达 2385 万辆，汽车保有量净增 1781 万辆，均为历史最高水平。中国的汽车工业有望在未来十年内继续呈现快速增长的趋势。

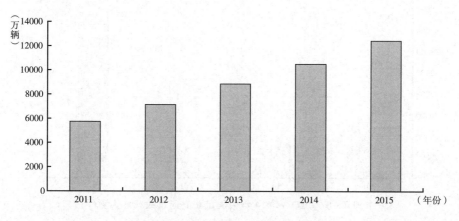

图 2 - 7　2011 ~ 2015 年私家车保有量

资料来源：中国产业信息网。

伴随汽车消费进入大众化时代，汽车消费呈现出多元化、时尚化的趋势，个性化需求成为汽车消费的潮流，消费者的个性化需求同时向着高端和低端发展，呈现两极化发展趋势。一是随着汽车消费群体的年龄逐年下降，汽车市场的潮流风向标也逐年发生变化，智能化产品以及运动车型越来越受年轻消费群体的青睐。从一些汽车 4S 店可以了解到 90 后更加青睐于智能化的汽车，此外，彰显运动气质的车型也备受 90 后喜爱，80 后更加青睐生活型的汽车产品，对于汽车能够方便生活的动机以及汽车产品是不可或缺的生活必需品的追求更加明显。针对 80 后和 90 后这部分准车主消费需求的转变，各个汽车生产企业要结合这部分消费者的需求情况去改变汽车产品的外观、性能，改变汽车产品的营销方式等。

二　汽车安全、节能、信息化是发展大趋势

汽车安全、节能、环保一直是汽车技术发展的主题，纵观近几年汽车技术发展的成果，汽车产品总体向着更安全、节能、信息化方向发展。

根据世界卫生组织公布的世界交通安全报告可知，中国 2014 年死亡于交通事故的人数为 34292.34 人，同 2013 年的 31604.3 人、2012 年的 30222.5 人、2011 年的 29618 人相比，死亡人数呈逐年上升的趋势（如图 2-8 所示）。如果不提高安全技术和交通管理水平，这一数字将会继续增长。因此，不管是企业还是消费者都越来越重视汽车安全技术。

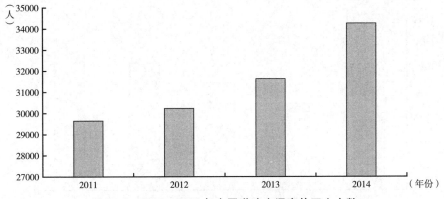

图 2-8　2011~2014 年中国道路交通事故死亡人数

资料来源：《中国卫生统计年鉴》。

目前，在国内汽车产品中安全气囊、安全带和 ABS 都已成为标准配置，汽车研究人员仍在试图突破安全技术的极限。汽车安全领域已成为未来汽车电子控制的重要发展方向之一。传感器、全球定位系统、摄像头和智能控制系统等技术不断应用，在提高驾驶舒适度的同时，通过电子信号提醒可以避免驾驶员的操作不当、视觉盲区、反应迟缓，把事故发生的概率降至最低。自动巡航技术、一体化底盘控制系统、汽车碰撞预警系统、

车辆稳定辅助系统、制动力辅助系统等技术的应用将会促进车辆安全性能进一步提高。此外，进一步提高电动汽车和混合动力汽车的电池安全性是对新能源汽车的要求。

配合汽车节能、环保发展大趋势，河南省已开始建设新能源汽车充电桩、新能源汽车城际快充站。依据河南省政府办公厅最新公布的《关于加快新能源汽车推广应用及产业化发展的实施意见》，河南新能源汽车将把纯电动汽车、插电式（含增程式）混合动力汽车和燃料电池汽车作为重点发展对象，大力推广应用新能源汽车。2016 年新能源汽车生产能力达 8 万辆以上。到 2020 年，把河南打造成国内重要的新能源客车、纯电动乘用车制造中心。

信息时代的浪潮已融入人们工作、生活的方方面面，也带来了人们对汽车产品更加广泛的数字化需求，汽车与网络的结合将成为未来发展方向。随着汽车技术的进步，汽车的功能也正在悄然发生变化，已从最早的复杂机械体逐渐转变为集机械、电子、信息、传感技术等于一身的机电一体化综合体，成为高新技术的发明者和使用者，可以说，汽车对当今社会的影响是其他任何机械产品无法与之相比的。

三　新能源汽车成为汽车产业突破方向

随着经济的发展，全球能源、环境问题日益凸显，雾霾天、水污染、能源危机等环境问题日趋严峻，发展新能源汽车逐渐成为世界主要汽车生产国家提高汽车产业可持续竞争力的重大战略举措，加大研发资金投入，实施一系列扶持政策加快推进新能源汽车产业化。

这些年来，各个跨国汽车集团都陆续推出了自己的节能与新能源汽车产品，丰田生产的新能源汽车有混合动力汽车（HEV）、纯电动汽车（EV）、插电式混合动力汽车（PHV）和燃料电池混合动力汽车（CHV）几种；福特汽车推出了新一代福特蒙迪欧油电混合动力（Hybrid）和 Energi Plu-in 插电式混合动力车型；大众、宝马、三菱等集团也将电动汽车研发作为企业未来发展方向之一。之前，国际大型车展上展出的重点车型多是概念车型，而目前各大车展展出的重点是新能源汽车，而且展出的新能源汽车也逐渐由混合动力汽车转变为纯电动汽车，世界各大汽车制造商都将节能与新能源汽车产品的技术研发作为企业技术研发的重点之一。

四　汽车后市场逐渐备受关注

汽车后市场是汽车产业链中的重要组成部分，可以创造丰厚的利润，通常认为汽车后市场是指汽车销售后为车主提供的各种服务构成的市场，包括汽车销售领域的汽车租赁、金融服务、保险、装潢；日常运行中传统发动机汽车的油品、燃料供应；电动汽车的充电、电池更换，汽车的维护、维修与保养、汽车检测、汽车认证；汽车改装、美容、车友俱乐部、汽车导航、停车场服务、事故救援系统、交通信息服务、二手车；汽车驾驶员培训、整车与零部件物流，等等。

作为整车下游产业的汽车后市场，其发展会随着整车市场的变化而同步变化，伴随中国汽车保有量的不断提升，给汽车后市场带来了无限的商机。相关资料表明，国内一辆私人中低级轿车全寿命使用过程中发生的各项费用，大约是汽车购置费的2倍多，其中，中低级轿车全寿命使用费用中燃油费占 32.80%，保养费占 8.80%，维修费占 11.43%，保险费占 9.63%，配件占 6.72%（如图 2 - 9 所示）。中大型汽车车主在汽车使用费用上的支出是微型轿车的一倍以上，差异甚大，其中，保险费占 13.62%，燃油费占 44.45%，保养费 10.72%，维修费 13.82%，配件占 7.35%（如图 2 - 10 所示）。

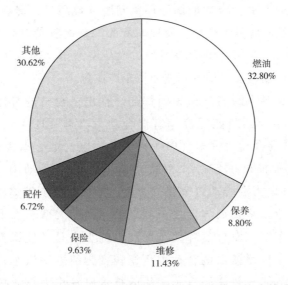

图 2 - 9　中低级轿车全寿命内各项支出占用车总支出的比例

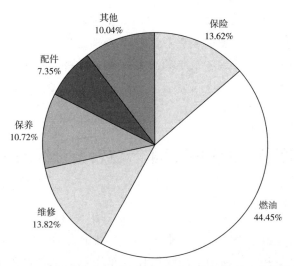

图 2－10　中大型汽车全寿命内各项支出占用车总支出的比例

　　汽车后市场作为汽车产业链中的黄金产业，已经引起了国内外汽车企业的高度重视和积极探索。各地政府也认识到了汽车后市场建设在汽车产业链中的重要地位和作用，纷纷出台优惠政策支持汽车后市场的建设和发展。伴随着汽车保有量的持续增长，汽车后市场蕴藏着巨大的投资机会，2010 年以来，中国的汽车后市场呈现出越来越繁荣的发展态势，其销售额持续增加（如图 2－11 所示）。

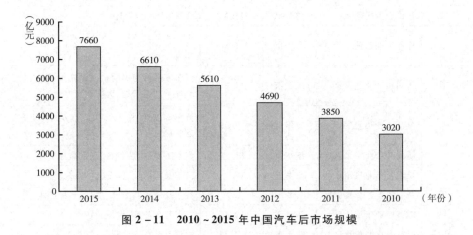

图 2－11　2010～2015 年中国汽车后市场规模

　　目前河南省的汽车后市场正处于发展的初级阶段，有单打独斗的个体经营者，有各种形式的连锁加盟店，也有不少批发市场等，汽车修理厂、路边汽车修理店都比较常见，呈现"乱、多、散"的特点，但上升空间很大。河南省汽车后市场发展还存在诸多不完善之处，如汽车销售体系尚不完善、缺少成本优势、服务水平和服务理念不高等。汽车后市场是河南省重要的经济增长极之一，大力发展汽车后市场对促进河南省经济水平的提高具有重要的现实意义。

第四节　河南省汽车产业转型升级的路径

一　强化区域协作

目前，河南省共有 180 个产业集聚区，其中有 18 个产业集聚区涉及汽车产业（见表 2-4）。河南省应该抓住汽车产业区域调整发展的时机，把优势产品作为产业规模发展的基点，把节能与新能源汽车产品、性价比高的汽车产品等符合消费者需求变化的汽车产品作为未来发展的重点。

表 2-4　河南省产业集聚区中有汽车或汽车零部件的集聚区名单

序号	集聚区名称	所在地	面积（km²）	主导产业
1	郑州经济产业集聚区	郑州市	55.63	汽车及零部件、装备制造、电子信息
2	登封市产业集聚区	郑州市	9.7	装备制造业
3	林州市产业集聚区	安阳市	33.68	汽车零部件加工、装备制造
4	金山产业集聚区	鹤壁市	12.4	汽车零部件、光机电
5	焦作工业产业集聚区	焦作市	51.8	汽车零部件、化工、机械、铝工业、医药化工
6	孟州市产业集聚区	焦作市	11.7	汽车零部件为主的机械制造业基地、服装皮革加工基地、医药化工基地
7	温县产业集聚区	焦作市	8.69	汽车零部件、医药、食品、制鞋、农副产品深加工
8	博爱县产业集聚区	焦作市	11	汽车零部件、装备制造、食品加工
9	长垣县产业集聚区	新乡市	28	汽车及零部件、起重机械及配件
10	新乡工业产业集聚区	新乡市	22.8	汽车及装备制造业、食品、环保产业
11	辉县产业集聚区	新乡市	12.37	汽车及零部件、机械装备
12	获嘉县产业集聚区	新乡市	7.95	农机及汽车配件制造、煤化工
13	原阳县产业集聚区	新乡市	10.5	汽车零部件加工、农副产品加工
14	汴西新区	开封市	121	食品、机械、汽车零部件

续表

序号	集聚区名称	所在地	面积(km²)	主导产业
15	梁园产业集聚区	商丘市	13.6	汽车商贸、物流仓储、铝材加工、农副产品深加工
16	许昌尚集产业集聚区	许昌市	8.6	汽车零部件、发制品、轻纺
17	内乡县产业集聚区	南阳市	11	汽车零部件、机械加工、食品加工
18	西峡县产业集聚区	南阳市	20.2	汽车配件、中药制药

资料来源：河南省汽车产业协会。

要在集聚区内实现高度专业化分工，促进资源的优化配置，提高资源的利用效率，应该以集聚区内的骨干企业为龙头，结合现代规模化生产和专业化分工协作的要求，整合中小企业的生产能力，加强集聚区内各企业之间的内在联系，促进集聚区内各企业的研发合作、营销合作等，集聚区内各企业之间充分开展合作能够减少各企业的研发成本、营销成本、物流成本等，从而为企业节约大量的资金，由此能够进一步提高集聚区内各企业的竞争力，真正把集聚特征转化为整个汽车产业的竞争优势。

二 增强汽车产业组织创新

可以通过以下三个方面增强汽车企业的组织创新能力：一是增强每一个汽车企业的组织创新能力。随着信息时代的到来，企业组织形式应该由原来的直线式、职能式、直线职能式、事业部式逐渐创新升级成哑铃式、矩阵式、扁平式、网络式、虚拟式以及学习型组织。通过这样的组织创新提高每一企业的资源利用率、信息传递速度，实现企业跨团队、跨部门的协作。二是形成汽车集团公司的组织创新，通过集团公司的组织创新更好地实现汽车产业的规模经济效应。三是结成汽车企业战略联盟的组织创新，通过战略联盟可以使企业之间形成合作共赢的竞争关系，有利于企业利润最大化目标的实现。

三 强化技术创新

汽车产业是资本密集型同时又是技术密集型产业，只有拥有强大的技术创新能力，掌握新的技术，才能在市场中占有一席之地，才能够不被市场所淘汰。高水平的技术创新能力是汽车企业保持可持续竞争能力的必要条件。

随着人们对环境问题以及资源能源问题的不断重视以及"互联网＋汽车"时代的到来，对于汽车企业而言，在未来的十几年，甚至二三十年的发展中，汽车基本上还是朝着更加智能、安全、节能、环保等方向发展。这一切都围绕电子技术、智能技术在汽车上的应用，提高其综合性能，满足不同用户的需求。

充分发挥汽车企业建立的国家级、省级技术中心、研发中心、博士工作站等研发平台的作用，调动研发及各类技术人员的积极性，加大研发投入，提升整车、核心零部件以及整体研发技术水平。

四　实施自主品牌战略

自主核心技术和自主品牌是每一个汽车企业保持可持续发展竞争力的关键所在，但是河南省汽车产业整体缺乏自主核心技术和自主品牌。目前，河南省在世界汽车产业中已经形成自主品牌优势的企业仅有宇通客车等少数企业，河南省本土知名汽车品牌数量甚少，一个省份如果没有知名的自主品牌就不能成为汽车强省，自主汽车品牌的发展壮大是河南省由汽车大省转变为汽车强省的必经之路。未来河南省应该大力支持各个汽车企业进行自主研发，培育自主品牌，鼓励各个企业把培育自主品牌作为企业发展的战略目标。此外，在政府政策、贷款利息、出口等方面为优势汽车企业提供优惠，进而逐步帮助本土自主汽车品牌打入国际市场。

五　大力发展节能和新能源汽车

我国汽车产业产销量还将会保持一段时间的高速增长，预计到 2020 年我国的汽车保有量会达到 2 亿辆，汽车保有量的增加必将增加燃油需求，这将会带来更加严峻的能源危机和环境污染问题。发展节能与新能源汽车，是河南汽车产业和各个城市发展的正确选择，是实现河南省汽车产业可持续发展的必经之路，是促进河南省汽车产业转型升级的重要切入点，也是把握战略机遇，促进河南省汽车产业跨越式发展的重要举措。

河南省新能源汽车有些技术与广东、湖南等省份相比存在一定差距，一些核心零部件技术还有待进一步突破，同时节能与新能源汽车还存在配套产业滞后、缺乏关键技术、缺少相关技术人才等问题。河南省应以新能源汽车商业化、汽车整车和专用汽车制造为重点，加快全国重要的汽车和新能源汽车研发制造基地建设，推动汽车产业跨越式发展。坚持低碳化、信息化、智能化发展路径，突出大客车、小（微）客车、专用车发展方向，重点实施一些重大项目，提升郑州百万汽车制造基地质量，推进新能源汽车三个整车制造基地、三个关键零部件产业集群建设，构建良好的汽车市场环境，形成一批整车制造和配套产业知名品牌，打造全国重要的汽车生产基地。

河南省应该加大对汽车产业的国家和省级企业技术中心的培育和扶持力度，加强企业技术中心能力建设。发挥河南省已有优势，如新乡化学与物理电源产业园区的产业集群优势，宇通系能源客车在全国的领先地位优势等，加快新能源汽车产业配套设施建设，降低市场化运营成本，加快建设快速充电站，设立电池更换网点和服务网点等，扩大基础设施覆盖面，在各个城市积极开展纯电动汽车、混合动力汽车以及出租车的示范运营，在县、镇、村积极开展微型节能与新能源纯电动汽车示范运营，为电动汽车的普及使用创造条件。

六　积极推进汽车后市场服务

目前，河南省的汽车后市场产业还处于发展的初期阶段，与广东、湖南、浙江等省份相比还存在诸多不足之处。河南省应该从以下几个方面积极推进汽车后市场建设：第一，通过发展电子商务建成集众多服务项目于一体的汽车后市场综合服务体系，使各个部门能协调顺利地开展工作，形成统一的支付结算系统、物流配送系统、客户关系管理系统，加强对计算机和网络技术的应用。第二，充分发挥河南区位地理、交通便利、物流中心建设、经济发展速度加快等优势，通过政策扶持，积极引导，延伸服务项目，拓展服务领域，建立功能齐全的集高端4S店、二手车交易市场、汽车博览、汽车会展、汽车金融、汽车养护、汽车主题公园、汽车配件销售等为一体的汽车贸易服务体系。第三，政府积极引导相关行业和部门介入汽车后市场产业，实施一条龙服务，为客户提供更加方便的服务，加强不同行业之间的交流。第四，政府和企业共同建设汽车后市场服务体系，政府可以通过出台汽车行业相关政策引导汽车后市场建设，如通过相应的汽车消费政策促进汽车产业内的竞争，在汽车后市场服务设施建设、用地等方面提供相应的政策性优惠。

第五节　河南省汽车产业转型升级的保障措施

一　完善市场竞争环境

政府通过弥补相关法律法规的不足之处，将相关法律法规落到实处，加大执法力度规范市场行为，有效保护市场机制的正常运行，提高各个企业之间竞争的公平性。政府通过出台相关政策，引导汽车企业的发展方向，能够更好地促进汽车产业产品结构的调整，使汽车产业的布局更加合理，使产业资源得到优化配置，资源利用效率大大提高，进而促进汽车产业转型升级。此外，相关政策信息的出台，还能够使产业的经济信息、技术信息、人才信息、资源信息更加透明化，能够有效阻止不正当竞争行为的出现，降低企业因掌握信息不全面而给企业带来的市场风险，提高企业的竞争力。

二　促进自主创新和技术升级

落实科技扶持政策，加大技术研发投入力度，发挥已有企业各类国家级、省级汽车整车和零部件研发中心作用，鼓励其与高校科研机构合作，形成实质性的产、学、研、用联盟，建立自主创新体系，合力推进产业技术升级，同时要积极引导高校的相关科研力量为河南省的汽车企业提供科技服务，通过项目合作，"共同参与，共同提高"，积极打造能满足汽车企业发展需求的本地科技队伍，实现河南汽车产业研发的可持续性发展。

根据河南省当前汽车产业的现实需求，未来在大企业应重点建设国家级技术研发中心，在零部件企业和配套企业建设国家、省、市不同级别的企业技术中心，同时建设面向中小企业的公共技术创新平台，以及专业研发企业和研发机构。

三　加大政策支持力度

积极争取国家相关政策和资金支持，鼓励金融机构增加信贷投入和出口信贷额度，支持信用担保机构为中小企业提供信用担保服务，支持汽车和新能源汽车企业通过新发或增发股票、发行企业债券、引入风险投资等方式扩大融资规模。同时，研究制定支持河南省新能源汽车企业发展和充电基础设施建设的相应政策措施，支持政府机关及公共机构购买新能源汽车，扩大新能源汽车私人消费市场。逐步建立和完善技术研发、试验检测等公共服务平台，提高汽车企业技术创新能力。

四 加强政策引导，拓展汽车消费市场

政府在汽车产品开发和消费等方面应该加大政策扶持力度，通过相应的政策支持，鼓励性价比高、价格较低的多功能车进入农村家庭。加大能够满足农民生产生活所用车型的发展力度。把握新农村建设和城镇化发展机遇，加大环卫、物流、绿化等专用车型的开发，满足不同领域的需要。另外，加大安全性高、舒适度好、经济实用的城乡客车开发力度。

第三章 河南省装备制造产业
转型升级研究

第一节 河南省装备制造产业发展现状及存在的问题

一 河南省装备制造产业发展现状

装备制造业在我国国民经济中具有国家战略地位，是国民经济的坚实基础，经济增长的坚实动力，产业升级的有效方式和国防、经济、国家安全的重要保障。党的十八大提出把振兴装备制造产业的任务作为经济建设的重点。目前，河南省已经形成了门类广泛、创新能力强和技术水平高的装备制造业工业体系。

河南省是我国最早的装备制造业基地之一，随着近几年的发展，河南省装备制造业科技创新能力、产业规模、经济效益等竞争优势增强，信息化智能化增强，产业整体竞争力和对全省经济发展的支撑能力显著。具体成果体现在以下几个方面。

（一）产业规模和效益持续扩大

2014年，河南省装备制造产业工业增加值同比增加15.76%，规模以上企业主营业务收入13454亿元，同比增长16.84%，占河南省工业总量的1/5，居全省工业收入排行的首位，位于全国装备制造产业第六，其产业规模和效益持续扩大。

（二）技术水平和自主创新能力不断增强

2014年河南省认定的省级工程技术研究中心为123家，总数达到了779家，从而表明河南省的技术研发和自主创新建设工作正在高速推进。

（三）产业集聚效应日益增强

2014 年在全省 18 个辖市中，郑州、洛阳、南阳等 5 市规模以上装备制造业占全市的 2/3 以上，2015 年郑州贡献率高达 52.2%，产业集群效应明显，产业集聚区工业增加值同比增长 14.4%，占全辖市比重为 43%。各县区集聚效应凸显，长葛市和荥阳市等地的装备制造业产值均已超百亿元，极大地带动了当地经济发展。2014 年，产业集聚区装备制造业增加值同比增长 18%，产业增长贡献率为 64%。集聚区装备制造产业投资 5843.8 亿元，占全省装备制造产业投资比重为 73.1%，贡献率高达 87.2%。同时，郑州航空港区的快速发展、河南产业集聚区提升工程的实施和亿元以上重大工业结构调整项目的不断推行，为河南省装备制造业产业集群和规模壮大提供了机遇。产业集聚区对河南装备制造产业增长的支撑作用越来越明显。

（四）骨干企业稳步发展和中小企业发展活力持续增强并存

一拖集团、许继集团、中信重工等骨干企业稳步发展，随着 2015 年国家和河南相继出台促进中小企业发展的措施和政策，在融资、就业、税收、创业等方面国家和省政府加大了支持力度，2014 年前三季度，中小型装备制造企业实现了工业增加值同比增长 19.74% 的佳绩，高出全省平均水平 4.28 个百分点，对全省贡献率为 48.1%，同期提高 10.8%。

（五）优势行业核心竞争力大幅度提高

2014 年，专用设备制造业企业达 1229 家，占全省装备制造企业总数的 23%，主营业务收入占全省总数的 20%，通信设备、计算机及其他电子设备制造业虽拥有的企业数占比极低，但是其从业人数却占近 21%。汽车制造业、电气机械、器材制造业、重型矿山装备等行业竞争优势明显。

（六）产品结构优化调整增强

2014 年前三季度，产业和产品结构调整趋势增强，一些主要工业产品对经济增长的贡献显著。例如，2014 年前三季度金属切削机床产量为 8633 台，而 2012 年为 2574 台，增长迅速；农业收获机械产量为 21.7 万台，同比增长 32.7%；发电设备产量为 96.7 万千瓦，同比增长 16.6%；起重机产量为 234 万吨，大中型拖拉机、变压器、工业锅炉、发动机、锻件等行业生产经营困难，增速放缓，会影响全省装备制造产业的增长。

（七）产品出口稳步增加

2014 年前三季度装备制造业出口同比增长 5.4%。2015 年装备制造产品出口前三名为汽车整车、电缆电线、仪器仪表，出口量分别为 5.2 亿美元、2.5 亿美元、1.8 亿美元。产品出口结构优化，中信重工、许继集团、河南太行山全利等企业的产品出口由单纯产品出口变为项目总承包能力出口。

二　河南省装备制造业发展经济指标

从表 3－1 中可以看出，专用设备制造业资产总值、单位数占河南装备工业的比重最大，而铁路、船舶、航空航天和其他运输设备制造业所占比重较小。

表 3－1　2014 年河南装备工业（规模以上企业）主要经济指标完成情况

行　　业	单位数	平均从业人员	增加值指数（%）	资产总计（亿元）
1. 金属制品业	888	17.75	119.2	1053.15
2. 通用设备制造业	1156	27.87	113.0	1823.74
3. 专用设备制造业	1229	33.66	116.7	2323.47
4. 通信设备、计算机及其他电子设备制造业	294	40.56	129.7	2221.55
5. 铁路、船舶、航空航天和其他运输设备制造业	231	8.44	114.3	475.90
6. 电气机械和器材制造业	843	24.31	116.9	1946.13
7. 仪器仪表制造业	294	40.56	129.7	2221.55
合　　计	4935	193.15	245.9	12065.49

（一）河南省装备制造业分行业就业情况

从表 3－1 和图 3－1 可以分析出，2014 年，专用设备制造业企业共有 1229 家，平均就业人数占整个河南省装备制造业企业总数的 17%，其中专用设备制造业企业拥有的企业数占整个装备制造业的 23%，通信设备、计算机及其他电子设备制造业虽然拥有的企业数占整个装备制造业的比例仅为5%，但是其从业人数却占近21%，究其原因是由于通信设备、计算机及其他电子设备制造业属于具有广阔发展前景的朝阳产业，是一个劳动、资金密集和更新换代频率极快的产业，在装备制造业具有强大的市场生命力，随着新一代技术的发展和智能化信息化的提高，通信设备、计算机及其他电子设备制造业市场前景更为广阔，对带动整个装备制造业就业做出了很大的贡献。

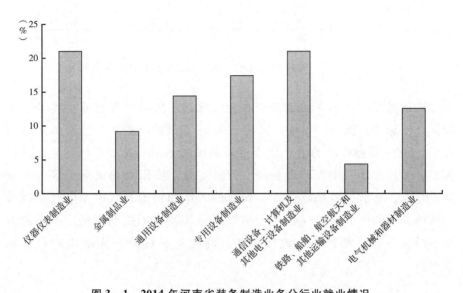

图 3 - 1　2014 年河南省装备制造业各分行业就业情况

（二）河南省装备制造业工业增加值变化情况

河南省装备制造业作为工业经济增长的第一支柱型产业，近年来快速发展，极大地拉动了河南省的工业发展。2013 年河南省装备制造业工业增长到 3024.03 亿元，2014 年河南省装备制造业工业增长到 3326.4 亿元，具体数据如图 3 - 2 所示。

（三）河南省装备制造业总体现状

目前，装备制造业成为河南省工业经济增长的第一支柱型产业，2015 年全省 180 个产业聚集区，其中主导产业中有 79 个为装备制造产业，河南省装备制造业中农业机械、工程机械、电工电器、机械基础件、

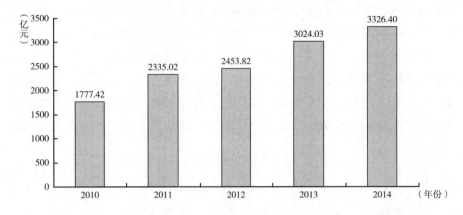

图 3-2　2010~2014 年河南省装备制造业工业增加值变化情况

石化通用机械、中型矿山装备、农业机械、起重设备等行业整体竞争力较强，位居全国前列。目前，河南省装备工业种类繁多，已有 150 多个大类、5000 多种产品的生产能力，并涌现出中国一拖、中信重工、许继集团、平高集团、南阳防爆集团、开封空分、安阳鑫盛机床等国内行业领先企业，形成了洛阳动力谷、安阳的机床和铸锻件、中原电气谷以及郑州的阀门和工程机械、焦作的造纸机械、新乡的振动机械、南阳的新型能源装备、济源的矿山机械和常恒的起重机械等一大批优质产业集聚群。

三　河南省装备制造产业发展存在的问题

近年来，河南省装备制造产业保持了平稳增长，但是随着产业转型的内外压力以及现代信息技术和智能制造的高效率发展，河南省装备制造业升级面临着诸多阻碍，表现出增速明显降低、企业生产经营风险增大、经济效益急剧下滑等问题，具体表现如下。

（一）创新能力不强，缺乏高水平的专业技术人才

技术要素在装备制造业中占有重要地位，发达国家该产业中专业技术人员占从业人员 30% 以上，而目前河南省该行业工程人员占比仅约 7%。河南省装备制造业存在原始创新能力较差，产品存在结构低端产品过剩的问题。装备制造业普遍达不到新一代技术发展水平要求，另外产品市场供需错配问题严重，企业自主研发能力薄弱，创新主体地位不明晰，加之企

业集成、引进、消化再创新等意识及能力不足。企业主要业务环节仍处在价值链的中低端。而中小企业缺乏自主创新意识，产业技术基础薄弱。政企共性技术和基础性研究及需求不足，使得新型产品技术的推广应用极其困难。

（二）企业缺乏专业化的协作配套能力

专业化协作是装备制造业发展的主流，装备制造业企业应重点突破整机、技术、工艺等核心环节，部分配件由相关生产企业配套生产，从而提高产能及效益。而目前河南省装备制造业专业化分工协作配套能力差，产品同质化突出，导致产业链配套不完善，现代制造服务业发展滞后，装备制造业基础件、基础制造工艺及基础材料等相关产业基础薄弱，相关产业协同发展机制有待完善。究其原因主要是，行业内企业差距较大，如中信重工 2014 年营业收入为 52. 86 亿元，而河南焦矿机械有限公司营业收入不足 8. 6 亿元，甚至部分企业经营举步维艰，如河南太行振动机械股份有限公司。其次，基础配套能力差，基础配套部件对外依赖性强，缺乏自主性。产业集聚化程度不高，目前各装备制造企业各自为战，产业集中度不高，企业间存在恶性竞争、技术溢出等问题。最后，企业装备智能化和数字化的程度不高，影响企业信息化进程，从而影响企业专业化协作和配套能力。

（三）产业链需要向高端升级

河南省装备制造企业在价值链高端缺位，产业链整体竞争力不强，业务处在产业链最低端加工装配环节（见图 3 - 3）。需要实现企业业务、部门内部、跨行业产业链三方面的延伸升级。如制造业企业向两端延伸，加大研发、设计、生产、营销和售后服务能力。实现行业由劳动密集型向资本技术密集型升级。价值链最高端的企业才最具竞争力，但河南省在这方面存在短板，如装备工业基础工艺（如铸造、锻压、钣金）、基础件（如轴承、电器元件）、关键配套件（柴油机、汽车变速器）尚不能满足主机厂需求，需要进口。例如，虽然"东方红"由中国一拖大型综合性机械制造企业集团生产，但与全国先进装备制造业企业相比还有很大差距，存在装备制造业基础件、基础制造工艺及基础材料等相关产业基础薄弱等问题，其主要发动机的主要零部件仍需要进口。

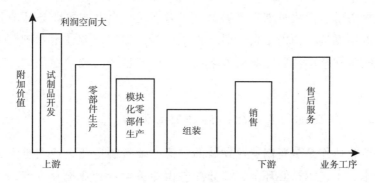

图 3 – 3　装备制造业利润产业链分布特征

（四）河南省装备制造产业发展服务平台建设滞后

装备制造产业是资金技术密集型产业，需要实验设备、高端人才、先进的软件系统等硬软件结合的服务平台支持，而河南省在此方面存在不足，需要充分发挥政府组织协调和公共服务职能，建立公共平台，为企业间资源共享、无障碍组合或对接合作和研发机构科技创新提供公共基础条件，企业或科研机构在科技活动中实现资源互补或互助攻破共性关键技术。面向装备制造产业基地建设的产品和技术研发系统，检测和质量认证系统，人才教育培训系统，先进物流配送系统，产品推介系统，金融系统等产业发展服务平台建设落后，导致产业发展技术创新不足，劳动者素质低下。

（五）企业经济规模总量小，行业优势企业不强

全省机械产业发展中存在总量不大问题，没有形成一批规模大、实力强的行业龙头企业，与国内、世界知名产业基地和知名企业相比有很大差距。2014 年，河南省规模以上装备制造业主营业务收入达 11487.9 亿元，居全国第 6 位。然而与沿海发达省份差距拉大，装备制造业规模小，生产分散，能支撑和带动行业发展的大型骨干企业少。目前河南省装备制造业产值超百亿元者极少。企业行业缺乏通过资本市场参与同行优势企业整合的能力，龙头企业与中小配套企业的协作联动性不强，尚未形成国际一流水准的企业和品牌。

（六）企业内部基础管理环节比较薄弱

河南省国企改革力度不足，缺乏现代化管理经验，经营机制僵化，管

理效率低。河南省装备制造企业中国有资产比重大，一些大型国有企业存在利益集团，同时社会责任重大，比如解决就业；由于自身缺乏创新机制和自我改造的动力，国企改革不彻底。全省该类企业的应收账款高，财务风险大，2014 年，企业应收账款同比增加约 10%，而汇款中承兑汇票比重增加，从而使企业出现筹资困难和现金流断裂问题。再加上企业内部人员组织机构管理冗杂，企业效益低，灵活性差。装备制造企业多为国有企业，虽已完成了改制，但实际意义上的市场经济主体并未突出，经营意识差。内部管理制度不健全、应收账款较多、融资方式单一、设备利用率不足、投入产出率低、能耗污染严重等现象阻碍着河南装备制造业的转型升级。

（七）利用外资和国际合作水平低

与发达省份以及与全国平均水平相比，河南省利用外资的规模小，2015 年上半年河南利用外资仅占 6%〔全国实际利用外资约 1262.7 亿美元（不含金融类）〕，导致河南省装备制造业产品技术的更新换代和行业发展缓慢。企业应优化利用外资结构，引导外资转向高端装备制造环节。同时，政府激励企业引进来、走出去相结合，即境外企业和科研机构在我国设立全球研发中心或机构，同时鼓励河南省高端装备产品、先进核心技术、优势龙头企业向境外产业转移。

（八）市场有效需求不稳，行业竞争激烈，企业亏损严重

由于近几年国际和国内房地产、高铁建造市场经济疲软，外部需求和内需不足，出口增长乏力，装备制造产业需求持续回落，2014 年，企业订单量下降 3.87%，库存积压增加 4.07%，新增订单较少，个别企业甚至无订单，供过于求，企业存在较高经营风险。从而引发恶性竞争、价格下降等情形。

第二节　河南省装备制造产业发展面临的机遇与挑战

近两年，河南装备制造产业总体基本保持了经济运行平稳，产业结构调整不断优化，但也面临国际与国内多重因素的影响，机遇与挑战并存。

一 河南省装备制造产业发展面临的机遇

(一) 从国际经济形势来看

首先,全球经济发展不稳定,持续性差,经济疲软。2015 年世界主要国家地区 GDP 增速如图 3 - 4 所示,可以看出,美国发展缓慢,欧洲发展更慢,日本经济在震荡中缓慢增长,然而随着美国退出量化宽松政策,国际金融动荡逐渐恢复稳定,新兴经济体的经济得到了好转,新兴经济体如印度达到了领跑全球的增速,中国增速居于前列,使河南省装备制造业有较好的发展环境。其次,新一轮科技和工业革命即将到来。随着德国工业 4.0 项目的推出,人们将战略核心越来越集中于第四次工业革命即瞄准制造业最高端最高附加值的领域,从而给我国装备制造业转型带来机遇,我们应以 "中国制造 2025" 为战略重点,大力发展工业机器人、电动汽车、3D 打印等产业,促进装备制造业转型升级。

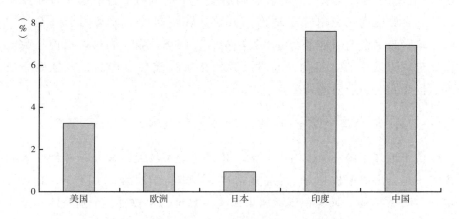

图 3 - 4　2015 年世界主要国家地区 GDP 增速

(二) 从全国形势和河南省省情来看

首先,目前制造业正由东部沿海地区向中西部地区转移。金融危机后,发达国家为实施 "再工业化" 战略,重新确立全球贸易投资新格局,我国也紧随其后,积极参与全球产业分工、产业转移等。随着我国人口红利的消失,我国制造业正面临着发达国家和较落后的发展中国家的

"双向挑战",而河南作为中西部经济规模最大的省份,又是传统装备制造业生产基地,应以"双重机遇"克服"双向挑战",从而实现该产业飞速发展。

其次,城镇化与农业现代化使居民消费层次发生变化,带动装备制造业提供满足高层次市场需求的产品服务。同时,政府实施制造强国、新型工业化、信息化等战略,为河南省装备制造业提供更大的产业升级舞台,需求层次提高使产业在技术创新和质量性能方面显著增效。

最后,国家和河南省委省政府高度重视河南装备制造业的发展。2015年以来,先后出台了一系列促进企业发展的政策措施,支持河南省产业集聚区项目及亿元以上重大工业结构调整项目建设,产业集聚区对工业增长的支柱效应增强。

二　河南省装备制造产业发展面临的威胁

(一) 从国际经济形势来看

首先,由于国际经济和政治局势的不利影响,会波及我国的经济发展,从而影响河南省装备制造产业进出口贸易和技术水平的创新。例如,美国社会改革滞缓,收入差距拉大,欧洲改革由于其成员多元化的政治、经济和社会,改革阻力加大,日本产业国际竞争力优势恢复滞缓,而像中国这样的新兴经济体国家内部结构性问题很难从根本上改善。这些境况整体上影响了世界经济复苏的内生动力。其次,国际贸易保护主义和针对我国的技术经济封锁增加。最后,我国的出口机电产品核心技术水平较低,在国际市场上缺乏影响力,目前我国的装备制造产业,已成遭遇国际贸易摩擦严重的产业。2015 年,我国装备制造业产品出口累计贸易救济调查案件约 86 起,占同期被起诉贸易救济案件总数的 16.7% 。反倾销调查增加数达 72 起,占同期反倾销案件总数的 16.5% ,成为国外对华反倾销调查的第三大涉案行业。

(二) 从全国形势和河南省省情来看

目前,河南省虽为传统装备制造业生产基地并在全国占有重要位置,但是与一些沿海发达省份还有巨大差距,存在制造业大而不强,自主创新不强,关键技术和高端装备依赖进口,以企业为主的装备制造业体系尚不完善，低端产品过剩，名优品牌缺乏，能源利用率较低，环境污染尤为严重，信息化水平低，两化融合不够，产业国际竞争力低等问题。能耗方面，2014 年全省万元工业增加值用水量下降了 70%。但是与全国水指标相比，河南处于全国中高水平。环境方面，河南省 18 个省辖市中仅有 1 个城市的调查点没有出现污染物超标现象。其中，焦作、鹤壁等 5 市土壤环境污染尤其严重，济源市超全部调查点位总数竟达 50%，而且部分导致土壤污染的企业已不存在，同时土壤污染防治的监管责任尚不明确，导致追责难，监管极其不顺。

第三节 河南省装备制造产业转型升级的必要性

一 河南省装备制造产业发展的外部环境

（一）政策环境

国际上，经济全球化和改革的深化，为中国装备制造产业融入国际经济环境中提供了条件。从国内来看，我国作为新兴经济体，经济得到了快速发展，城镇化、工业化、现代化进程加快，为我国装备制造产业发展提供了良好的外部环境。同时，城镇化、农业现代化使需求层次提高。"中国制造 2025"大力推动重点领域突破发展，大力倡导发展高端装备制造产业和新能源汽车产业。

（二）市场需求

从国外来看，"十三五"期间，世界经济增长格局变化趋势不确定性增强，由于欧元区状况持续疲软，加之主要新兴市场增长放缓，随着产业市场竞争力、结构调整、转型升级、提速增效等加强，我国装备制造产业出口规模不断下降。"十三五"期间，我国 GDP 仍继续保持平稳，随着各行业新的装备需求、人民群众新的消费需求等的提高，装备制造产业市场需求总量将持续增长。装备制造产业产品类别、质量、性能、技术等要求提高，装备制造产业必须加快产业转型升级。

（三）绿色发展对能源资源环境的严格要求

"十三五"期间，我国装备制造业资源能源利用率低、环境污染严重。

我国倡导绿色发展，坚持可持续发展，加强装备制造产业节能环保技术，提高资源回收利用效率。采用低碳发展战略，提高装备制造产品发展质量，降低单位能耗，从而促进装备制造产品结构调整、提速增效和转型升级。同时，以绿色发展为理念，着重研发并推广余热余压回收、水循环高效利用、有毒有害原料替换等绿色工艺及技术升级装备。实现厂房集约化与智能化生产、原料无害化使用、废物资源化处理等。

（四）产业转移机遇

随着全球化的进一步发展，未来装备制造业将面临以下五种转变：资源要素向创新和人才要素转变；生产型制造产业向生产服务型制造产业转变；价值链向高端制造业转变；生产能力向三基核心技术转变。河南省作为我国传统装备制造业生产基地和中西部经济总量最大的省份，应抓住产业转移战略机遇期，积极参与全球产业转移再分工，实现装备制造业的转型升级。

二　国内装备制造产业发展制约因素

首先，自主创新能力差。目前，我国装备制造业关键核心技术与高端装备缺乏，企业创新不足。导致装备制造业中低端产能过剩、高端产能缺乏的尴尬现状，阻碍了装备制造业转型升级。

其次，产业发展基础和制造业服务业务环节缺位。核心基础零部件、先进基础工艺、关键基础材料和产业技术基础等工业基础滞缓，成为向高端装备制造业升级的制约因素。企业提供系统设计、工程承包、远程诊断维护等服务业能力不足，装备制造业务大多处在微笑曲线最低端的加工装配环节，而现代服务制造比重过低。同时，传统企业管理模式和产业结构使企业发展僵化滞缓。据统计，我国装备制造业产业增加率仅相当于美国的 4.38%，经济效益低下。

再次，装备制造产业市场集聚效应不足。目前，我国虽已形成以环渤海和长三角为核心，东北和珠三角为两翼，中部和西部地区为重要组成部分的装备发展格局。然而，中国市场集中化指数仅有 7.5%，而美国为 58.4%。集中化不足影响了我国企业规模效应及总体竞争力。

最后，产业发展方式落后。我国装备制造产业在发展过程中，一直存在注重产量和产值而轻视质量，注重速度而轻视质量和效率等问题，产业快速发展以生产要素为代价,以外部投资为主,导致中低产品产能过剩,高端产品严重不足,加之集中度和结构差别低,严重了影响我国装备制造产业在国际上的竞争地位。

第四节 河南省装备制造产业转型升级的路径

一 河南省装备制造产业升级思路

"十三五"期间,根据"中国制造 2025"的战略规划和指导思想即创新是制造业发展全局的核心思想,要做到以下三点转变。

首先,加快装备制造产业发展方式转变,在增长方式上由过度依赖资源能源消耗、依赖引进技术向自主创新转变,做到自主开发和引进消化吸收相结合。其次,在产品结构调整上,向高端产品转型升级。此外,注重产业基础,由进口向发展整机制造与注重基础配套建设结合转变。河南省装备制造产业升级思路为:重点发展支柱型产业、新兴产业和产业基础,即重点发展冶金矿山、工程机械及轨道交通、现代农业和输变电及智能电网四大支撑装备产业。积极培育新能源、新环保、石油化工三大新兴装备产业,狠抓核心基础零部件、先进基础工艺、关键基础原材料和产业技术基础等四大产业基础,根据"中国制造 2025"规划,要不断提高企业的装备能力和智能化、信息化水平,以规模带动效益,以延伸产业链,以集群发展促进区域经济发展,逐步提高河南装备的市场占有率,打造全国范围内的著名品牌。

二 河南省装备制造产业升级路径

(一)优化结构

提升质量及产业结构优化是建设制造强国的关键手段。改造传统产业,发展先进装备制造产业,实现产业链向服务型制造升级,提升制造业质量。企业应加强自身质量主体责任意识,加强质量技术攻坚克难,培育优质自主品牌,政府应大力加强法律法规、质量监管体系及相关标准的制定,为企业合法经营营造良性的市场环境。

(二)两型转化

企业应实现由生产型制造企业向生产服务型企业转变。要大力实施现代制造服务业示范工程，实现生产型企业服务化，要建立制造业服务化运营创新经验的各类平台，依靠各项新技术应用研发，集成各领域的创新成果，开展协同集成创新，改善服务效率，创新服务体验和服务模式。同时，政府应引导企业采用纵向一体化竞争战略，拓展产业链向高端升级，增强生产服务能力，全面提升装备制造产业生产服务水平。以产业转型升级为主线，增强信息、物流、技术、金融商务等服务业对装备制造产业工业化的提质增效作用。

（三）创新驱动

"十三五"期间，装备制造产业必须从依赖生产要素向自主创新、体制创新、人才为本等要素转变。企业应坚持走新型工业化道路，以创新为主题，以智能制造为着力点。同时深化大型国有企业体制改革和管理创新，为创新提供宽松的环境，积极推进跨行业和行业间的协同创新及产业基础建设，促进装备制造产业信息化及智能化。

（四）强化基础

制约河南省装备制造产业创新发展和质量优化的主要原因是河南省装备制造产业核心基础零部件、先进基础制造工艺、关键基础原材料和产业技术基础等基础薄弱，关键共性技术缺乏。河南省应大力推动"四基"建设和整机企业、"四基"企业的协同发展，依托国家科技计划，在重点领域，积极促进整机企业和"四基"企业与高校、科研院所的对接，提升装备制造业自主创新水平。

（五）两化融合

"中国制造2025"的规划表明，到2025年，制造业的工业化和信息化融合会进入一个高水平。加快信息化和工业化融合，是实现企业现代化管理、提高企业经营管理水平的主要途径，将信息技术融入装备制造产品研发、生产中，加快装备制造产业向数字化、智能化发展，要加强企业管理技术培训辅导，推进两化融合全面开展，从而实现信息技术和装备制造企业的高效融合发展。

（六）绿色发展

"十三五"规划提出了全面建成小康社会的新目标，提出绿色发展理念，"中国制造2025"也强调建设制造强国的重要着力点是可持续发展战略，所以，河南省需加强清洁能源、节能环保、一流工艺、装备推广的应用，为各行业节能降耗减排提供先进装备，加快发展装备制造产品再制造业，从而促进全社会走上绿色制造、循环经济、资源回收利用发展轨道，提高资源回收效率，实现绿色生产及可持续发展。

第五节　河南省装备制造产业转型升级的对策措施

一　做大做强优势产业

企业应推进先进设备制造业整体能力提升。以增强技术创新、服务化水平和产业配套能力为着眼点，延伸产业链，全面提升省内冶金矿山成套设备、工程机械及轨道交通设备、现代农业设备和智能电网装备四条优势产业链的竞争优势。引进技术和创新并重，加快发展精密数控、新型能源装备、新型环保装备等一批优势特色新兴产业。大力实施企业整合重组和产品技术改造，从而使产业规模扩大竞争力增强，同时，鼓励企业积极进入国际市场，由出口整机向项目承包转变，培育一批核心业务鲜明、竞争力明显的大型优势企业集团。

二　加强行业"四基"工业基础建设

企业应大力建设核心基础零部件、先进基础工艺、关键基础材料和产业技术基础等工业基础能力"四基"工程。首先，围绕高端设备，合理配置优势资源，开发轴承、齿轮、液压件等标志性装备产业基础件。其次，着力解决影响核心基础零部件产品性能和稳定性的关键核心共性技术，开发和推广基础技术包括绿色精密铸造技术和冷压精密成型技术等。再次，建造基础工艺创新体系，实现先进成型、加工等制造工艺的联合攻坚克难，同时，注重专业工艺人才培育。最后，增强专用材料自给保障供应生产能力，重点建设超硬刀具、高性能轴承钢、高性能齿轮用钢、高可靠性密封等代表性基础材料。推进实施安阳百瑞英机械120万套非标精密轴承自动生产线等项目建设，从而切实掌握一批"四基"产业发展的核心技术，实现批量生产与重大装备和高端装备的配套能力提升，最终发挥装备制造工业基础的强大支撑作用。

三　推进装备制造业信息化和工业化融合

企业应实现新一代信息技术与装备制造生产的融合，把智能制造提升到两化融合的重要位置，发展智能装备产业、产品及服务。同时制定相关智能制造技术衡量指标，寻求智能制造产业战略伙伴，协同联动发展。积极利用互联网、云计算等应用数字技术提升传统工艺技术、生产装备、清洁设备性能，实现制造过程的信息化、网络化、绿色化。依赖新一代信息技术，向高端产品延伸，对现有传统产品增加新的功能和产品性能，开发新的高端产品。大力实施重点行业两化融合的示范应用。重点选择钣金、焊接、锻压、机加工等有代表性的行业和产品，推广应用数控技术、传感器技术和工业智能机器人，加快建设数字化车间和智能化车间。从而改变新能源汽车制造维修、电工电器等行业市场需求大、劳动强度高、作业环境差、安全保障不足等现状。

四　重点发展新能源汽车产业

2015 年，新能源汽车规模达 6 万辆，领头企业为宇通、日产等，建有多个新能源汽车产业集聚区如新乡动力电池，豫北汽车电子、控制及电池材料，豫南充放电成套设备及电机电控系统群等。企业应充分利用移动互联网及云计算，实现新能源汽车商业模式创新及价值共创。同时，利用国内外市场资源，鼓励新能源汽车与服务出口，增强国际竞争力。

五　推进特色装备制造产业集群建设

目前河南省特色相关集聚群包括郑州航空港经济综合实验区、富士康精密装备制造产业园和航空制造维修产业园，应重点抓好特色集聚群。重点建设洛阳、郑州、许昌等产业园区和专业基地，即美景集团收购的穆尼通用飞机研发制造基地、德国 IAS 飞机内饰及旋翼飞机和华彬集团中国（郑州）应急医疗救援枢纽基地等项目建设。实现洛阳动力谷智能控制生产、机器人智能制造、关键部件和节能环保重大成套技术装备供应。促进中原电气谷特高压输变电及智能电网成套装备供应，促进郑州、洛阳等轨道交通生产基地建造，努力建成千亿元相关产业基地。

六 装备生产制造型企业服务创新

装备制造业服务环节创新需要生态系统中参与者的协同创新，建立制造业服务化运营创新经验的各类平台，依靠各项新技术应用研发，集成各领域的创新成果，开展协同集成创新，改善服务效率，创新服务体验和服务模式。政府出台相关法律法规鼓励企业产品制造能力服务创新，帮助企业通过技术和管理模式的创新，突破产业边界，从而扩展到服务业活动领域。制造业服务化继续在全省装备制造行业开展以"自主创新，降本增效"为主旨的示范活动，即采用先进的管理模式，创新驱动，优化结构，降低成本，提高效益。同时，引导企业采用纵向一体化竞争战略，拓展产业链向高端升级，增强生产服务能力，全面提升装备制造产业生产服务水平。以产业转型升级为中心，支持宇通重工、中信重工、许继集团等骨干企业在系统成套、销售方案、工程承包、维护等方面延伸服务环节，使企业交易由设备向成套设备及工程全包服务转变。

七 支持优势企业实施并购重组与产业整合

首先，加大国有企业、民营企业体制机制改革，建立现代企业制度，多方式引导战略投资者，实现国有企业资源共享。其次，促进装备制造企业信息化管理，使企业科研、制造、财管、营销等环节使用现代管理信息系统。最后，健全相关企业各项管理考核体系，定岗专员，尽量去掉多余业务流程及相关人员，进行集中高效能管理，突破横向部门交流阻碍，减少协调成本，实现灵活协作。

第四章　河南省食品产业转型升级研究

第一节　河南省食品产业发展现状及存在的问题

河南省是我国传统的农业大省，发展食品产业具有自身独特的优势。自 20 世纪 70 年代末改革开放以来，河南省历届政府都高度重视食品产业的发展，把打造食品工业强省作为长期以来不变的战略目标。在 20 世纪 90 年代的十年中，河南省食品工业总产值翻了两番。进入 21 世纪以来，河南食品工业继续快速发展，平均每年食品工业增加值增长率都在 10% 以上。食品工业目前已发展成为河南省规模最大的支柱产业，拥有一批在国内外食品工业领域有重大影响力的龙头企业，如双汇、华英、大用、众品食业、三全、思念、白象、科迪等著名企业和品牌。新常态下，食品产业消费结构不断升级，个性化、多样化消费渐成主流，绿色、营养、安全的高端食品需求快速增长，智能制造水平不断提升，产业逐渐趋向于全球化发展、区域化布局。河南省食品产业居全国第二位，但结构层次依然偏低，部分行业品牌影响力较弱，技术创新能力有待加强，区域产业布局仍不合理。2017 年，全省规模以上食品工业主营业务收入突破万亿元，在经济下行压力下，依然为稳增长、保态势、促发展做出了重要贡献。目前，食品消费需求刚性增长，正从生存性消费加速向安全型、健康型、享受型消费转变，进一步呈现多样化，市场空间持续扩大，有利于推动食品消费总量持续增长。在食品产业中，河南省的一些行业已经具备了比较大的竞争优势，在全国处于领先地位，这些发展较好的产业主要有面制品加工业、肉制品加工业、方便食品加工业、调味品制造业、乳制品加工业、速冻食品加工业。

一　面制品加工业

面制品是以面粉为主要原料的加工产品。我国大部分居民是以面制品为主食的，尤其是我国北方居民更依赖面制品，是一日三餐的主食品。面制品从其产品和加工制品的特征来分类的话，可大致分为蒸煮制品（如馒头、包子、面条、水饺）、煎炸制品（如锅贴、馅饼、油条、麻花）、烘焙制品（如烧饼、烙饼、面包、饼干）、冲调食品（如炒面、油茶）四大类。河南是全国最重要的冬小麦主产区，小麦产量多年占全国小麦产量的 1/4，面粉加工工业发达，是全国最大的小麦面粉生产基地，面粉的生产量、外运量均居全国第一位。目前北京市民所吃的面粉及面制品中有近 1/2 来自河南，天津市有近 1/3 的面粉及面制品来自河南。河南省是北方大城市面粉、方便面、速冻面制食品的主要供应基地。

河南省的大部分市县都以小麦为夏粮的主要作物，不少市县也都非常重视面制品加工业的发展。如豫东的永城市，自 20 世纪 90 年代开始就大力鼓励、支持面制品企业的发展，面制品加工业迅速崛起，2005 年 10 月永城市被中国食品工业协会授予"中国面粉城"的称号，此后，连续数年举办中国面粉节。目前，该市的面粉加工企业达到 150 余家，年产值超过 20 亿元，每年生产面粉超过 30 亿斤。目前，河南省的面粉总产量占全国总产量的近四成，形成了郑州、新乡、驻马店、商丘、漯河五个面粉加工基地。在面粉加工量和销售量不断提升的前提下，河南省面粉行业的品牌建设也受到各地的重视，几乎每个市都有自己的品牌，一些品牌不仅在河南很出名，甚至在全国都有很高的知名度，如郑州的金苑面粉、神象面粉，新乡的五得利面粉，许昌的湖雪面粉，洛阳的雪龙面粉，夏邑的雪枫面粉，濮阳的硕源面粉，安阳的狮子面粉等。

近年来，随着我国经济进入新常态，面粉和面制品加工业的竞争也越来越激烈，河南省的许多市县为在竞争中处于有利位置，普遍采取了差异化策略，大力发展有地方特色的面制品。以信阳市淮滨县为例，淮滨县位于豫东南地区，其气候特点特别适合弱筋小麦的种植和生产，是我国江淮及豫南沿淮弱筋小麦生产核心区。弱筋小麦具有粒质软、面筋弱、蛋白低的特点，是生产低筋系列面粉、衍生加工饼干、糕点等烘焙食品及南方馒头等速冻食品的专用原料。近年来，淮滨县以打造"中国弱筋小麦生产第一县"为目标，以市场需求为取向，以生态优势为依托，统一供种为手段，以提高小麦品质、产量和综合效益为目标，完善政策扶持、行政推动、企业引导等机制措施，大力实施弱筋小麦区域化布局、优质化供种、规模化种植、标准化生产，着力提升弱筋小麦的生产优势。目前，淮滨县沿淮麦区种植弱筋小麦 50 万亩，总产量达 20 万吨，是支持我国低筋面粉和烘焙食品工业发展的专用小麦重要种植基地。目前，淮滨县已拥有规模以上低筋面粉加工企业 3 家，烘焙食品加工企业 2 家，并形成以省级龙头企业金豫南粉业、富贵粮油及市级龙头企业怡利达为依托，发展优质弱筋小麦面粉、糕点粉及饼干用面等面制品、食品加工业的弱筋小麦生产及面制品产业化集群。

二　肉制品加工业

河南省农村居民具有悠久的养殖家畜家禽的传统，多年来都是中国重要的家畜家禽生产地，猪、牛、羊、鸡、鸭的产量都很可观，为肉制品加工业的发展提供了充足的原料。改革开放以来，随着人们生活水平的提高，对肉制品的需求量快速上升，使河南省肉制品加工业获得了快速发展，在河南出现了一些规模庞大的肉制品加工企业。肉制品加工业是河南省的传统优势产业，河南省历届政府都把肉制品加工业视为重点支柱产业来发展，河南省肉制品加工业在全国占有举足轻重的地位，畜牧业年产值、猪肉年产量、牛肉年产量、禽蛋年产量、牛出栏量、山羊绵羊存栏量等多项指标位居全国前三；国内外知名的肉制品加工企业主要有双汇、华英、大用、邦杰、众品等，这些肉类企业在过去的二三十年间快速发展，使河南省成为全国最大的肉类生产基地之一。

兴起于 20 世纪 80 年代中期的双汇集团，坚持走规模化发展、品牌化经营、产业化联动的创新之路，2001 年就已经成为亚洲最大的肉制品加工基地，公司所在地漯河市被人们称为"中国食品城"。目前双汇集团每年消化 2000 万头生猪、70 万吨鸡肉、7 万吨植物蛋白，年转化粮食 1000 多万吨，带动 170 多万人从事与双汇相关的种植、养殖及原料采购、产品销售，年增加农业产值 600 多亿元，增加社会各类人员收入 100 多亿元，为地方经济和中国肉类行业做出了突出贡献。2013 年 9 月，双汇集团控股母公司万洲国际成功并购美国最大的猪肉加工企业——史密斯菲尔德公司，成为拥有 100 多家子公司、12 万名员工、生产基地遍布欧美亚三大洲十几个国家的全球最大的猪肉加工企业，使双汇品牌走出了国门，迈向了世界。位于信阳市潢川县的华英禽业集团投产于 1993 年，是一家以肉鸭、肉鸡加工为主的大型禽类食品加工企业，目前是河南省 63 家重点工业企业、全国农业产业化重点龙头企业、全国质量管理先进企业、全国食品工业百强企业、全国食品安全示范企业、全国 1948 家大型工业企业之一，1996年获得自营进出口权。华英禽业走的是"公司＋基地＋农户"的发展模式，目前每年加工肉鸭 3000 多万只、肉鸡 600 多万只，加工熟食 4000 多吨，产值近 40 亿元，是全世界最大的鸭产品加工基地。

在我国经济进入新常态的背景下，河南省肉制品加工业也面临着巨大的压力。河南省肉制品加工业目前存在的主要问题有：第一，产品结构不合理。从品种看，河南省的肉制品加工主要集中于猪肉加工，牛、羊肉制品少，禽肉制品也比较少；从产品档次看，中低端产品多，高端产品少；从加工技术看，初级加工产品多，精深加工产品少。另外，河南省肉制品加工企业在引进国外先进设备和技术的同时，西式肉制品的生产得到快速扩张，而中式肉制品生产发展不足，目前生产份额不足 20%，中国传统风味的中式肉制品生产亟待加强。第二，肉制品加工水平低。河南省肉类加工主要以初级产品加工和销售为主，加工转化率不足 4%，与发达国家30% ~40% 的转化率水平相比存在巨大的差距，发展提升的空间很大。目前河南省肉制品品种有 500 多种，但是其中 80% 的熟肉制品是由手工作坊生产出来的，高新技术在肉制品加工业中的应用还比较罕见。许多中国传统风味的名特优肉制品还没有实现工业化生产。另外，目前还缺乏满足特殊人群需要的肉制品生产，如低脂肪、低盐、低胆固醇、具有保健功能的肉制品几乎没有。第三，河南省肉类加工的产业组织形式也比较落后。河南省目前虽然是肉制品加工大省，企业数量很多，但是绝大多数企业规模很小，市场集中度比较低，肉制品加工产业总体规模很大，但是技术装备落后，创新能力不足，经济实力不强，竞争力不足。另外，河南省肉制品加工产业在现代化经营体系建设方面也比较落后，在物流配送、保鲜包装、营销手段等方面还主要以传统方式为主，冷链配送、互联网等新技术在肉制品加工产业中的应用还有待加强。上述这些不足导致河南省肉制品加工产业在国际上的竞争力不足，出口量小，创汇能力不足。

三　方便食品加工业

方便食品指以米、面、杂粮等粮食为主要原料加工制成的只需简单烹制即可食用的食品，具有食用简便、携带方便、易于储藏等特点。方便食品的种类很多，大致可分成四种：一是即食食品，如各种糕点、面包、馒头、油饼、麻花等，这类食品通常买来后就可食用。二是速冻食品，事先把各种食物烹调好，然后放入容器中迅速冷冻，冷冻后销售，如冷冻水饺、冷冻汤圆等，消费者买回加热煮熟后就可食用。三是干的或粉状方便食品，如方便面、方便米粉、方便米饭、方便饮料或调料、速溶奶粉等，通过加水泡或开水冲调也可立即食用。四是罐头食品，即指用薄膜代替金属及玻璃瓶装的一种罐头。这种食品较好地保持了食品的原有风味，体积小，重量轻，卫生方便。经济社会的发展使人们的生活节奏越来越快，许多人没有足够的时间在厨房烹调食物，这使得方便食品成为市场新宠。

近年来，方便食品一直呈现出快速增长的势头，河南省抓住了这一机遇，方便食品加工产业取得了长足发展。河南省是目前中国最大的方便面生产基地，拥有一批规模大、产品质量高的方便面生产企业，著名的企业有白象集团、河南斯美特食品有限公司、郑州国华食品有限公司、新乡亚特兰食品有限公司等。这些企业的产品花色品种多，能够满足不同类型消费者的口味和消费水平。河南省是全国最大的方便面加工基地，产量约占全国方便面总产量的1/4。如新乡亚特兰食品有限公司生产的方便面有单料、双料、三料、脆脆面等，从35克至110克的"亚兰牌"方便面十大系列50多个品种，能满足各类人群的偏好。目前，河南省在郑州、新乡、漯河和焦作打造的方便面制品加工区发展形势良好。河南省也是我国饼干生产大省，目前河南省饼干产量约占全国总产量的1/3，在安阳、漯河、平顶山、信阳等地都形成了具有一定规模的饼干加工集聚区。河南省的速冻米面食品近年来发展迅速，产量占全国速冻米面食品的70%以上，主要产品有饺子、汤圆、粽子等，知名企业有郑州三全、思念，商丘科迪等。这些龙头骨干企业注重技术研发和质量保证体系建设，产品实现了规模化和系列化生产。挂面也是河南省传统的方便食品，目前河南省是我国最大的挂面生产大省。信阳的潢川县、驻马店的汝南县都有制作挂面的传统，尤其是潢川县生产的挂面，工艺独特，质量上乘，被人们称为"贡面"，产品纤细如丝，中空如管，颜色洁白，包装也比较美观和便于携带。近年来，河南省兴起了一批现代化的挂面生产企业，如郑州博大面业有限公司、河南克明面业有限公司等，这些企业的崛起进一步增强了河南省的挂面生产能力。以郑州和驻马店为中心的挂面加工集聚区目前已经初具规模。

四 调味品制造业

随着生活水平的提高，人们对于饮食方面的追求也在不断提升，从吃饱到吃好，更加注重饮食的味道，一些传统的调味品如食盐、酱油、醋等被人们广泛使用，新兴调味品也正在走入寻常百姓的厨房，如味精、鸡精等调味品，也日渐成为居民厨房中不可或缺的调料。河南在新兴调味品产业上发展势头良好，周口莲花味精企业集团的莲花味精、驻马店十三香调味品集团公司生产的王守义牌十三香、漯河市临颍县南街村调味品有限公司生产的南德牌系列调料等深受城乡居民喜爱，驻马店正阳县的伏陈醋、南阳的米醋等也都在业内有一定的影响。还有一些企业专门为食品加工企业供应调味品，如郑州雪麦龙食品香料有限公司，就是一家专业化生产天然食品香料的高新技术企业，公司采用先进的超临界萃取、分子蒸馏、超声波萃取等高新技术，立足于高起点、高标准，严格按照 ISO9001 和HACCP 质量管理体系和现代企业管理标准，专业化生产天然香辛料提取产品，每年为国内外著名的方便面、肉制品、香精香料、调味食品等企业提供天然香料精油、油树脂 500 吨；天然香料油、微胶囊、拌和型精粉 1000吨。

周口莲花味精企业集团，多年来一直是国内最大的味精生产厂家，莲花味精不仅在国内市场上独占鳌头，还远销世界其他国家，出口量占全国味精出口量的 80% 以上。河南莲花味精股份有限公司是世界上唯一用小麦做原料的味精生产企业，采用世界先进水平的日本生物发酵技术和精制工艺，在中国味精行业率先获得 ISO9001 国际质量体系认证、首家通过HACCP 体系认证。莲花味精被中国名牌战略推进委员会审定为首批"中国名牌"。"莲花"商标被国家工商总局认定为"中国驰名商标"，已形成 10大类 30 多个品种。河南莲花味精股份有限公司是国务院确定的 520 家重点企业之一，被农业部等 8 部委认定为全国第一批农业产业化龙头企业，现有资产总额 45.44 亿多元，职工 11000 人。河南莲花味精股份有限公司目前已成为我国最大的味精和谷朊粉生产与出口基地，主导产品开发了年产30 万吨味精、30 万吨等级面粉、4 万吨谷朊粉、5 万吨葡萄糖、20 万吨饲料、20 万吨复合肥生产能力，年转化小麦近 100 万吨。驻马店市王守义十三香调味品集团有限公司是一家以调味品生产销售为主营业务，同时兼营彩印、包装材料等辅业的综合性调味品企业，前身是驻马店市兴隆堂十三香调味品厂，主要生产经营王守义十三香系列清真调味品，始创于1984年。经过三十年来的发展，目前已成为拥有先进生产技术和设备的大型调味品集团，是全国最大的香辛料调味品生产企业。目前，公司总占地面积270余亩，建筑面积15万平方米，员工1200余人，总资产5.5亿元。2017年，销售额12亿元，上缴利税1.1亿元，年产各种调料达6万余吨。

除了前述的几大主要食品产业，河南省的乳制品加工业、果蔬加工业、饮料制造业、油脂加工业、茶叶加工业、酒类制造业、食用菌加工等食品产业也具有一定的规模，在国内外具有一定的竞争力。河南食品产业在快速发展的同时，也存在不少问题，总体上来看，可以总结为三方面的问题：第一，产业链条短，高附加值产品比重偏低。第二，企业平均规模小，产业集中度低。第三，技术装备水平总体不高，研发创新能力较弱。这些问题与河南省建设食品产业强省、打造具有国际竞争力的食品产业基地还有一定的差距。尤其是在我国经济进入新常态的背景下，河南省食品产业发展面临着新的挑战和机遇，更需要做出新的应对策略。一方面，河南食品产业面临消费升级明显、国际国内食品行业巨头在我国中西部地区加快战略布局的良好发展机遇，同时也遭遇到市场竞争越来越激烈、食品安全形势日益严峻、转型升级步伐需要进一步加快等多重挑战，迫切需要新思维、新举措来推进河南食品产业加快转型升级，尤其是需要与互联网密切融合，推动河南食品产业在我国经济进入新常态的背景下快速健康发展。

第二节　河南省食品产业发展面临的机遇与挑战

一　河南食品产业发展的机遇分析

第一，食品产业在未来相当长的时期内仍然是朝阳产业。多年以来我国食品工业快速发展，已经成为国民经济中增长最快、最具活力的支柱产业。而从国际经验来看，目前美国食品产业占到制造业产值的14%，法国、德国、日本分别是16%、15%和10%，中国只有9%。因此，中国的食品产业仍有很大发展空间。此外，我国食品工业的现代化水平与发达国家相比还有很大差距，研发投入强度仅相当于发达国家的1/3，劳动生产率仅相当于发达国家20世纪80年代初的1/4。今后一个时期我国食品产业仍将呈现快速发展势头。一是随着城市化推进、人口增长和居民收入水平提高,自给型食品消费比重将逐步下降,食物工业化水平将不断提高。预计在 2025 年前,食品产业仍将保持年均 15% 以上的增长势头。二是产品消费升级趋势明显。产品方便化、多样化是今后食品工业发展的重要特征。预计未来 10 年,各种方便主副食品将进入一个高速发展期,年均增长将超过 20%。安全、营养、方便成为食品工业发展的主流和方向,绿色食品、有机食品、功能食品将成为最具发展潜力的产业。上述食品产业发展的大趋势决定了河南食品产业有着巨大的增长空间。除此之外,中原经济区建设、郑州航空港经济综合实验区建设、国家"一带一路"建设以及目前最为大家关注的"互联网+"趋势,为河南省食品产业快速发展提供了良好的机遇。

第二,中原经济区建设将为河南食品产业发展提供更好的内外部条件。中原经济区是中国首个内陆经济改革和对外开放经济区,于 2012 年 11 月由国务院批准设立,是中国新一轮改革的重要标志。《中原经济区规划》将国家重要的粮食生产和现代农业基地视为中原经济区的首要战略定位,将食品加工业作为推进中原经济区新型工业化进程需要大力发展的主要产业之一。中原经济区建设有助于实现河南省从传统农业向现代农业迈进,实现农产品由初级加工向精深加工转变,将对食品产业发展带来深远影响。除此之外,中原经济区建设将会显著改善河南省的铁路、公路、航空等基础设施条件,综合交通枢纽的地位进一步增强;一些与食品加工有密切关联的产业也会得到快速发展,如农业、装备制造业、旅游业、现代物流业、金融业等;新型城镇化建设的推进和新型农村社区的建设将显著改变人们的生活方式,居民的饮食结构也会进一步转型升级,给食品加工业带来新的市场机遇。《中原经济区规划》也着眼于经济全球化,立足河南省的实际,提出了河南省应加大对食品产业的支持力度,推动企业规模不断发展壮大、科技创新能力不断提高、新产品开发力度不断加强,不断延长产业链条,形成具有较强带动力的主导产业。还进一步提出提升农业产业化经营水平、建设现代物流体系、实施大交通大物流战略、提升郑州区域性金融中心功能等建议。中原经济区建设的实施将为发展河南食品产业提供强有力的物流、人才流、资金流等支持,推进河南食品产业转型升级。

第三,郑州航空港经济综合实验区建设与国家"一带一路"建设为河南省食品产业更好地走向国际市场和利用国内国际资源提供了便利条件。郑州航空港经济综合实验区是中国首个内陆开放试验区，于 2012 年 7 月由国务院设立，是以郑州市新郑国际机场附近的新郑综合保税区为核心的航空经济体和航空都市区，是郑州市朝着国际航空物流中心、国际化陆港城市、国际性的综合物流区、高端制造业基地和服务业基地方向发展的主要载体。近年来，随着我国产业结构的优化调整，资源配置的市场化程度显著提高，劳动力、资金、技术在地区之间快速流动，相对落后地区在区域竞争中的地位日渐突出，经济增长的热点逐渐向具有优势和潜力的待开发地区转移，郑州航空港经济综合实验区的建设给河南省利用本地的资源优势承接国内外产业转移提供了契机，河南省在食品产业上具有良好的基础，大力吸引国内外客商在河南投资于食品产业以及相关产业，并在投资政策上予以进一步优惠，这些都将有利于河南食品产业的快速发展。

第四，"互联网＋"正在推动传统产业转型升级。近十几年来，"互联网＋"正在慢慢改变我们的生活：基于定位技术的上门修车、干洗和送餐服务；基于在线支付技术的红包、网购和众筹；基于大数据技术的监测、智能分析等。互联网＋金融、互联网＋医疗、互联网＋农业、互联网＋体育、互联网＋教育娱乐、互联网＋交通能源……几乎每个领域早已有"触网"经历。阿里研究院的一份研究报告认为，以互联网为主的一套信息技术作为一种通用的技术，与 100 年前的电力技术、200 年前的蒸汽机技术一样，将对人类经济社会产生深远而广泛的影响。河南省在信息技术应用的基础设施方面也投入了巨资，实施了宽带中原、智慧中原等重大工程，构筑了覆盖中原的高速光纤宽带网。高科技互联网技术的广泛应用，电子商务、微信平台、现代物流等信息服务和业务应用平台的建设，都将进一步促进信息通信产业的发展，并对传统产业转型升级发生影响。结合互联网的特性和现代市场营销技巧，突出区域特色，加快推进河南省物联网产业园区建设和现代营销手段的推广，为河南省食品产业发展提供了完备的配套设施和先进的营销理念，"互联网＋"正在渗透到河南省食品产业的每一个环节，为河南食品产业带来新的机遇，提供了广阔发展空间。

二　河南食品产业发展的挑战分析

第一，国际食品产业的竞争越来越激烈。从国际食品产业发展的趋势看，随着信息技术、生物技术等高新技术的发展，发达国家食品工业已经完成农产品初级加工向食品深度加工的转型，进入稳步发展阶段。加工技术装备高新化趋势明显，生命科学、信息技术等基础学科越来越多地应用于食品工业，新型膜分离设备、连续冻干设备、超低温单体冷冻设备等大型关键装备得到普遍应用。通过运用高新技术对食品生产过程中的副产物或废弃物进行二次开发，资源综合利用水平不断提高。而我国的食品加工技术远远落后于发达国家，高能耗、高污染，原材料利用率不高，产品附加价值低，发达国家食品工业巨头对我国食品工业的压力越来越大。另外，目前各国食品产业在发展中越来越注重培育区域优势，区域特色食品在全球食品贸易中所占份额不断扩大，如巴西目前是全球最大的蔗糖生产和出口国，法国的葡萄酒年产量占世界葡萄酒总产量的 1/6，而新西兰则控制了全球 40% 的乳制品贸易。这种发展趋势也给我国食品产业带来巨大挑战。

第二，国内食品产业的竞争越来越激烈。国内二十多个省市把食品产业作为支柱产业来发展，河南作为食品工业大省地位面临挑战。一直以来，作为一个农业大省，河南省把食品产业作为重点支柱产业来发展，位列食品工业大省。近年来这个地位正面临日益严峻的挑战。在区域竞争格局上，尽管河南省食品工业在全国排在第二的位置，但全国目前有 20 多个省市都把食品工业作为支柱产业来发展，河南省食品工业面临着"标兵（山东省）渐行渐远，追兵（四川省）越来越近"的严峻局面。这其中的原因主要有两个：一是食品产业有庞大的市场需求，尤其是对于中国这样一个人口众多的国家来说，更是如此；二是目前我国食品产业的技术含量低，属于劳动力密集型产业，许多省市都具备投资生产的能力。在产业竞争力方面，河南省的食品工业主要集中在面制品、肉制品等传统产业，产品档次低，附加值低。此外，河南省的知名品牌不多，目前全省食品工业中的中国名牌产品仅有 26 个，而山东有 62 个。

第三，消费者对于食品安全的要求越来越高，给食品加工企业带来巨大挑战。目前，世界各国对食品安全问题越来越重视，不断通过完善安全技术标准和相关法律法规来规范食品企业的生产行为，确保消费者能够购买到安全健康的食品，市场上绿色食品、有机食品等安全食品也越来越受到消费者的青睐。鉴于我国食品安全形势越来越严峻，2015 年 10 月 1 日，新《食品安全法》在我国正式实施，这是自 2009 年《食品安全法》实施以来的首次重大修订，新法被业界称为"史上最严"食品安全法，体现了我国中央政府对食品安全的四个"最严"要求：最严谨的标准、最严格的监管、最严厉的处罚、最严肃的追责。新法对食品行业的影响是多方面的：一是提高了企业经营成本，由于实行了更严格的食品质量标准，企业的管理成本、生产成本和销售成本都会有不同程度的上升。二是倒逼食品行业进行整合，部分中小企业达不到新法要求的生产条件，将会面临淘汰和被整合。三是推动创新和高标准发展，较高的质量安全标准，迫使食品企业提升研发创新能力和提高技术水平。上述这些影响都会给河南省食品产业的发展带来挑战。

第四，"中国制造2025"对河南食品产业发展提出挑战。2015年5月，国务院正式发布了《中国制造2025》规划，这是我国实施制造强国战略第一个十年行动纲领。李克强总理在2017年的《政府工作报告》中指出：要实施"中国制造2025"，坚持创新驱动、智能转型、强化基础、绿色发展，加快从制造大国转向制造强国。"中国制造2025"对食品行业的转型升级有如下要求：一是要加快食品行业生产设备的智能化，改造提高精准制造敏捷制造能力；二是要推进制造过程的智能化，加快食品行业的智能检测监管体系建设，提高智能化水平；三是要加强质量品牌建设，实施覆盖产品全生命周期的质量管理、质量自我声明和质量追溯制度，保障食品的质量安全。对于实现上述目标而言，目前中国食品行业存在着诸多问题：食品行业从业人员素质偏低，基础理论研究与应用研究不足，现代设备的投资成本比较高，食品行业上下游产业融合程度有限等。如何实现"中国制造2025"，河南省食品产业还有很多问题需要解决。

第三节　河南省食品产业转型升级的必要性

一　食品产业链不完善

目前，河南省食品产业的上中下游产业链之间缺乏协作，现有的农业生产方式难以满足食品产业发展的要求。食品的工业化生产需要有稳定的原料来源，数量充足，质量可靠，一般需要大规模的种植或者养殖才能满足这样的要求。河南省的农业生产方式总体上还是以传统的分散方式为主，规模化、标准化的种植、养殖基地很少，虽然目前存在一些农民专业合作组织、家庭农场等规模较大的新型农业经营主体，但是这些新型主体在河南省农业总生产规模中占比还很小。分散的农业生产方式带来的主要问题有：一是农产品供给数量不稳定。在市场经济条件下，分散的农户根据自己的成本收益状况来决定自己的生产决策，现实当中出现的情况往往是市场行情好时大家一哄而上，市场行情不好时大家一哄而散，导致农产品供给不稳定。二是农产品质量难以稳定。每个农户都有自己的生产品种、生产方式，因此不同农户生产的农产品质量有很大的差异，这给后续的食品加工带来困难。目前我国农业生产者与食品加工者之间总体上处于简单的供给方与需求方的关系，还没有形成纵向一体化发展的模式，这种模式制约着食品产业的健康、稳定发展，使食品产业面临着较高的经营成本和市场风险。

二　食品加工行业的技术水平整体偏低

目前，河南省食品产业总体上处于从农产品粗加工向精深加工、从劳动力密集型向资金技术密集型转型升级的过程中，食品产业的整体技术和装备水平还比较落后，产品附加值不高，产业链条短，与国内食品产业发达省份的食品产业以及与发达国家的食品产业相比较，河南省同类食品的竞争力还处于劣势。河南省食品产业中大型的企业和有影响力的知名品牌还比较少，尽管拥有双汇、金星、雏鹰、莲花、神象等一些大型知名企业，但是数量不多，河南省食品产业以大量的中小型企业为主，这些小企业生产规模化程度低，技术落后，产品质量不稳定，并与大企业争资源、争市场，而且由于企业数量大，政府相关部门难以进行有效管理，假冒伪劣商品时有出现，既浪费了资源，又影响了河南省食品产业的整体形象。

三　食品产业的配套服务体系不完善

一是物流产业不够发达和完善。围绕食品产业发展的社会化流通和服务网络还处于起步阶段，服务功能还很不完善，尤其是冷链物流网络的发展水平，与沿海发达省份相比还存在较大的差距，粮食的储备、电子商务、贸易和加工配送体系也还很不完善。目前应当以郑州国际物流业区作为物流网络基点来布局食品产业物流体系，依托大型食品企业，在河南省的主要交通干线附近建设冷链物流配送中心，并建设跨区域的冷链物流配送网络。二是河南省的食品装备制造业还很不发达，远远不能满足食品企业对食品加工机械的需求。许多大型食品加工企业需要的高端设备需要到国内其他省份购买，甚至要从发达国家进口，这增加了食品加工企业的投资支出。当前河南省食品加工装备制造业的总体发展水平还比较落后，自主创新能力弱，成套性和稳定性差，技术含量低，尤其是一些现代食品加工装备在设计和生产能力上比较差，如分离设备、冷冻设备、干燥设备、杀菌设备、灌装设备、包装设备等。食品加工装备制造业的发展水平与河南省食品加工大省的地位很不相称，这在很大程度上制约了河南省食品产业的发展。

第四节　河南省食品产业转型升级的路径

一　食品产业链转型升级

食品产业的产品大多数是非标准化的产品，而且对产品的安全性要求高。食品生产过程的产业链条比较长，生产环节繁琐而且相互影响。尤其是从提高食品的安全性来说，应当转型升级到全产业链生产模式，才能从根本上解决食品安全的问题。食品企业从一般的商品生产者，通过实施全产业链模式转型升级为饮食方案总体解决者，直接把食品从田野或牧场提供到了消费者的餐桌上，能够有效地解决食品安全、产业转型升级以及食品企业持续发展的问题。全产业链模式是以消费者和客户的需求为导向，涵盖从田间的农产品原料生产到消费者终端的餐桌上的全食品产业链条，包含种植、养殖、屠宰、加工、分销、品牌推广和最终销售的多个环节的产业链条。通过采取系统管理和对关键环节的控制来为消费者提供营养健康的安全食品，形成食品企业全产业链的整体竞争力。全产业链模式在具体实施过程中的核心是建立整个产业链的全过程控制体系，做到产品从"田间到餐桌"、从"种植和养殖的源头到终端消费"。通过这一控制体系来提高对食品的源头掌控能力，规范生产过程中对各种不确定性因素的控制，并且对销售和流通环节也加强管理，实现对于食品产业链全过程追溯体系的建设。在全产业链生产模式下，原料的选取、产品的生产加工、物流运输和终端的消费等环节能够实现全过程的有效控制，以从根本上保证食品质量安全可追溯，从而最大限度地保证食品的质量安全。对于大量的食品加工企业而言，全产业链经营模式解决了以前难以解决的两个难题：

一是解决了分散生产可能引发的食品安全隐患；二是很大程度上降低了分散生产可能引起的较高的运营成本。

适合全产业链模式的食品主要是大众消费的面食和肉类食品，而这两类食品也正好是河南食品工业的优势产业。其他的一些产品以及很多企业虽然没有实行全产业链模式的能力，但是全产业链的发展理念对于地方政府以及大型食品企业制订中远期发展规划有着很强的指导性。当前，区域之间的经济竞争不是通过产品或者企业来体现的，而主要是通过区域产业链的整体竞争力和控制力来实现的。从河南食品工业的长远发展来看，需要将全产业链思维从企业层次上升到区域层次，成为制定河南省食品产业发展战略的指导。在河南省食品产业发展战略上以全产业链的发展理念为基础，规划河南省食品产业全产业链的发展模式，通过这种新型模式的发展做大做强河南省的食品产业链，建立起完善的区域食品安全体系，同时带动河南省现代农业的发展，形成在国内和国际上都有较强竞争力的农业和食品工业产业链体系。

二　食品产业技术转型升级

河南食品产业目前在生产技术上存在不少问题。第一，河南省食品工业的整体技术水平和装备水平落后。食品加工关键技术和装备的总体水平偏低，自主创新能力不强。与世界先进水平以及与我国的一些发达省份相比，河南省食品加工的技术水平是比较落后的，先进的技术成果储备很少。食品加工装备制造业的生产水平和生产技术也比较落后，产品在稳定性、可靠性和安全性方面与发达国家的产品相比都存在比较大的差距，产品在使用中的能耗也高，成套水平低；食品加工装备制造业的研发能力也比较低，关键技术主要依赖进口，自主创新能力不强；部分关键技术的对外依赖程度非常高，大量高技术含量和高附加值的产品主要靠进口，一些重大的关键核心技术和装备完全靠进口，国内根本不具备生产能力。与山东、北京、上海等食品产业相对发达省份相比，长期以来河南省投入食品产业的科研经费远不及其他行业。在食品产业的科技成果中，大部分科技成果集中在农产品初加工领域，精深加工领域产生的科研成果不多。在食品加工领域，河南省在副产品综合利用方面的技术还存在很大的差距，所以，河南省食品产业在新产品的研发速度和更新换代方面还不能适应人们不断变化的市场需求，导致河南省的众多食品企业在国内外食品市场的激烈竞争中难以有较大的突破。第二，河南食品产业在高端人才资源上还比较匮乏。由于地处内陆，与沿海发达省份相比，河南省的经济发展水平低，人们的工资水平也比较低，高水平的研究机构很少，有影响力的高新技术企业不多，这些不利因素很难吸引到高端人才来河南工作，全省食品企业中大部分从业人员的文化程度都不高，尤其是那些掌握有高新技术的高端人才极其缺乏。以郑州市为例，根据郑州市相关机构提供的数据，2017 年郑州市大中型食品企业中共有科技活动人员 4200 多人，仅占郑州全市大中型工业企业科技活动人员总人数的 16.8%，这其中具有高级职称的科技人员有 610 人，占科技活动人员总人数的 16.4%，从这些数据看，郑州市食品产业从业人员当中的科技活动人员比较少，高技术的科技活动人员更少。第三，河南省食品企业在科技创新方面的投资普遍较少。河南省的食品企业大多数属于中小型企业，企业资金普遍比较匮乏，难以承担起大规模的研发工作，很难在重大技术上取得突破。

河南省食品产业技术转型升级的思路。第一，食品企业的管理层要有比较强的技术创新意识。食品企业的高层领导要认识到技术创新的巨大价值，尤其是对于那些大型企业而言，技术创新能力已经成为决定企业未来生存发展的关键因素。食品企业的高层领导要把技术创新作为企业制定短期和长期发展战略的重要依据，并制定出切实可行的技术创新工作详细计划，积极有效地推动食品企业的技术创新活动。第二，食品企业应当把自己当作技术创新的主角，加大研发投入力度。食品企业应当重视研发工作，加大研发的资金投入，多种途径筹集资金，为企业开展技术创新工作提供充足的资金支持。在资金筹措方面，一是要按照企业利润的一定比例提取研发资金，二是可以利用国家在技术创新和技术研发方面的相关激励政策，争取政府的财政资金以弥补自有资金在研发领域的投入不足。三是企业应制定和实施优惠的人力资源政策来吸引技术人才。人才对于技术创新具有根本性的影响，企业技术创新的大量事实表明，只有拥有了大量的高端人才，技术创新才能得以实现，因此企业能否吸引到优秀人才并为这些人才创造良好的工作环境关系到企业技术创新工作的成败。因此，食品企业，尤其是那些大型企业应当从收入分配、工作条件等方面建立有效的激励机制，以吸引优秀人才来企业工作，培养和使用好那些具有较强创新精神、较高创新能力的创新型人才，充分发挥这些人才在企业创新方面的作用。

三 食品产业产品转型升级

产品升级能够体现市场需求的变化，实现科学技术转化为现实的生产力，同时还可以带动产业结构调整。影响河南食品产业产品升级的因素主要有经济发展水平决定的市场需求变化情况和企业融资能力决定的新产品研发能力。首先看市场需求变化对食品产业产品升级的影响。居民食品消费结构的变迁是影响食品产业产品升级的重要因素。从发达国家的经验数据来看，当一个国家的人均 GDP 比较低时，人们对农产品的消费模式主要是直接消费农产品，当人均 GDP 逐渐增高时，人们对农产品的直接消费将逐渐减少，消费模式转变为以消费间接加工食品为主，对食品多样化的需求也逐渐呈现出来，人们开始注重自身的营养问题和健康问题，而功能性食品、营养性食品和休闲性食品也会快速发展。根据我国目前的经济发展水平，我国居民对于食品的消费模式进入了功能性食品和营养性食品的快速扩张期，目前的河南省也正处于这一时期。因此，河南省的食品企业应该顺应当前食品市场的变化趋势，加快开发适应市场需要的新产品，增加产品多样性，注重食品的营养性与功能性，满足人们不断变化的食品消费需求。其次，企业的资金状况也会对食品产业的产品升级有重大影响，没有充足的资金进行市场调研和新产品开发，适应人们消费结构改变的新型食品也不可能开发出来，因此，食品企业应当加强市场调研和新产品开发的投入力度，促进河南食品产业的产品升级。

河南省食品产业产品升级的对策。第一，根据食品向优质化、营养化、功能化方向发展的趋势，瞄准生态食品、旅游食品、休闲食品等，丰富河南的食品品种。一是大力发展生态食品。随着生活水平的提高，人们对食品的安全性提出了更高的要求，国际上对于有机农业生产有相应的要求，对食品加工过程也有生产标准化要求，河南省应当严格按照这些要求生产生态食品。在原料的生产过程和产品的加工过程中严格执行相关标准：不使用化肥，不使用农药，不使用生长激素，不使用化学添加剂，不使用人工色素，不使用防腐剂等。在储藏和运输过程中不允许受到任何化学物质的污染。对于粮食、蔬菜、水果、畜禽产品、水产品、调味品等原料性农产品加强有机食品的认证工作。二是积极开发河南省有地方特色的旅游食品。河南是文化大省，其食品文化也同样博大精深，旅游类食品的种类非常多，比如郑州的烩面、开封的灌汤包、洛阳的水席等各地的名小吃有 300 多个；大枣、核桃、板栗等果类；焦作的四大怀药；双汇集团的肉制品；金星、杜康等饮料类。河南省需要深入开发各类旅游食品，让游客不光在河南玩得愉快，还要吃得愉快，回去时还要多带走一些河南生产的各种食品。第二，将博大精深的中原文化基因融入河南食品产业的产品创新中去。河南省有着悠久的历史、灿烂的文化，目前的开发利用还只是在旅游观光等传统项目上做文章，属于浅层次开发，还没有充分发挥出河南省文化资源的经济效益、社会效益。可以把河南省的文化资源与食品产业的新产品创新结合起来，推进河南省文化产业与食品产业相互促进、共同发展。比如，可以在食品的命名、包装上展现深厚的文化底蕴。如河南省鹿邑县生产的"李耳小磨香油"，产品名字由于加进了古代文化名人老子的名字而让人过目不忘。这种做法使国内外游客在品尝河南美食的同时欣赏到河南悠久的历史文化，提高了河南食品的档次，提升了河南食品的品牌美誉度和影响力，也同时能够提高河南食品的附加价值。

四 食品产业的产业组织转型升级

从 20 世纪 80 年代开始，河南省的食品产业开始迅猛发展，出现了众多食品企业，其中也诞生了一些在当时有全国影响力的大型食品企业，如漯河双汇集团、洛阳春都集团、郑州郑荣集团等。但是河南食品产业中的大部分企业都是中小型企业，部分企业为了在竞争中占据有利地位，开始向特定地区集中，由此形成了产业集聚的趋势。2009 年 4 月，河南省委、省政府出台了《关于加快推进产业集聚区科学规划科学发展的指导意见》，并在全省范围内确定了首批 180 个产业集聚区，其中，有超过 1/4 的产业集聚区把食品加工或农副产品加工作为主导产业来发展，有近 10 个产业集聚区把食品加工或农副产品加工作为唯一的主导产业来发展，包括开封经济技术产业集聚区、延津县产业聚集区、南乐县产业集聚区、漯河经济技术产业集聚区、西华县产业集聚区、遂平县产业集聚区、潢川县产业集聚区、商城县产业集聚区。据统计，到 2017 年底，河南省已经形成的具有一定规模的食品产业集群有 140 个，总产值达到近万亿元，食品产业集群已经成长为河南省第一大产业集群，在河南省经济发展中举足轻重。

产业集群生命周期理论根据产业集群发展的阶段性特征把产业集群分

为四个发展阶段：萌芽期、成长期、成熟期和衰退期。按照产业集群生命周期理论来看，尽管河南省食品产业在过去的二三十年发展速度很快，但河南省的食品产业集群整体上还处于成长期的中前期，部分产业食品产业集群还处于萌芽期。河南省食品产业集群发展迅猛，以双汇、思念、众品、三全、白象、金苑、雏鹰等龙头企业形成的产业集群已达一定的规模，而且在国内市场上已经有了较高的市场占有率，如双汇肉制品的市场占有率长期保持在 60% 以上，思念食品和三全食品的市场占有率也都保持在 20%～30%，但从食品产业集群的总体发展水平来看，绝大多数食品企业规模较小，市场集中度较低，区域品牌的竞争力不够强，这些问题带来的影响直接表现在销售收入上，与山东省相比，河南省是其一半左右，与广州市相比，也仅是其 2 倍左右，因此，河南省食品产业集群亟待升级，以形成更强的区域竞争力。

为推动河南省食品产业集群向更加成熟的产业组织模式转型升级，地方政府需要为产业集群内的企业和相关机构做好生产性服务工作。生产性服务业的发展，能够推动集群内的企业实行更深更细的专业化分工，加深产业链的一体化程度，不断提高产业集群的竞争优势。目前为推动河南省食品产业集群的升级，需要做好生产性服务工作，主要有以下几方面：第一，加强金融支持和服务。目前我国经济进入新常态之后，食品产业也会和其他产业一样，市场萎缩，增长乏力，食品企业在这一大背景下很可能会出现资金紧张的问题，因此政府应当努力改善金融环境，优化金融结构，为企业提供高质量的金融服务，为企业融通资金，推动产业集群升级。第二，完善食品产业的物流服务，尤其是发展冷链物流。食品对于保质期和质量安全一般都有严格的要求，在产品配送及储存方面都有比较高的要求，因此物流业对于食品产业发展的影响尤其重要。产业集群物流从集群供应链出发，把食品产业上下游企业之间的物资采购、仓储和配送等活动进行整合，降低交易费用，提高集群竞争力。第三，加强专业技术服务机构建设，为集群内的企业提供更好的通用技术服务。河南省的食品企业大多是规模较小、实力较弱的中小企业，投资于技术创新的积极性不高，因此，需要一些研发机构为这些企业提供技术服务，以减少食品企业在创新方面面临的困难。应当由政府和企业共同投资组建一批服务于食品产业的技术研发机构，着重于通用技术的研发，推动食品产业集群的技术进步。

五　"互联网+"背景下河南食品产业转型升级的新思路

近几年来，我国经济下行压力不断增大，实体经济经营困难、效益下降，经济发展动力不足，在这一背景下，"互联网+"被寄予厚望。"互联网+"于2015年3月被首次写入政府工作报告，"互联网+"是把互联网的创新成果与经济社会各领域深度融合，推动技术进步、效率提升和组织变革，提升实体经济创新力和生产力，形成更广泛的以互联网为基础设施和创新要素的经济社会发展新形态。"互联网+"的发展过程也是传统产业转型升级的过程。食品产业是传统产业，互联网已经对食品产业产生了重大的影响，并推动着河南省食品产业的转型升级。

第一，"互联网+"为食品安全提供了新的管理手段和模式。食品加工的产业链比较长，生产过程复杂，从生产源头到老百姓的餐桌，经过生产、加工、运输、储藏、配送等多个环节，在长长的食品加工产业链中，"互联网+"成为推进食品安全战略的重要抓手，利用互联网，对食品生产的全产业链和全市场流程进行全过程监管和控制。目前我国政府已经在建设食品安全信息化工程，各级政府的多个部门都参与到了这一工程中来，但是由于涉及环节太多，目前各层级政府部门所掌握的信息还处于分割状态，没有实现信息共享，这一工程需要进一步加强。总的来说，在"互联网+"时代，为了实现对食品安全的有效管控，应当全面实现种植、养殖、生产、流通、配送、消费、科研、管理等食品加工全产业链条各个环节的数据采集，利用大数据进行科学决策，通过"互联网+"实现食品产业生产管理模式的升级和食品安全管理的升级。

第二，"互联网+"给食品企业带来运营模式的转型升级。食品企业的传统运营模式是食品企业将产品通过中间环节送到消费者手中，运营模式是铺渠道、砸广告、杀价格，运营效率低而且运营成本较高，用户难以享受到低廉的价格和优质的服务。在我国经济进入新常态的背景下，继续按照传统运营模式经营的食品企业处境将更加困难，河南省的食品企业要想在竞争日益激烈的市场上不被淘汰，必须抓住"互联网+"给食品企业带来的新机遇，在运营模式上转型升级。互联网思维的运营模式是通过网络突围，用互联网把企业、产品、用户聚合在一起，做到销售渠道互联网化和运营互联网化。这里以良品铺子的运营模式为例来讨论食品企业的互联网运营策略。良品铺子是一家连锁企业，主要经营熟食、干果等休闲食品，运营策略是线上线下同时运作，采用 B2C 融合 O2O 的微商模式，开始的时候利用其所拥有的 1400 个门店招募粉丝，很快就在线聚集了 200 多万粉丝，每天的线上销售额突破 100 万元。"互联网 + 食品"目前正处于快速兴起之时，河南食品企业涉足互联网的外部条件已经具备，时机完全成熟，河南省的众多食品企业应当抓住这一机遇，对传统运营模式进行"互联网 +"模式的转型升级。

第三，"互联网 +"帮助食品企业实现品牌再造。近年来，许多国际重量级企业由于跟不上技术和社会发展的步伐，在市场竞争中被消费者所抛弃，柯达、诺基亚、摩托罗拉等知名企业就是例证。一家企业要保持基业长久，要在市场竞争中总是处于有利地位，其必须要有足够的创新能力，同样，一个品牌也需要通过不断创新对品牌进行品牌再造才能在市场竞争中保持永久的竞争力。在我国目前经济新常态的背景下，食品产业可能蕴藏着重新洗牌的机会，因此，河南省的食品企业需要在"互联网 +"的基础上进行创新发展，进行品牌再造，这需要企业做到品牌互联网化、产品互联网化、营销互联网化、运营互联网化。一些传统的食品企业，过去曾经很辉煌，但是由于不重视产品创新和品牌再造，品牌与产品老化，产品的包装、品牌的形象以及产品的种类等，都跟不上互联网经济下消费者偏好的变化趋势，尤其是不受青年人的欢迎，因此市场份额不断萎缩，逐渐被市场所淘汰。而有些传统食品企业就抓住了互联网经济的机遇，采用"互联网 + 用户 + 创造"的模式实现转型，提升了企业的竞争力。这些企业以线下品牌为主力品牌，同时在线上重新塑造互联网新品牌，也就是副品牌，副品牌以 30 岁以下的互联网新生代消费者作为目标消费群体，关注用户黏性、消费者行为分析与用户价值挖掘，并采用互联网经济下新的品牌推广模式来建立品牌，如通过校企联合设计、网民试吃等活动来帮助改进产品设计，进行副品牌建设，获取新生代消费者对于产品的认可。

第五节　河南省食品产业转型升级的对策措施

河南食品产业是河南省综合竞争优势较强的产业，正处于快速发展中前期，具有成长性好、发展潜力大、关联性强等特性。在郑州航空港建设、中部崛起、中原经济区建设战略背景下，必须加快食品产业发展方式的转变，推动产业转型升级和产业结构调整，提高科技创新能力，建立和完善食品产业相关标准体系及配套服务设施，积极鼓励食品企业依靠科技和品牌，实现更大规模、更高水平的快速发展。在"互联网＋"与传统产业快速融合的趋势下，需要充分利用"互联网＋"给传统产业带来的在生产方式、创新方式、营销方式、组织方式等方面的根本性变革，推进河南食品产业转型升级。本研究认为，推动河南食品转型升级需要从构建食品产业区域创新体系、食品产业人才支撑体系、食品产业现代物流体系、食品产业信息技术支撑体系和食品质量安全体系五个方面着手。

一　构建食品产业区域创新体系

河南食品产业在部分领域处于全国领先地位，但是要保持目前这些优势并不断在其他领域创造优势，必须要以科技水平的提升为支撑，这就需要构建河南省食品产业区域创新体系。这一体系由科技研究系统、企业技术创新系统、创新成果扩散系统、教育培训系统、创新服务系统组成。对于科技研究系统，需要以河南工业大学、河南农业大学、郑州轻工业学院、河南省农业科学院等在食品科研领域有良好研究基础的高等院校和科研院所为依托，以国家和省部级重点实验室为基地，通过优势学科集成和资源优化配置，构建河南省食品产业区域创新体系的源头和核心。对于企业技术创新系统，要以企业为核心，通过企业自主开发或与高等院校、科研机构联合开发，如成果转让、购买、委托开发、技术入股、联合经营等多种形式，形成企业内部的技术开发创新体系，实现有效引进、吸收和推广新技术的目的。引导省内重点食品企业与科研机构结成产业科技创新联盟，围绕制约食品企业发展的重大技术难题开展联合攻关，推进食品关键技术研发和应用。对于成果扩散系统，要建立食品产业科技服务网络，形成技术推广体系，围绕企业的创新活动进行服务，以网络化、社会化的服务体系帮助企业在技术创新方面取得成功。还要出台政策支持科研机构和个人以科技成果有偿转让、参股等形式与企业合作。对于区域创新服务系统，要建设全省食品企业和科研机构共享的食品产业技术创新服务平台，依托省内外技术创新资源和骨干企业，支持建设一批国家级和省级工程技术研究中心、重点实验室、工程实验室等产业创新平台。探索"产学研用"一体化的科技成果研发和应用体系，建立科技上下游密切合作、良性互动的新机制，把科研机构和企业技术需求有机结合，推动科技成果转化，为食品产业创新发展提供有效的服务系统。

二 构建食品产业人才支撑体系

在构建河南食品产业人才支撑体系方面，需要做好以下几个方面的工作：第一，采取多种措施吸纳高端人才，改善创业环境，制定技术、管理要素参与收益分配的制度，依托现有的重点学科、研发中心、博士后工作站，借助各种"人才工程"计划，积极引进科技领军人才、创新创业团队以及高层次的企业管理人才和研发设计人才，以人才和智力的汇聚促进河南食品产业转型升级。第二，加强对在职人员的职业培训，构建与河南食品产业发展相适应的职业技术教育和培训体系，采取校企联合、订单培训、定向招生等形式加强人才培养的针对性，提高职工技能水平。鼓励社会力量参与到食品职业教育培训中来，加强企业实训基地建设。第三，开展针对企业家的培训，提高河南省中小食品企业家的素质。针对河南食品产业中小企业多，许多中小企业家缺乏现代管理理念和技能的现状，分批次开展企业家培训，增强企业家经营管理、市场洞察和抵抗市场风险的能力。第四，加强河南省高等院校食品专业建设，提高食品专业人才培养能力，加快培养食品专业人才。加大对高等院校食品实验室基础设施投入力度，加强校校联合和校企合作，统筹规划河南省食品专业职业教育发展，引导职业学院围绕河南食品产业的人才需要培养食品专业人才和普通劳动者。

三 构建食品产业现代物流体系

拓展河南食品产业的市场空间，迫切需要加强现代化的食品物流体系建设，提高对农村食品市场和外省食品市场的开拓能力。构建河南省食品产业现代物流体系，需要重点做好以下几方面的工作：第一，通过实施"互联网＋"战略，提高企业信息化管理水平。推进信息技术在市场营销、物流配送、售后服务等环节的利用，利用农产品市场公共信息网络，建设食品营销平台。扩大品牌食品连锁经营和专业产销、直销、专营和网上交易等现代流通方式的应用，提高流通效率。第二，建设区域性农产品和食品交易物流中心。以大型农产品批发市场和大型食品加工企业为依托，建设以批发市场为中心、集贸市场和大型超市为基础的食品流通体系。鼓励食品专业批发市场进行标准化改造，利用信息技术和供应链管理技术，推动"互联网＋食品"的发展。推动大型食品加工企业进入流通领域，实现贸工农一体化发展。第三，加快发展粮食物流和食品物流，以郑州为中心，以中原城市群为依托，重点发展面粉及面制品物流、肉制品物流和冷链物流，扩大产品覆盖范围，培育大型食品物流企业。

四　构建食品产业信息技术支撑体系

为加快"互联网＋"在河南食品产业中的运用，需要构建食品产业信息技术支撑体系。第一，引入"互联网＋"发展平台。重点实施"互联网＋"电子商务行动和"互联网＋"高效物流行动，引导企业与电商企业对接，积极发展融合互联网信息化技术、大数据与云平台、现代冷链体系的生鲜电子商务，革新产品营销模式和建设现代食品物流网。大力推进众品鲜易网建设，重点推进众品基于物联网的集团安全智能监控平台以及鲜之达温控供应链产业基地建设项目、帮太食品"互联网＋"全谷物食品产业化示范项目等。第二，加速信息化与工业化的深度融合。发挥信息技术在食品产业升级中的"催化剂"作用，深化信息技术在食品产业中的应用。应推广针对食品产业特点的软件和信息化解决方案，推动和加快企业管理软件的应用普及，提升 ERP、PDM、CRM、SCM 等现代企业管理技术在食品企业的应用程度；建立信息化公共服务平台，提供食品产业的产品设计、质量检测、行业数据库共享等服务；完善信息化建设的基础设施，推动企业信息资源开发和应用，提高企业管理的信息化水平，提升企业管理效率。第三，推进食品质量安全的可追溯体系建设。推进重点企业应用可追溯信息技术，建立融合信息、标识、数据共享、网络管理等功能于一体的食品安全可追溯信息系统，提高食品企业对产品质量进行控制的能力。第四，推进物联网技术的推广和应用。促进物联网技术在种植养殖、收购、加工、储存、运输、销售等整个食品产业链各个环节的应用，实现对食品生产、流通、消费全过程关键信息的采集、管理和监控。

五　构建食品质量安全体系

一是实施食品产业技术标准战略。鼓励食品企业采用国际标准和国外先进标准，提高食品质量安全的适用性和科学性。发挥制造业标准化资金扶持资金的作用，推动有实力的食品企业进行品牌化经营，加大自主知识产权标准的研制力度，推动重点企业积极参与国际标准、国家标准、行业标准和地方标准的制定，抢占行业竞争制高点。鼓励地方特色食品产业争取制定地方标准的主动权。通过制定和执行各类标准，规范市场秩序，提升区域品牌价值。二是加强食品行业的诚信体系建设。落实《食品工业企业诚信体系建设工作指导意见》等相关文件的精神，推进食品企业诚信体系建设工作；政府部门应当帮助企业建立诚信制度、执行国家标准，组织和督促企业参与诚信评价活动，开展食品企业诚信认证和评价工作；充分利用网络媒体等食品安全监督平台，监督食品企业落实主体责任。三是搭建食品安全信息平台。政府相关部门要发挥监督作用，食品行业协会要发挥组织协调作用，通过举办论坛、学术研讨会等形式搭建食品安全信息平台，让食品企业对食品安全形势、政策、监管情况等有充分的了解，并熟悉和熟练使用食品安全保障技术、食品安全生产监控技术以及食品安全监测技术。四是组织开展食品安全宣传培训工作。发挥政府部门、高等院校、行业协会和食品企业的合力，共同开展食品安全师培训工作，把职业道德作为食品安全师培训的重点内容，开展食品安全管理政策、新技术、新趋势的培训，让企业有能力做好食品安全工作。同时对消费者开展食品安全宣传活动，让消费者了解食品安全相关知识，提高鉴别和抵制劣质食品的能力，并积极参与到食品安全监督工作中来。五是通过完善食品产业链实现对食品质量安全的全程控制，通过物联网技术以及物品编码管理技术在食品生产中的应用，落实食品安全追溯机制，打造安全、放心、健康的食品产业链。

第五章 河南省电子信息产业
转型升级研究

电子信息产业作为我国的基础产业和支柱产业之一，关联性高、技术创新快，对区域经济发展具有重要的推动作用。20 世纪 90 年代以来，河南省抓住电子信息产业制造环节国际转移的机会，在外商投资推动下，将电子信息制造业作为本省产业的发展重点之一。经过多年的发展，河南省电子信息制造业取得了辉煌的成绩，同时也出现了诸多制约产业发展的问题，例如：产值规模大，但利润水平低；制造环节突出，研发、品牌、营销方面薄弱；贸易方面"大进大出"，核心技术和关键元器件依靠进口等。加快河南省电子信息产业转型升级，对促进河南经济振兴、中部地区崛起、中原经济区建设、实现小康社会的建设目标具有重要的战略意义。

第一节 河南省电子信息产业发展现状及存在的问题

一 河南省电子信息产业发展现状

河南省电子信息产业起步于 20 世纪中叶，主营产品包含电子元器件以及电子原材料。自 2000 年以来，相比于全省经济增长速度，河南省电子信息产业增速迅猛，曾在"十一五"时，被评定为全省重点培育的支柱产业。在国家有关政策与河南省相关部门的积极引导下，通过自主创新、对外合作和"一化带三业"战略，以及中央实施的中原经济区建设、郑州航空港经济综合实验区发展战略，河南省电子信息产业迎来了新的发展机遇并实现了快速发展。

（一）发展速度不断加快

近年来，河南省抢抓机遇，引进富士康生产项目，产业规模进一步扩大，产业结构进一步优化。随着郑州航空港经济综合实验区上升为国家战略，河南省委、省政府决定，充分发挥比较优势，加快发展以智能终端为重点的电子信息产业，全力打造全球重要的智能终端产业基地。河南省重视以智能手机为代表的电子信息产业发展，将智能终端产业发展作为服务业的支柱产业和现代产业体系的重要组成部分，强力推动配套产业和物流设施不断完善，智能终端产业日趋成熟。2013 年，郑州智能手机产量近 1 亿部，占全球智能手机产量的 1/8，成为全球最大的苹果手机生产基地，中兴、酷派、天语等国内知名手机品牌企业相继签约，带动电子信息产业发展速度居全省 14 个重点行业首位。目前，河南省电子信息企业有 4000 余家，其中具备中成规模的有 750 家，行业从业人员约 43 万人。拥有集 LED 照明、新型电池、智能终端、太阳能光伏等领域为一体的链式发展格局，太阳能光伏和新型电池两个领域在国内具有一定的领先优势，企业数分别为 65 家和 42 家，产值分别达到 280 亿元和 350 亿元。

（二）经济效益逐渐转好

受电子产品高频度升级换代，以及大众对移动电子设备消费需求旺盛拉动，行业始终呈现高速发展势头。2015 年，行业增加值同比增长 23.2%，高于全省工业平均增速 14.6 个百分点。这得益于郑州航空港经济全产业链综合效应发力，智能终端基地发展迅猛，产品产量、产值均有较大提升。全省手机产量 19841.8 万台，同比增长 51.0%，其中，智能手机产量 15029.3 万台，同比增长 24.2%。2015 年，行业实现主营业务收入 3232.3 亿元，同比增长 30.3%，高于全省工业平均水平 23.3 个百分点；实现利润 134.8 亿元，同比增长 24.9%，高于全省工业平均水平 25.6 个百分点。从税金总额看，1990 年，河南省电子信息制造业税金总额为 14019 万元，2013 年达 223252 万元，23 年间，河南省电子信息产业制造业税金总额合计达 161.69 亿元，平均每年增长 67371.53 万元（见图 5-1）。

（三）产业集聚效应明显

到 2015 年为止，全省 18 个地区有 7 个地市集中了河南省电子信息产业产值的 90% 以上，分别是郑州、洛阳、安阳、许昌、南阳、新乡、鹤壁，软件产业产值仅郑州就占了全省的 70%。当前，全省已有 7 个产业园区，其中包含 3 个省级产业园区（濮阳电光源、洛阳硅电子、南阳光电

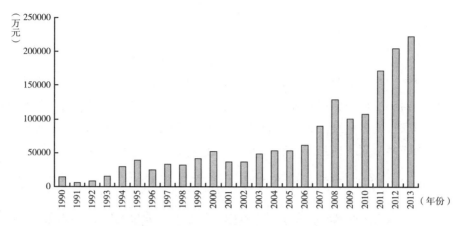

图 5 - 1　河南省电子信息产业上缴税金状况

子）和 4 个国家级产业园区（安阳显示器件、新乡新型电池、许昌电力电子、郑州信息安全），以此形成的园区集聚效应推进河南省 7 个重点电子信息产业集群的发展，惠及郑州航空港区、郑州高新技术开发区、郑州经济技术开发区、鹤壁金山、漯河东城、南阳高新、信阳工业城多个产业聚集地。目前，河南省电子信息产业已经形成了"一体两翼"的布局，其中郑州、洛阳为一体，许昌、南阳、漯河、信阳和新乡、安阳、鹤壁、焦作为两翼。

（四）承接产业转移突出

如今，河南省电子信息产业转移得到大跨步式的发展，众多项目相继破土建设，这些成果都得益于对外合作、中部崛起、郑州航空港区和加快中原经济区建设的战略，以及优渥的劳动力资源、区位优势和广阔的消费市场等优势的助力。郑州与富士康、重庆友望科技鼎力合作了"郑州速度"，鹤壁和深圳电子商会建立了以第三方委托招商为特色的"鹤壁模式"，漯河和圣华电子、光华电子等台湾商家倾力打造了高端消费电子"漯河集群"，随着招商模式的创新升级，河南省的产业转移也在向纵深方向延伸。截至 2012 年，作为全球最大的电子产业专业制造商，富士康在河南省内的郑州、南阳、周口、洛阳、济源、新乡、鹤壁等 7 个市区开建项目，共完成投资 398 亿元，其中富士康投入 245 亿元，共实现产值 785.14 亿元。

(五) 研发能力有所增强

目前，河南省有 105 家电子信息企业拥有国家和省级工程中心、企业技术中心、重点实验室和高新技术企业，专利申请量有所增加。许继集团有限公司、中硅高科技有限公司、中电 27 所、中光学集团有限公司等相继获得国家、省级科技进步奖、新产品奖等。智能终端、万吨级多晶硅产业化、物联网应用、信息安全软件等领域也取得了新的突破。

(六) 富士康带动效应凸显

富士康集团的入驻，带动了全省电子信息产业的快速发展，2010 年，全省电子信息产业增加值占工业比重仅为 0.57%，2011 年电子信息产业增加值增长 2.2 倍，占工业比重达 1.42%，其中富士康贡献率为 77%。在就业增收方面，2012 年前 4 个月，三家富士康驻豫企业共安排从业人员 13.96 万人，占全省从业人员的 2.6%，对从业人员的贡献率达 18.7%，拉动从业人员增长 2.3 个百分点；在招商引资方面，富士康集团不仅带来了 39 家配套企业落户河南，而且形成了"雁阵效应"，一些大公司、大集团纷纷来豫发展。目前，河南与富士康集团的合作正在向纵深发展，合作产品正在由单一的手机向光学、机械、家电、材料等多产品拓展；合作产业正在由单一的电子信息向新材料、自动化、精密制造、商贸物流、金融结算、技术研发等多产业拓展；合作区域正在由单一的郑州布局向济源、南阳、周口、洛阳、新乡、鹤壁等省辖市拓展。合作方式正在由单一的生产合作向金融、校企、研发、销售等多元合作拓展。河南省正在以富士康郑州科技园为基础，以公路、铁路、航空基础设施为依托，以航空港区周边 300 平方公里为核心区，以郑汴新区为主体区，以中原经济区为辐射带动区，加快打造物流、人流、资金流、信息流便利，高端制造业和高端服务业积聚的内陆开放高地。

二 河南省电子信息产业发展存在的问题

(一) 高层次人才匮乏，创新能力不足

复合型、管理型和技能型人才是电子信息产业急需的，目前的人才结构呈"橄榄形"，中级和初级人才占大多数，顶尖人才仅占较小的一部分，与国际标准的 1∶2∶7"金字塔形"人才结构存在较大差距，全省电子信息

产业工程技术人员占从业人数的比例仅为 15.16%，导致行业研发能力不足，产业核心技术匮乏，自主品牌较少，缺少国际和国内知名品牌，鲜有核心专利，部分产品科技含量不高，附加值水平仍然较低，集成电路、软件和新型元器件等发展尚未同步于整机的发展，产业配套能力较弱，不少企业在国际产业分工中仍位于价值链的中低端环节，核心技术、关键零部件、重要材料和专用设备的对外依存度高，缺乏对关键技术和工艺流程的控制能力，产品附加值和利润率较低，整个行业呈现"大而不强"之势。

（二）制造业代差较大，转型压力突出

电子信息技术更新换代迅速，从世界范围看，产业正处于转型升级的关键时期。同国际先进水平相比，河南省电子信息制造业存在一定的代差，经过较长时期的规模扩张和技术追赶，产业转型升级压力依然巨大，如计算机行业便携化、软件行业服务化、通信行业向下一代技术跨越等。金融危机影响尚存，企业市场环境仍然在不断恶化，加重了经营压力，使得原有的产业体系难以迎合主流市场的需求，新的产业体系的建立又受困于市场和资金制约，需要寻求新的突破。

（三）技术基础较薄弱，缺乏核心技术

技术基础薄弱是河南省电子信息产业发展的一大壁垒，核心技术缺乏，产业发展长期停留在加工、组装阶段，高端通用芯片、核心电子器件、基础软件等部件都存在着严重的进口依赖性，整机和外围产品、低端产品产能过剩，高端产品供给不足，对于实现完整的产业链和高效的产业协同效应还有一定的差距，发展受制壁垒较高。LED 产业方面，高端功率型超高亮度 LED 芯片的核心技术尚未攻破；太阳能光伏产业方面，太阳能级高纯度多晶硅大规模量产的技术工艺仍是一道等待破解的难题。

（四）对外依存度较高，发展风险较大

在历经了加工贸易、引进外资、吸引跨国公司投资、引进国外先进技术、尝试对外投资等逐步深化对外开放的阶段后，电子信息制造业成为吸引外资最多的行业，出口导向政策和国际分工地位决定了电子信息制造业较高的外贸依存度，产业发展呈现"两头在外、中间在内"的特点，显著提高了河南省电子信息制造业的外贸依存度，加大了产业发展风险。以光

伏产业为例，2008年以来，由于受到欧美市场发展滞胀制约和美国对我国光伏企业开展"双反"调查等影响，加上国内太阳能光伏应用市场未有效启动以及多晶硅产业准入等因素影响，全省光伏企业多数陷入困境。

第二节　河南省电子信息产业发展面临的机遇与挑战

一　面临的机遇

（一）　产业全球跨国转移趋势有利于电子信息产业发展

从全球视角看，发达国家大规模向发展中国家和地区转移电子信息产品的生产制造环节，而新兴的发展中国家和地区如韩国、中国台湾也逐步将不具有竞争优势的某些产业链生产环节转移到其他发展中国家和地区。金融危机后，这种跨国转移呈现新趋势：发达国家的企业已不仅仅转移外包制造业务，而是将技术研发、产品零售等产业环节整体搬进；一些跨国公司纷纷将其上下游配套企业带入发展中国家，使其由跨国公司单一的产品制造基地转变为研发、制造和零售等多位一体的整体营运基地，这种新趋势进一步促进企业转型升级。

（二）　供给侧结构性改革政策实施有利于电子信息产业发展

河南省电子信息产业具备经济规模优势和成长潜力，但"新常态"下的产业发展存在不确定性。面临低端产能是当前多数国内电子信息产业的通病，这不仅不利于在产业链前端形成高附加值良性竞争体系，而且会在后端过度激化企业间成本竞争，整个产业链的容错能力也会被削弱，进而造成系统性风险。中关村的微观证据也表明，电子信息产业内"僵尸企业"的资产占用率正在扩张。由中央政府提出的"供给侧结构性改革"，不仅重新审视了旧政策体系，也是首次基于全要素生产率的轴心，批判性地寻找新的政策路径。供给侧结构性改革的重点是减税、创新和供给端结构调整，而电子信息产业就是恰恰符合典型"供给创造需求"的行业。结构性减税的进一步深化，给新兴高增长行业领域发展带来了更多可能；伴随结构调整和优化升级，技术改造和资本支持也将持续加码；需求侧的政策同样重要，信息消费仍有较大空间。

（三）沿海产业和技术转移有利于电子信息产业发展

近年来，随着东部沿海地区劳动力成本提高、土地紧缺等问题日益突出，国务院颁布了中西部承接产业转移的政策，引导东部沿海产业向资源丰富、劳动力成本低、市场潜力大的中西部地区转移，以优化产业布局，促进东部地区产业转型升级。这给作为中原大省的河南提供了很大的发展机遇。河南省在地理位置和要素成本上优越性强，从国家级、省级、产业集聚区等作多个维度构建产业和技术转移的载体。利用招商引资新机制，扩大招商促进产业大转移，为了重点引进高新技术企业和国际知名企业，还建立了相关优惠政策来鼓励承接产业和转移，并且成效显著。尤其是富士康这一全球第一大代工企业落地河南，形成了产业链"蝴蝶效应"，带动相关配套企业入驻河南，将对河南省进一步的招商工作起到良好的示范带动效应，更多的沿海企业将会转移到具有劳动力资源丰富、交通便捷、土地成本低等优势的河南。

（四）"两化"融合协调推进有利于电子信息产业发展

信息化和工业化融合协调发展是党的十八大提出的，旨在以信息化带动工业化、工业化促进信息化，二者相辅相成，共同发展。这不仅是中国走新型工业化道路的选择，也是河南省实现由农业大省向工业大省、强省转变的选择。"两化"融合的技术基础关键还在于电子信息产业的发展，其发展水平与"两化"融合的程度成正相关，这意味着电子信息产业要担负着更重要的使命。在"两化"融合对电子信息产业发展提出应用需求的基础上，信息基础设施和电子信息技术产业将会得到更快的发展，同时也对电子信息产业技术创新提出更高的要求。因此，河南省要紧紧抓住这一机遇，乘势而上，顺势而为，实现全省电子信息产业又好又快发展。

（五）中原经济区、郑州航空港和"一带一路"建设有利于电子信息产业发展

中原经济区不仅作为国家层面重点开发区域，同时还是中部崛起不可或缺的阵地，其中，中原经济区发展的引擎则是郑州航空港区。中原经济区是继"长三角""珠三角""京津冀""成渝经济区"四大经济区之后，

由豫鲁皖冀晋等 5 省 30 市 2 县组成的经济区域，中原经济区依据核心带动、轴带发展、节点提升、对接周边的战略进行格局布控，其定位为全国重要的综合交通枢纽和物流中心、先进制造业和现代服务业基地、能源原材料基地、高新技术产业基地、先进区域性的科技创新中心、中部地区人口和经济密集区，使之成为我国新的经济增长点，并为我国经济健康发展提供保障。这将需要电子信息产业充分发挥其作为经济增长倍增器、发展方式"转换器"和产业升级"助推器"的作用，同时也将对河南省电子信息产业发展提出更新更高的要求，促进其技术创新，激励电子信息产业的发展。此外，中原经济区、郑州航空港区和"一带一路"建设作为国家战略，国家会给其提供一系列政策优惠和政策倾斜，河南省作为中原经济区的主体，电子信息产业又是河南省的高成长性产业之一，可以把握这一发展契机，以期得到资金的支持以及政策的保障，增强竞争力，获得更多的招商引资机会。

二　面临的挑战

（一）国际国内竞争压力较大

诚然，在国际上，一些电子信息大国也会出现增长的疲态，但是较高的技术水平给它们提供了较强的风险抵御能力，依然可以借助此优势对发展中的国家进行扩张。如历经金融危机后的美国，采取政策护航与研发投入的措施，其电子信息产业依旧处于世界领先位置，据统计，2011 年电子信息企业研发投入世界前 30 位中，美国占比为 40%，研发投入总额占比为 33% 左右，相当于中国投资额的 2.5 倍，由此来看，美国的竞争力在世界上的排名仍是首屈一指。在国内，同发达省份相比，河南省经济发展仍然不太乐观，在电子信息产业方面，由于研发投入不足，创新力薄弱，核心技术匮乏，电子信息产业集群发展落后于发达省份，且差距悬殊。因此，在国内外双重压力下，河南省的电子信息产业集群发展任务艰巨。

（二）自主创新能力亟须提升

从"研发→制造→销售→服务"这个产业价值链来看，产业自主创新能力不足，仍是河南省电子信息产业发展的瓶颈。近年来，信息技术产业创新的集成化、融合化特征进一步凸显，以集成电路、网络技术为代表的信息技术群带来了通信产业的革命。技术的日益集成化和综合性增大了创新的难度，技术开发周期不断延长，所需资金和人才等要素投入不断提高，创新已经变成企业的一种高投入、高风险、高收益的经营活动。中小软件企业做研发的风险很高，国际性大企业仍是产业创新的主流。

河南省现有企业的技术主要靠引进和仿制，研发环节对产业的带动性不足。虽然河南拥有众多高校和科研单位，但产学研合作情况并不理想。首先，高校、科研机构与企业的发展存在脱节现象，科研成果转换为实际生产力的不多；其次，一些学校与国际性大企业的合作受到限制，只能在较浅层面上开展工作；再次，大部分国际性的企业研发部门未设在河南本地；最后，科研院校、政府部门的资源共享平台较少，增加了企业的科研成本。

（三）产业链条亟待高端化

当前，河南省的电子信息产业仍处于价值链的中低端。发达国家、发达地区主导着电子信息产业的大势，占据产业价值链的高端环节。出于对劳动力成本的考虑，将低端环节向人力成本偏低的国家和地区转移。美国、英国、德国、日本处于电子信息产业第一方阵，以基础研究、新技术、研发、标准制定、技术应用占据产业高端环节。韩国、新加坡和中国台湾地区成为电子信息产业发展的第二方阵，主攻以"生产技术"为主的产业价值链中端。我国处于电子信息产业发展的第三方阵，承接电子信息产业制造业的组装、零部件生产等中低端加工环节，是高技术产业中的劳动密集环节，依靠低成本实现快速扩展。河南省目前虽已形成完整的产业链，但产业层次不高，主要集中在中、低端环节。软件企业多集中在应用层面，以娱乐型为主，从事系统软件、数据软件、安全软件研发的企业数量偏少。在整机环节中，平板电脑、笔记本电脑多为代工（OEM），新媒体终端、物联网终端、云计算等领域比较缺乏。从软件产业看，在软件业总收入中 IC 设计、嵌入式系统软件、系统集成与支持服务等高端部分的收入占比仍旧较小。

（四）整体服务水平亟须提高

河南省电子信息产业面临着生活服务配套不完善问题，员工生活便利度不够，主要表现在交通、饮食、娱乐等方面。高新西区的企业离市区较远，员工出行方式主要是自驾、公交和出租车。公交线路站点少、园区交通设计不合理等问题亦造成了员工出行困难。对劳动密集型企业富士康而言，厂区和员工居住区周边餐饮、娱乐等相应的生活配套设施仍存在不足。企业之间缺乏有效的沟通平台。在调研中大部分企业反映，他们与其他电子信息企业来往甚少，缺乏交流，沟通的渠道不多。一些企业希望与国际性大企业合作发展，但苦于没有合适的路径。从现有平台看，高新区创新中心在孵化培育企业的过程中会以培训、会议等方式召集重点企业，但活动针对的对象、开展的频率都十分有限。创新中心规模小、人员少、服务职能多，也无力承担更多的企业联络和交流的责任。

第三节　河南省电子信息产业转型升级的必要性

一　电子信息产业转型升级是转变经济增长方式的必然要求

传统工业化在助推国民经济发展的同时，由于过度追求速度及数量，进而忽视效率和质量，走的是粗放型的经济增长道路，由此带来了不少的问题。大力发展电子信息产业则可以促使粗放经济增长方式向集约型增长方式转变。电子信息技术的发展将会使生产要素综合利用效率提高，加速电子信息技术的进步和人力资源的积累，是一种质量速度统一的集约型增长方式。电子信息技术将向工业扩散和渗透，从而加速工业化进程，优化技术结构和产业结构。对河南省而言，电子信息产业的发展将推动其他产业的信息化进程，从而提高其他产业的效率，大量降低物质消耗和交易成本，对实现河南省经济增长方式向节约资源、保护环境、促进可持续发展的内涵集约型方式转变，并对提高人民生活水平和改变工作方式，具有现实意义和重要推动作用。

二　电子信息产业转型升级是实现跨越式发展的要求

目前，我国正处在经济高速增长时期，各省份经济增长势头强劲，只有遵循经济增长中跳跃发展规律，超常规跨越式发展，才有可能在竞争中立于不败之地。而跨越式发展，关键在于生产技术的跨越，在于具有最新技术支撑的新兴产业的发展和形成规模。由于新技术具有扩散性、渗透性和分享性特征，一旦把握了机遇，率先发展，就有可能超越生产技术的既有顺序，迎头赶上先进地区的发展水平。电子信息产业具有高技术特征，是实现生产技术跨越的重要载体，其发展的状况对于能否实现河南省经济跨越式发展意义重大。当前，发达地区都致力于培育电子信息产业，并已有相当的发展，上海、广东、江苏、浙江等地电子信息产业的总量已分别超过其经济总量的10%，并正在迅速地向其他产业扩散。河南省如果对此不引起足够重视，将会很快失去新一轮的竞争机会，难以改变被动承接发达地区的产业转移、继续处于落后状态的境遇。为此，加快电子信息产业转型升级，已是十分紧迫的任务。随着改革开放的深入发展和经济全球化的日益加速，"走出去"和"引进来"已是司空见惯，竞争国际化也是势在必行。面对全球竞争的挑战，最重要的是提高国际竞争力。种种迹象表明，未来国际竞争将逐渐转移到信息技术的控制与应用上，对信息技术的开发、掌握和应用能力将成为衡量国际竞争力的重要方面。信息产业已经成为世界第一大产业和主宰全球经济增长和国际贸易的主要生产部门。因此电子信息产业的强弱将成为衡量国家和地区经济实力的主要指标。近几年来，在国际竞争力排行榜上，美国一直遥遥领先，电子信息产业发展在其中的作用不可低估。作为战略性产业，电子信息产业的发展不仅关系到河南省经济的发展，还关系到国家的安全和国家在世界经济、政治乃至军事事务中的战略地位。

三　电子信息产业转型升级是走新型工业化道路的必然要求

党的十八大明确提出坚持走中国特色新型工业化、信息化、城镇化、农业现代化道路，推动信息化和工业化深度融合、工业化和城镇化良性互动、城镇化和农业现代化相互协调，促进工业化、信息化、城镇化、农业现代化同步发展。新型工业化道路的具体特征是：（1）科技含量高。在工业化过程中，由于以电子信息技术为先导的高新技术产业的优先发展，以及运用高新技术和适用技术对传统产业的改造，将会大大提升整个国民经济的科技含量，从而使河南省充分发挥后发优势，大大缩短工业化的时间。（2）经济效益好。在工业化过程中加入信息化，会在以下三个方面提升经济效益：以信息技术为先导的高新技术产业提供的产品和服务可以直接提高整个产业的经济效益；以信息技术为先导的高新技术对传统产业的改造，将会大大提高其产品的附加值；信息技术的发展将会大大降低信息的搜集、处理、传输成本，从而降低交易成本，提高企业的经济效益。

（3）环境污染少。以信息技术为先导的高新技术产业是高知识、低资源消耗、低污染的产业。加大高新技术产业的发展可以在快速提升经济增长率的同时，降低工业化对环境的污染。此外，以信息技术为先导的高新技术产业的发展，会使环保产业的技术水平大大提高，促进环保产业的快速发展，环保产业的发展，又会与其他产业的发展形成互动，形成工业化与环保的良性循环。在新型工业化的全新结构中，优先发展电子信息技术和高新技术产业是新型工业化的先导。电子信息产业是技术资金密集型产业，结合新型工业化道路的基本特征及要求可以看出，河南省只有大力发展电子信息产业，以信息化带动工业化，加快工业现代化的步伐，才能增加对电子信息技术、产品和服务的需求，为新型工业化道路的建设提供保障。

第四节　河南省电子信息产业转型升级的路径

一　河南省电子信息产业转型升级的目标

为破解河南省电子信息产业发展存在的问题，发挥其比较优势，实现电子信息产业转型升级，可将河南省电子信息产业转型升级的目标定为"高新、高端、高效"。

"产业高新"首先指产业发展以高新技术为基础，代表着未来产业的发展方向；在核心技术、关键工艺环节上是知识密集、技术密集。"产业高新"的内涵可以从三个方面理解：（1）指产业在关键技术和工艺环节有高的技术密集度，产业以高新技术为基础，是知识密集、技术密集的产业。（2）指产业具有高的自主创新能力。自主创新包括原始创新、集成创新和引进吸收消化再创新3种形式，创新能力强才能不断保持技术领先的特性。（3）产业高新还隐含了产业的高战略引领性，代表未来产业的发展方向，对其他产业有较强的带动作用。

"产业高端"是指产业具有高级要素禀赋支持下的内生比较优势，因此处于有利的产业价值链竞争位置。"产业高端"的内涵也可以从三个方面理解：（1）高价值链控制力，可以从价值链上所处的环节位置判断，实质就是对价值链关键环节的控制力，如关键的核心技术专利、营销渠道、知名品牌等；（2）高级要素禀赋，指要素禀赋从传统的资源禀赋到知识禀赋；（3）高价值链位势，如制造业价值链形如"微笑曲线"，高的价值链位势就是在微笑曲线两端。

"产业高效"是指产业资源配置效率高，具有良好的经济效益和社会效益。"产业高效"的内涵也有三方面的内容：（1）高正向外部性，指产业对环境友好、污染少、符合低碳经济要求等；（2）高产出效率，如土地产出效率、人均产出效率等；（3）高附加价值，如利润率高、工业增加值率高、税收贡献大等。"高端、高效、高新"有其内在联系和逻辑关系（见图 5 - 2）。

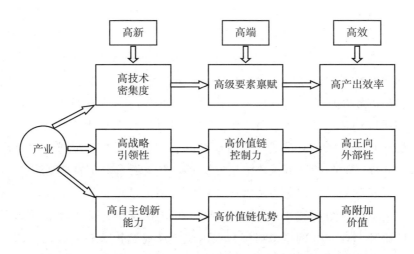

图 5 - 2　产业"高新、高端、高效"的内在联系和逻辑关系

三高组合第一条线：高技术密集度，是高新的重要特征，掌握一定的核心技术和关键的工艺环节，必须以高级要素禀赋（知识禀赋等）为基础才能实现；高效则体现为高技术含量的生产方式能促使资源充分利用，有助于形成符合低碳经济和环境友好的方式。

三高组合第二条线：高战略引领性，意味着具有产业发展的前瞻性，能够带动产业的升级和转型；高战略引领性意味着较高的价值链控制力，具有较高的价值链治理权；对价值链产业链的控制意味着对产业的关联带动作用，有利于形成和谐的产业生态系统和产业发展环境。

三高组合第三条线：高自主创新能力，意味着对关键价值链环节的把握，基于自主发展的关键技术工艺和供应链品牌环节优势，可使产业处于较好的价值链竞争位势，获得高附加价值也就顺理成章。

二 河南省电子信息产业转型升级的路径

(一) 电子信息产业转型路径

由制造集聚向研发集聚的转型。从产业结构来看,依靠要素成本优势形成的产业集群在国际竞争日趋激烈的态势下是难以维持的,河南省只有通过制造集聚带动研发集聚,以集聚创新优势替代要素成本优势,形成创新型的产业集群,才能强化产业竞争力,保持产业持续快速发展。

由发展加工贸易向打造核心产业的转型。从产业类型来看,以处于产业链中低端、人员密集型的加工贸易产业在危机影响下更易受到冲击,河南省只有通过打造核心产业,以关键产业带动加工贸易产业升级,提升制造业的核心竞争力,才能在全球化的要素配置中获得优势竞争地位。

由离散式产业布局向特色化产业集聚的转型。从产业布局来看,自发形成的离散式布局难以适应新兴产业的大项目带动发展模式,河南省只有通过统一、明确的产业规划,借助资本市场、项目运作,形成特色化产业集聚,才能在激烈的区域竞争中把握机遇,引领新兴产业的快速发展。

由橄榄球型产业链向均衡型产业链的转型。从产业链分布来看,河南省电子信息产业呈现的"中游制造环节大、上游关键元器件和软件与下游品牌营销环节薄弱"的橄榄球型,难以适应产业结构调整升级的要求,只有持续强化产业链上游、下游的投入与布局,均衡发展产业链各环节,才能进一步提升信息产业的核心竞争力。

由依赖政策软环境向依托软硬结合的产业新环境的转型。从环境建设来看,随着各城市政策环境的日益趋同,原有的软环境优势不再突出,只有加快向软硬结合的产业新环境建设转型,不断完善包括社会环境、人文环境、自然环境、产业环境在内的综合环境建设,才能在新一轮要素竞争中继续巩固优势地位。

(二) 电子信息产业升级路径

提升产业整体创新能力。电子信息产业在本质上是创新型产业,在很大程度上依赖研发创新的支持。从世界范围看,研发创新做得好的区域,往往能够形成支撑产业持续发展的核心动力,成为全球领先的电子信息产业基地。从河南省发展现状来看,存在着"大而不强"的突出问题,产业发展在总体上处于价值链的中低端。要想从根本上提高产业核心竞争力，必须抓住研发这个核心环节，实现以研发创新引领产业发展。

提升企业核心竞争力。近年来，经过不断的竞争、扩充、联合、兼并和重组，全球电子信息产业已基本形成了"产品向规模企业集中，市场向名牌产品集中，资源向优势企业集中，效益向高新企业集中"的格局，大公司在产业发展过程中的龙头和主导作用越来越明显。河南省必须引进和培育一批具有国际竞争力的大公司，不断提升企业核心竞争力，带动地区在人才、资金、技术上进行长期积累，在产业链条的主要环节形成突破，才有可能真正实现产业的做大做强。

提升城市品牌影响力。在以大项目为主要带动力的新兴电子信息产业发展阶段，城市品牌建设是提升河南省产业投资吸引力、做大做强电子信息产业的重要途径。通过系统、有序的宣传推介活动，提升河南省在电子信息产业领域的知名度和影响力，树立"投资环境好，创业气氛浓，产业协同强"的整体城市形象；通过聚放河南省城市品牌势能与效能，将资源优势转化为经济优势；通过大力宣传河南省优良的产业环境、浓厚的商业氛围和不断完善的生活条件，进一步增强重大项目承接能力。

提升区域产业凝聚力。与上海、北京、深圳等城市已经建立起的各具特色的电子信息产业集群相比，河南省电子信息产业虽然规模较大，但企业普遍缺乏研发创新实力，导致难以形成配套企业联动发展，产业的向心力较弱。而产业链各环节的分散发展，又进一步降低了河南省电子信息产业的集群发育程度和发展效率，产业的根植性不强。要改变河南省电子信息产业的这种局面，必须大力推动产业的研发创新，促进产业链协作有机联动，全面提升区域产业凝聚力，打造高层次的产业发展集群。

（三）河南省电子信息产业发展重点

新一代显示器件产业。重点突破 TFT 基板、ITO 玻璃、驱动 IC 和发光材料等关键材料，以及 TFT、蒸镀、封装、光刻等关键技术和工艺，推动电视产品向平板化、数字化、超薄化和网络化升级发展；推动 TFT－LCD 向产业链上游延伸，鼓励骨干企业建设 5 代以上液晶面板生产线，提高面板前段工艺、LED 背光源及背光模组、驱动和控制 IC 设计封装测试等技术、关键零组件的自主配套能力。改进 LED 封装结构设计，改善散热性能，提高封装模块的取光效率和稳定性，延长芯片使用寿命，大力发展

LED 与太阳能光伏集成应用产品生产。鼓励开发柔性基板、触控面板等技术研发，扩大触摸显示产品生产规模。着力发展主动式 OLED 显示器件，推动相关技术和工艺集成的开发和显示器件产业化，力争掌握新型显示产业发展主动权。

计算机及网络产品制造业。重点突破各类终端产品集成设计、系统软件和专用集成电路设计等关键技术，突破云计算核心设备关键技术，推动各类宽带移动终端产品、大容量路由器、网关、网络安全产品、面向三网融合应用的新型数字产品、新型片式电阻器、大容量电池等产品的研发生产，壮大各类面向行业应用的计算机及外设产品研发生产规模。大力支持云计算技术在数据中心网络基础设施、高速城域网、网络内容信息安全等各类网络产品中的研发应用，支持企业对基于 3G 和超 3G 计算机和终端设备、物联网等前瞻性技术进行研发，加快形成集研发、生产为一体的计算机及网络产品及其配套产品产业链。

新一代移动通信产业。积极开展具有自主知识产权的 TD - SCDMA 关键技术以及 TD - LTE（长期演进技术）研发和产业化，积极参与国家 TD 标准研究和制定，突破移动通信场强、射频微系统芯片、数据通信核心设备等核心技术，进一步巩固直放站及系统设备、微波通信射频组件等优势产业，加快新一代通信网络系统设备、关键芯片的研发和产业化，不断提高产品性能，构建涵盖功能模块、无源器件、线性功放、高频头、天线、电源及软件等产业链配套环节，集开发、生产、过程建设和技术服务为一体的较为完整的移动传输机覆盖设备产业体系。实施对讲机"模转数"过程，形成数字对讲机及系列对讲终端设备规模生产和配套生产能力，带动数字集群产业链发展。

LED 和光伏产品制造业。LED 领域，重点开发外延片和芯片的新技术新工艺，实现 LED 模块化生产，拓展功能性照明产品应用领域，大力发展LED 集成应用产品。太阳能光伏领域，重点开发低成本太阳能级硅材料提纯、晶硅、非晶硅薄膜、铜铟镓硒、Ⅲ - Ⅴ族多结太阳能电池制造的关键技术和工艺，提升硅料提纯、铸锭切片、高性能太阳能电池及组件生产规模效益，逐步实现光伏相关制造设备省内配套。

现代信息服务业。着力发展通信传输业、电视传输业、电信和互联网增值服务业、广播电视增值服务业。推进呼叫中心增值服务、宽带社区信息服务、互联网通信增值业、数字家庭信息服务等应用。加快发展数据库业、信息咨询服务业、数字设计和文化创意业。建设公益性信息资源数据库、制造业产品数字化设计平台、产品创新与协同设计平台，推进监理、规划、测试、认证等信息技术服务水平。大力发展面向生产制造、商贸流通、金融、农村的现代信息技术服务业，以及电子商务、政府管理和公共服务、卫星导航及空间地理信息服务业。

第五节　河南省电子信息产业转型升级的保障措施

一　增强体制创新活力

加强对河南电子信息产业转型升级战略研究，抓住国家"一带一路"建设重大机遇，分析自身优势与不足，制定长期发展规划，积极落实国家和本省各项产业政策，加大政策创新力度，积极寻求执行本省有关政策和国家法律法规的最佳结合点，增强政策与政策之间、政策与法律法规之间的衔接配套。制定有力的政策措施，建立土地、市场、人才、财政、税收、关务等完整的政策体系，鼓励和支持现有龙头企业转型升级、深耕发展，力求产生新的"蝴蝶效应"、"羊群效应"，带动河南电子信息产业快速升级、高端化发展。贯彻落实《河南省信息化条例》《河南省高新技术产业发展条例》，制定新的优惠政策，鼓励电子信息企业增加研发投入，加快转型升级，走高端化道路，提升河南在国际产业链中的位置。加大对电子信息产业的资金扶持力度，参照中央财政设立电子信息产业发展基金的做法，设立河南省电子信息产业发展专项资金，对电子信息研发机构研发费用给予财政补助，对获得国家经费支持项目给予配套资金扶持，研发机构租用办公用房可享受优惠等政策；大力扶持企业及研发中心的平台建设，加大招商引资力度，利用好国际、国内的资源和市场，将转型升级扎扎实实地向前推进。

二　大力发展配套企业

河南省应当出台有针对性的政策，大力支持电子信息配套企业发展。"配套"主要包括外围配套与关键配套两种类型，前者是指物流运输、维修服务、废弃物处理等；后者则指关键原材料、零部（组）件的生产、设计。发展配套企业有两种途径：一是引进为河南电子信息企业配套的外地甚至外国企业；二是培育本土配套企业。在河南电子信息产业整体规模尚不够大、不足以支持配套企业发展的情况下，一方面，政府应当继续引进电子信息企业，以做大产业规模；另一方面，应当从税收留成返还、人才培养补助、知识产权保护、政府手续简化等方面扶持配套企业发展，形成完善的配套体系。

三　强化人才培养

加强经营管理人才、技术带头人才、技能人才、跨界人才和一线工程师等队伍建设。在重大科研项目经费中安排部分经费专门用于人才培养。加强研究平台和培训基地建设，促进产业发展与人才培养良性循环。建设电子信息行业专家队伍，规范学术交流活动，促进专家交流融合；建设专家专项研究制度，定期撰写研究报告，作为政府决策层面的参考。完善人才引进、培养、使用、评价、激励和保障政策，鼓励技术入股、专利入股，支持知识、技术、管理、技能等要素参与分配，通过股权和期权激励、创造收益按比例返还等方式留住人才并发挥其引领作用。

四　提高自主创新能力

缺乏自主创新能力，电子信息产业转型升级就没有原动力。首先，要推动出台和落实鼓励自主创新的相关政策措施，全面提升企业的自主创新能力，提高电子信息产品的竞争力，鼓励支持大企业、公司与郑州大学、解放军信息工程大学等科研院所和高校联合设立研发机构或企业技术开发中心，建立和完善以企业为主体、产学研相结合的自主创新体系，引导企业注重运用新技术提升产品结构，研发拥有自主知识产权、技术含量高的新产品，提高集群在价值链中的地位；其次，通过大项目的带动作用，引导企业更加注重研发、资本运作、品牌建设和开展国际化经营，应注重引入外部资源，推动技术市场建设，想方设法提高科技成果转化率，为电子信息产业提供可靠的技术源泉，引导企业注重运用新技术；最后，以新工艺提升产品结构，研发拥有自主知识产权、技术含量高、市场容量大、附加值高的新产品。

第六章 河南省医药产业转型升级研究

医药产业是中国国民经济的重要组成部分。它在维护人民健康和安全方面起着重要作用。经过多年的发展，河南已经发展成为中国医药行业有竞争力的医药产业基地之一。在国内外竞争压力不断加大背景下，加强河南省医药制造业的技术创新能力建设，加快医药产业结构调整和升级，促进河南从医药大省向医药强省转变，是当前亟待完成的重要任务。

第一节 河南省医药产业发展现状及存在的问题

一 河南省医药产业发展现状

河南省地理位置优越，是全国交通枢纽中心，医药制造业具有悠久的历史。经过十几年的快速发展，医药制造行业已成为河南省的支柱产业之一。截至 2015 年 12 月，规模以上医药制造企业在河南省总计 325 家，其中公有制企业 51 家，非公有制企业 274 家，三资企业 24 家，拥有资产 272.39 亿元，年平均从业人员 106726 人。2015 年河南省医药制造业实现工业总产值 321.09 亿元、工业增加值 117.54 亿元，位居全国第六，同比增长居全国第一（见表 6－1、表 6－2）。然而，与全国规模以上医药制造业相比（见表 6－3），河南医药制造业的平均规模依然偏小，未达到全国平均水平，企业总资产仅为全国平均水平的 69.65%、大中型医药制造业企业平均水平的 16.58%、三资医药制造业企业平均水平的 52.12%；平均每户企业的产品销售收入是全国平均水平的 94.13%、大中型医药制造业企业平均水平的 23.29%、三资医药制造业企业平均水平的 67.04%；平均利润率仅为大中型医药制造业企业的 23.63%、三资医药制造业企业的 61.15%，医药制造业企业规模小、生产能力小、产量低，影响了河南医药制造业的发展。

表6－1　2015年全国医药制造业工业总产值地区排名前十位

排名	地区	累计工业总产值（亿元）	同比增长（%）	所占比例（%）
1	山东省	813.8209	29.93	13.61
2	江苏省	669.8636	19.65	11.2
3	浙江省	529.8155	16.56	9.03
4	广东省	459.0397	17.05	7.68
5	河南省	321.0869	37.69	5.37
6	上海市	300.5588	13.48	5.03
7	河北省	264.3094	30.43	4.42
8	四川省	246.2448	29.32	4.12
9	吉林省	240.19	36.56	4.02
10	北京市	223.2967	22.78	3.73

表6－2　2015年全国医药制造业工业增加值地区排名前十位

排名	地区	累计工业增加值（亿元）	同比增长（%）	所占比例（%）
1	山东省	289.87	30.98	13.27
2	江苏省	221.40	28.09	10.14
3	广东省	170.66	17.94	7.81
4	浙江省	149.17	15.68	6.83
5	吉林省	126.44	47.24	5.79
6	河南省	117.54	54.47	5.38
7	四川省	110.36	34.43	5.05
8	上海市	101.96	20.54	4.67
9	湖北省	90.58	40.17	4.15
10	北京市	84.96	22.94	3.89

表6－3　河南省与全国规模以上医药制造业企业的规模比较
（2015年．万元/户．企业）

规模指标	总资产（万元）	负债（万元）	销售收入（万元）	利润（万元）	从业人员（万人）
河南省	8381.23	3736.62	9771.69	1114.77	16.40
全国	12032.96	5875.66	10381.22	1011.27	13.70
全国大中型企业	50549.83	24118.60	41959.86	4717.24	81.99
全国三资企业	16079.80	7522.51	14575.94	1823.09	27.40

　　从企业主要经济效益指标方面来说（见表6－4），河南医药制造业企业流动资产周转率等同于全国规模以上医药制造业企业，全国及大中型、三资企业总资产贡献率远远低于河南医药制造业企业，成本费用利润率低

于全国大中型企业和三资企业，但等同于全国规模以上医药制造业企业，说明投入企业的流动资金周转速度较快，但产品附加值和利润率较低。

表 6 - 4 河南省及全国规模以上医药制造业企业主要经济效益指标（2015 年）

经济效益指标	河南省	全国	全国大中型企业	三资企业
总资产贡献率(%)	20.60	14.59	15.88	18.29
资产负债率(%)	46.80	48.83	47.71	46.78
流动资本周转率(次/年)	1.80	1.84	1.73	1.75
成本费用利润率(%)	10.80	10.93	12.69	14.49

以化学药品制造为主体是河南省医药制造业的显著特点。2015 年，化学药品制造位居全国第五，其中实现工业总产值占全省医药制造业的 50.22%、出口交货值占 77.21%、利税总额占 49.07%、工业增加值占 53.23%（见表 6 - 5）。

表 6 - 5 2015 年化学药品制剂行业各地产销情况

地区	排序	工业总产值（万元）	同比（%）	地区	排序	工业总产值（万元）	同比（%）
江 苏 省	1	2955.73	21.16	江 苏 省	1	2812.90	19.60
广 东 省	2	1553.77	15.19	广 东 省	2	1403.03	19.02
山 东 省	3	1406.16	36.57	山 东 省	3	1357.29	34.28
上 海 市	4	1280.97	12.63	上 海 市	4	1204.13	10.56
河 南 省	5	985.75	33.41	河 南 省	5	954.93	32.33
北 京 市	6	931.03	32.01	北 京 市	6	861.92	26.32
黑龙江省	7	903.56	15.73	黑龙江省	7	828.91	5.93
天 津 市	8	816.97	41.43	天 津 市	8	724.78	35.27
浙 江 省	9	726.56	19.50	浙 江 省	9	706.65	22.47
四 川 省	10	615.89	27.80	陕 西 省	10	563.06	14.87

二 河南省医药产业存在的问题

(一) 研发投入不足

从科研投入看，2014 年度河南医药制造业研究与试验发展（R&D）支出仅 9077 万元，占高新技术产业的 25.99%，在全国排名第十五位，仅相当于上海的 11.3%。2015 年，河南省科技经费占地方财政支出的比重为 1.24%，比全国平均水平低 0.84 个百分点。研发经费不足和地方财政科技投入不足，导致河南省医药制造业科研经费相对短缺，高新技术发展乏力。科技成果和人力资源的数量与高校和科研机构的数量有着密切的联系。在 9 个人口超过 5000 万的省份中，河南作为全国人口最多的省份，没有 1 个 "985" 院校，只有 1 所 "211" 高校，排名最后一位。这使得河南医药制造业研发能力非常薄弱，严重限制了医药制造业产品的研究和开发。

（二）兼并重组效果不明显

企业兼并重组是产业发展的必然趋势。通过并购，可以扩大企业规模，降低交易成本，减少进入壁垒，增强竞争力，提高整个行业的营利能力。并购的形式既可以是 "强者"，也可以是 "强者 + 弱者"。重组的结果是在行业内会出现一批规模庞大、竞争激烈的集团公司，而大量的业务规模小、缺乏核心竞争力的企业则被迫退出，市场布局重新划分，即提高市场集中度。

河南省医药产业的整体重组是在省政府推动下的资产大规模整合。目的是提高河南省医药制造业的产业集中度，促进产业规模化和集约化，改变河南医药产业企业规模、分布和规模效率的缺失。实现西药以天方药业为龙头、中药制剂以竹林众生和辅仁为龙头、中药深加工以羚锐股份为龙头的产业格局。政府依靠管理职能来培养少量大企业，牺牲多数小企业。被选中的 "绝大多数" 将不会被动等待破产，最终的结果可能是形式上的重组，而不是企业与企业之间资源的整合。

第二节　河南省医药产业发展面临的机遇与挑战

一　河南省医药产业发展的机遇

（一）国内经济环境良好

改革开放以来，随着我国社会主义市场经济的逐步发展、中国顺利加入世界贸易组织和世界经济的全球化，我国经济发展取得了令人瞩目的成就，综合实力不断增强，国民经济持续平稳发展。良好的国内环境，为中国医药行业的蓬勃发展产生了巨大的推动作用。

（二）药品需求量日益增加

随着国民收入快速增长，生活水平不断提高，人们的健康意识不断增强，对与健康发展息息相关的药品需求量也不断提升。加之我国不断完善的社会保障制度以及老龄化人口的不断提高，客观上增加了对医疗保健和药品的需求量。这种潜在的需求将扩大中国药物和药品消费市场，为我国医药行业的快速发展提供巨大的商机。

（三）医药产业在国民经济中的地位日益突出

近年来，中国医药行业主要经济指标在全部工业总量中的比重逐步增加，在国民经济中的比重越来越大。随着中国产业结构的调整，虽然医药行业仍然不是中国的支柱产业，但在国民经济中的比重越来越大，地位越来越突出，这表明它的重要性逐渐凸显，是国民经济的重要组成部分。这就为中国医药产业的蓬勃发展带来了重要历史机遇。

（四）"互联网＋健康"有利于医药产业的发展

经济快速发展改变了人们的生活方式，追求更高品质的生活、更加健康的生活方式成为人们的共识。而健康产业所提供的产品和服务恰能满足这一需求。除保健品外，健康产业还包括健康生活计划、保健服务和健康咨询管理等传统保健产业中所不具备的项目。政府也逐渐认识到"预防性疾病治疗"的重要性，并在新医改计划中把疾病预防和控制放在首位。健康产业和互联网结合的"互联网＋健康"模式将为制药公司带来巨大的机遇，成为医药行业未来的发展方向。与国际制药企业相比，中国的制药企业竞争力弱点更为突出。随着"互联网＋"时代到来，医药企业应抓住时代的机遇，积极利用互联网培育新的竞争优势。正确评价自己的优势和资源，找到企业发展的方向。

二　河南省医药产业发展面临的挑战

（一）医药企业经营战略与方向尚不明确

尽管我国健康产业具有巨大的市场，但如何获得大量稳定的现金流并尽快创建一个业务战略和方向适合中国国情的健康产业市场是所有企业的共同困惑。多数医药企业只注重生产高质量的产品，以达到占领市场的目的，以短期利润为核心的战略思维根深蒂固。而在大健康时代，仅仅依靠优良的品质、高效的产品已很难满足消费者的需求，企业应摒弃传统的、简单的营销模式，以"互联网＋健康"为契机，主动迎合消费者需求，提升产品附加价值，唯有这样，才能在激烈的竞争中获得一席之地。

（二）医药企业缺乏前期调研

随着大数据时代的到来和健康产业的蓬勃发展，消费者的心理和行为也发生了变化。制药企业在加强产品标准化生产的同时，必须适应时代的特点，满足消费者的个性化需求。只有这样，才能抓住机遇，开拓新的市场。制药企业必须加强前期研究，掌握消费者需求的信息，但医药制药企业在这方面做得还远远不够。制药公司尚未摆脱传统营销模式的禁锢，充分认识到"互联网＋"时代如何利用网络功能进行市场研究，把握消费者需求，提供个性化发展平台。

第三节　河南省医药产业转型升级的必要性

一　医药产业国内外发展环境分析

（一）国外医药产业发展环境分析

从国际环境来看，医药产业正处于持续扩张阶段。在医药制造领域，专利技术壁垒的准入限制也正在弱化，大量市场领先的专利药品面临专利到期。统计显示，2011～2015年，全球年销售额约770亿美元的药品专利到期，全球仿制药销售额将以10%～15%的速度增长，远远高于全球药品市场的增长速度。以中国和巴西为代表的七大新兴市场迅速发展，2015年，全球药品市场的50%来自这七个市场。尽管世界医药产业的发展面临着经济波动中市场持续繁荣的历史机遇，也面临着许多严峻的挑战，如全球经济衰退，人民币升值，原材料、劳动力成本上升，技术性和非技术性贸易壁垒的数量不断增加。

（二）国内医药产业发展环境分析

国务院办公厅《建立和规范政府办基层医疗卫生机构基本药物采购机

制的指导意见》指出，政府组织的基层医疗卫生机构所使用的基本药物，应通过省级采购平台集中，统一招标、采购、分配、结算。目前，政府的基层卫生机构主要包括乡、村和城市社区卫生服务中心，占市场销售的20%左右。根据这一要求，国家可以继续按照一定比例，对大中型医疗机构所使用的基本药物实行两级政策和提供购买平台，扩大集中招标采购的规模和范围。集中招标采购只需要一个企业购买每一种基本药物，这样企业就可以在供应区获得药品的全部市场份额，供应区域内所有政府所用的基本药物仅由企业提供。从企业竞争的角度看，由于小企业在质量竞争及价格上不存在优势，许多小的医药生产企业将难以通过招标方式获取这部分市场。因此，在药品市场逐步转向行政垄断后，一些小规模、品牌知名度低的医药生产企业难以通过集中招标采购平台获得市场准入的资格，其发展空间将受到影响。但从另一方面看，意见的实施对一些特定类型的企业也带来了机遇。一是品牌普药企业随着补偿机制细化，基本药物制度进入实质性实施阶段后将产生积极的市场扩容效应，为经济增长提供保障。二是中医药企业和现代中药企业的专有品种将具有一定的定价权。三是上游生产企业的客户资源、品种资源龙头企业可以获得更多的市场份额。在意见指导下，河南省一些独家中药品种的企业将获得新的机遇，但多数企业将更多面临市场份额重新分配的影响。

二　河南医药产业发展制约因素

（一）研发投入不足，医药产品附加值低

发达国家医药企业的研发投入一般占销售收入的15%左右，河南省医药企业仅占2%左右，企业的投资和创新能力明显低于西方发达国家。药品的生产主要以仿制药为主，新生药物所占的比重较小。同时，研发经费的缺乏也制约了医疗器械的升级换代，在很大程度上制约了河南省医药行业的创新与发展，使医药行业重复生产严重，造成资源的浪费。

（二）忽视医药行业品牌建设

一些企业没有看到品牌在医药企业发展中的重要作用。特别是许多中小企业，由于自身的人力和财力不够强大，无法打造品牌。不少企业甚至提出先占领市场再建设品牌的战略，认为品牌建设会延缓市场的扩张。事

实上品牌作为一种无形资产，是企业核心竞争力的重要组成部分。它与企业的可持续发展密切相关，甚至是支撑企业发展的重要支柱。由于医药与人们的健康和发展息息相关，医药产业的品牌尤为重要。医药行业品牌建设的缺失导致产品缺乏核心竞争力，导致消费者逐渐丧失对药品的品牌忠诚度，最终将损害药品的进一步发展。

（三）行业管理水平参差不齐

管理水平对于一个行业的发展至关重要，它可以规范企业的生产经营活动，维护企业的声誉。然而，河南省医药行业管理水平参差不齐，个别企业在经济利益的驱使下，进行危害人民健康的违法行为，因重金属含量超标药品使用而发生不良事件时有发生，尽管短期内可能会给企业带来一定的利润，但不利于企业的健康可持续发展。

第四节　河南省医药产业转型升级的路径

一　河南省医药产业转型升级思路

（一）用先进技术改造传统产业

在技术层面上，医药产业升级包括以下两个含义，一是产品标准的升级。新版药典于2015年12月1日正式实施，对实施产品升级具有重要的推动作用。中药特别是中药注射剂、化学原料药的杂质控制、生化药注射剂、溶剂残留等，都有很大的改进和提高，整个行业的质量水平和用药安全有了一个新的、更科学的标准。二是质量保证体系的升级。为实现产品标准和生产质量的同步升级，河南省医药产业要整合现有科技资源，建立为医疗产业研发、实验、安全评价、临床试验、生产等医疗技术研发公共平台，创建社会公共研发平台和企业技术研发平台的医疗创新体系。引进国内外先进的技术和设备，通过技术改造，达到国际先进水平，开发出科技含量高、经济效益好、环境污染小、疗效确切的新产品。

（二）实现局部领域领先优势

由于当前多个省份均把生物医药产业列为战略性新兴产业，各省份之间必然在医药项目建设、产品开发、技术研发等环节形成一定的重复与竞争。为避免企业陷入恶性竞争、盲目建设，河南省医药产业必须应用比较优势理论，进行科学合理的发展定位，通过进一步整合省内各项生物医药资源、科技及人才优势，集中力量打造优势产业，打造有核心竞争力的特色产业。总的来说，要发挥资源、区位和产业比较优势，围绕生物技术、现代中药、生物疫苗、血液制品等重点产业，加强政策引导，突出特色、抓住重点，积极发展有优势和特色的细分药品市场领域，实现在重点产业局部领域的竞争优势，全面提高河南医药的影响力、竞争力，促进产业加快发展。

（三）积极促进行业结构转型

产品结构从原料药向制剂药转型。与原材料相比，制剂附加值高，价格相对稳定，生产过程能耗低，污染小。制剂在医药行业中的比重往往是衡量一个地区医药产业发展水平的重要标志之一。以辛伐他汀为例，原材料制成制剂后，产品的价格超过 10 倍。原料药企业向制剂转型是打破原料药成长瓶颈的关键。辉瑞和默克等国际制药巨头已开始寻找在华生产合作伙伴，并重点发展大量合资企业。现代中成药应重视治疗性药物制剂的研发，建立可控的中药生产质量控制体系，开展中药的国际注册和市场开发。抓住生物医药产业崛起的机遇，努力在高效表达载体和哺乳动物细胞培养等关键技术上取得突破性进展，加快推进新型基因工程药物和干细胞组织工程专业的大规模生产。

技术创新从单纯仿制向自主创新转型。目前河南医药产业自主知识产权较少，整体盈利能力不强，存在创新效率不高、创新成果转化率低、过于依赖购买外来技术等问题。要突破这种格局，首先要引导医药企业树立自主创新的信心，通过企业研究院、博士后工作站、技术（研发）中心、中试基地等企业创新平台建设，使企业成为产业技术创新的主体；其次要完善公共技术服务平台，发挥好省新药创制科技服务平台，省化学药制剂、省中药现代化产业技术创新战略联盟等对产业技术创新的服务功能，优化产业技术创新环境；再次要加强专业医药产业孵化器建设，提供研发、孵化、商品化等一站式服务，推进技术创新成果产业化；最后要深入开展协同创新，组织企业、高校及科研机构联合开展技术攻关，努力掌握一批具有自主知识产权的关键技术和原创产品，提升产业整体技术水平。

　　工艺装备从传统工艺向现代制造模式转变。生产技术和设备的水平不仅决定了生产效率和产品质量，而且是减少"三废"排放和节能降耗的关键因素。要以"绿色生产"为指导，加快传统技术向现代制造模式的转变，大力推进先进技术、装备和自动化控制技术的应用，实现封闭智能化生产。提高准入门槛，加快淘汰落后产能，鼓励原料药企业通过市场采购解决医药中间体的来源，减少排放源，提高发展质量。结合医药企业进入园区的发展情况，对医药产业集聚区进行循环再造。规划引导企业全面提高技术装备水平，建设低消耗、低排放、高效率的现代医药循环经济园区。

　　经营方式从代加工向自主品牌转型。代加工（OEM）模式为河南医药行业开拓国际市场奠定了基础，但该模式利润率低，不确定性大，发展受限于国外公司，越来越不适应制药行业开拓国际市场的需要。在新的发展时期，河南医药产业必须建立现代商业模式。一是引导医药企业建立"以顾客为中心"的营销体系，逐步完善医院、零售终端等渠道建设，积极开拓国内药品市场，逐步从 OEM 向国际市场出口。鼓励有条件的企业应通过股份制、并购、租赁、境外上市和外边设厂等方式加快发展国际市场的准备步伐。二是要加强国际认证，积极开展 FDA 认证，欧洲共同体 COS、CE 认证等国际认证，逐步建立国际公认的质量标准控制体系，支持企业创名牌。注重支持市场竞争产品，实施品牌战略，打造"河南医药"具有国际影响力的品牌。

二　河南省医药产业转型升级重点

（一）河南省医药产业产品转型重点

　　加快发展现代中医药。推进中医药标准化、加工现代化和产品品牌化，加快普通病、疑难病、重大疾病的治疗和新药的产业化。积极培育河南省生产加工产业带，保护和发展特色药材。大力扶持中药材加工和中药制药企业做大做强，深化中药品牌两大发展，发展中药精品，扩大优势产品规模，增强竞争力。建立现代中药质量管理体系、检验体系和可追溯体系，加快中药市场信息化、现代化和规范化建设，培育中药材贸易中心，提高在全国的影响力。

　　提高中医药的卫生服务能力。完善省、市、县三级中医药网络，鼓励零售药店为中医药提供医疗服务，努力使所有社区卫生服务机构、乡镇卫生院和70%的村卫生室有服务中医的能力。中医药服务水平达到总服务量的30%。加强中医药科研、临床研究和特色专业教学，依托国家重点专业和省级特色专业，引进优质资源，培育国内外知名品牌，促进中医药卫生服务机构规模、集团和连锁发展。积极推广常见病、多发病治疗，发展相应的中医技术，发展中西医结合和康复治疗。支持中医药机构建立"治病"中心，为人民提供医疗、身体鉴定、中医药、保健品等多种服务。加快制定适当的中医药技术服务标准，及时将符合条件的中医药服务纳入医疗保险支付范围，促进针灸、推拿等特色中医医疗康复保健服务的健康发展。支持开发中医诊疗、康复理疗、保健等医疗器械。

大力发展生物制药产业。生物制药产业由生物技术产业和医药产业组成。欧洲和美国的大多数发达国家都把生物制药产业作为国家工业发展的重要方向。在中国，大力发展生物医药产业也具有重大战略意义。在河南新乡，有超过120家企业与生物学和新药有关。其中，规模以上企业47家，销售收入超过1亿元的企业15家，行业经济总量占全省的1/4以上。未来应以华兰、拓新、佐今明等具备核心竞争力的生物医药企业和新博源、华隆、凤凰等科技型中小企业为基础，紧盯生物制品、基因工程等前沿技术，组建高水平的生物医药工程研究中心，完善生物技术药品、现代中药、化学成品药和医疗设备4大产业链，努力建设最大的生物疫苗生产基地、血液制品生产基地、抗生素原料及制品生产基地和对全国有重要影响的农业基地。

建设国家卫生旅游重要目的地。要整合人、生态、医药、交通等综合资源优势，积极发展以健康为主题的旅游产业，促进卫生服务与旅游业的良性互动和深度融合。在郑州建立国家医疗中心和高端医疗中心，促进全省其他地区医疗中心的发展，为卫生旅游提供支撑和创造条件。依托桐柏—大别山、伏牛山、南太行的生态、地热、中药等优势资源，以及河南东部平原生态农业，形成具有特殊医疗、保健、保健、休闲疗养、美容、健身等功能的健康旅游基地。依托少林、太极的文化品牌和儒道传统文化资源，开发禅宗体验、禅宗武术学习、素食等旅游产品，培育身心旅游中心。加强城乡绿化道路网和登山步行道建设，支持自行车、房车、野营帐篷等户外运动产业的发展，如攀岩、滑翔、滑雪、漂流、远足等，打造健康旅游新产业。加强与国内外著名旅游目的地的旅游线路、产品合作与共享，发展高铁沿线的健康旅游市场，增强河南省卫生旅游的知名度和吸引力。

　　优化和发展卫生服务相关支持产业。加强创新驱动，促进产业集聚，增强医药、医疗设备、保健品、保健食品等行业的竞争力，大力发展第三方服务，为卫生服务业的发展提供有力支持。支持药物、医疗器械和其他健康相关产品的研究和应用。加快医药产业结构升级，重点发展生物技术药物、现代中药和化学创新药物，建立中国一流的新医药产业基地。大力发展数字化医疗、个体化诊疗、智能化医疗服务等医疗器械，如智能化、低成本的结构置换、功能性补偿和技能培训等。积极发展保健食品、保健用品等。加快现代医药物流体系建设，优化医疗机构供应链管理，搭建药品电子商务平台，降低药品流通成本。培养专业的第三方组织，支持社会资本投资，建立医疗检查中心、影像中心和医疗独立实验室，开展第三方医疗服务评价、卫生管理服务评价、卫生市场调查咨询服务。建立第三方机构与医疗机构的相互承认和信息共享机制，开展医疗检查、药学研究、临床试验等服务外包。公平对待社会力量，提供食品药品检测服务。完善医药科技中介体系，大力发展专业化、市场化的科技成果转化。加强第三方服务质量认证和监督。支持卫生服务产业集群的发展。要结合地方实际和特色优势，鼓励各地进行合理定位和科学规划，在土地规划、市政配套、制度准入、人才引进、实践环境等方面给予政策支持和倾斜。打造健康服务产业集群，探索制度创新。加强科技支撑，深化行政审批制度改革，引导产业政策，培育医疗、医药、医疗器械、中药等重点产业，培育优秀人才。

　　推进"互联网+"计划的实施，提高医药产业竞争力。医药企业应结合中国制药行业的特点，在"互联网+"的背景下，积极推进"互联网+医药行业"，促进定制生产、重点制造服务、网络协作积极创新等。在一段时间内，企业集中资金、人才等资源，在本地形成竞争优势。同时，制药企业要建立新的竞争优势，可结合国务院发展健康产业和开展城市公立医院综合改革试点等政策，积极开展"互联网+医疗"。制药企业可以专注于开发智能医疗设备，加强医药企业供应链的数字化管理，积极发展医药业务，培育新的医疗模式，最大限度地发挥互联网对医药产业的高效增长作用。

　　顺应"互联网+"的趋势，建立"互联网+大数据"健康管理信息系统。健康管理信息系统包含自定义发展健康档案、健康评估、健康促进、健康干预模块。健康管理信息系统主要通过日常饮食、睡眠质量、体育消费等数据收集指标，通过系统的分析和处理，生成健康的智能生活解决方案，从而帮助人们养成健康的生活方式。该系统的开发不仅可以满足消费者的需求，而且有利于企业自身产品的销售和推广。医药企业必须学会利用嵌入式开发、人工智能、移动通信等技术手段，为健康管理从信息收集到存储、传递、共享等全环节提供技术支持。

（二）河南省医药产业集群升级重点

郑州高新区医药产业集群。以郑州生物医药产业园为载体，加快公共技术平台和专业孵化器建设，引进、扶持龙头企业和高端制造企业，以华美生物、博赛生物、理利生物为代表，大力发展诊断试剂产业；以竹林众生、仲景药业、环科药业为代表，大力发展中医药制造业；以河医大制药、瑞康制药、永和制药为代表，大力发展化学制药业；以普新生物、海星邦和、生物化工厂等生物制品企业为代表，大力发展生物制品业；以华南医电、华盛医疗电器、赛福特电子为代表，大力发展医疗器械业，推动河南省制药制造业再上新台阶。

南阳医药产业集群。依托宛西制药等，大力培育中医药龙头企业，推动产品加工增值，加快中医药产业化发展。加大规范化种植力度，强化以南召辛夷、西峡山茱萸与天麻、桐柏桔梗、方城裕丹参、邓州麦冬、内乡黄姜、镇平杜仲、唐河栀子、社旗板蓝根为主的十大中药材基地建设。以南阳理工学院国医国药学院、南阳中医药学校等高校为载体，注重中医药产学研合作，加快中医药产业集群建设。

新乡医药产业集群。以华兰生物、新乡拓新生化、新乡佐今明制药、河南华隆生物和河南凤凰制药等生物医药企业为依托，大力研发生物制品、基因工程等前沿技术，组建高水平的生物医药工程研究中心，完善生物技术药物、化学成品药、现代中药、卫材和医疗器械4条主导产业链，着力打造全国最大的生物疫苗生产基地、血液制品生产基地、高端抗生素原材料及制品生产基地。

周口医药产业集群。以壮大骨干企业和优势产品为切入点，以产业集聚区为平台，加大增量投入和研发创新力度，积极引入战略投资者，实施强强联合和战略重组，提高企业技术装备水平和产品研发水平，重点扶持项城和郸城医药产业发展。注重发挥中药制剂、西药制剂和生物制药等重点产业的带动作用，着力提升中药、化学原料药、药物成品制剂、生物医药和精细化工产品结构，提高企业核心竞争力，拓宽市场，增大影响，实现医药化工产业跨越式发展。

焦作医药产业集群。充分发挥"四大怀药"原产地等优势，着力解决生物医药产业结构不合理、自主创新能力差、平台建设不足、企业规模小、产业集聚低、人才水平低等问题。支持现代生物技术具有良好的基础条件、成熟的技术、较高的市场潜力、较高的产业关联性和突出的优势的产品研发，加快推进健康元冬虫夏草等一批项目，建立以生物医药为核心的生物医药产业体系、生物农业、生物制造和生物能源，逐步形成产业集群和企业集群，实现产业集群和生物产业集群。实现生物产业发展的规范化、标准化、市场化和国际化。

第五节　河南省医药产业转型升级的对策措施

一　放宽市场准入，转变政府职能

建立健全卫生服务准入制度，凡是法律、法规没有明令禁入的领域，都要向社会资本开放；凡是对本地资本开放的领域，都要向外地资本开放。实现民办的非营利组织和同行业的公共机构平等待遇。推进卫生服务行业的政务分离和经营管理分离。连锁经营的卫生服务企业营业总部应当实行统一的工商登记手续。规范和公开卫生服务相关行业设置标准、审批程序，下放审批权限，严格控制审批时限，及时发布机构设置、规划和调整信息布局；鼓励有条件的地方采取招标等方式确定主办或运行主体。建立以社会资本为主体的医疗机构和卫生服务机构基本建设的备案制度。简化对康复医院、老年病医院、儿童医院、护理院等紧缺型医疗机构的开办、执业资格、医保定点等审批手续。放松对营利性医院数量、规模、布局的限制和大型医疗设备的安装。研究取消不合理的预审批项目，探索社会医疗服务行业相关审批登记的联合审批，将卫生服务行业重大项目纳入大型投资项目和范围。

二　加强规划布局，落实用地保障

在土地利用总体规划和城乡规划中，统筹考虑健康服务业发展需要，扩大卫生服务用地供给，合理确定土地利用目标，保障非营利性机构用地优先。新建住宅小区和社区应严格遵守城市规划的有关要求，支持建设医疗卫生、文化体育、休闲健身等服务设施。在旧城改造、城中村改造、棚户区改造和安居工程建设中，充分考虑城市功能完善和群众生活实际需要，合理配套建设健康服务设施。支持利用以划拨方式取得的存量房产和原有土地兴办健康服务业，土地用途和使用权人可暂不变更。连续经营1年以上、符合划拨用地条件的健康服务业项目，可按划拨土地办理用地手续；不符合划拨用地条件的，可采取协议出让方式办理用地手续。

三　加强金融创新，拓宽投融资渠道

鼓励金融机构根据风险可控和商业可持续性原则，加大对卫生服务的支持力度，创新适合卫生服务特点的金融产品和服务方式，扩大业务规模。支持符合条件的上市公司融资、发行债券。省级股权投资基金将优先设立卫生产业投资基金，鼓励各类风险投资机构和融资担保机构开展创新型中小企业融资业务。支持政策保障机构保障卫生服务产业融资。鼓励卫生服务业利用外商直接投资、国际组织和外国政府优惠贷款、国际商业贷款，大力引进国外专业人才、管理技术和管理模式。

四　完善财税价格政策，强化培育扶持

建立和完善政府购买社会服务机制，可以通过购买服务的方式，提供政府保障的公共卫生产品，逐步增加政府采购的种类和数量。将健康服务业纳入服务业专项资金支持范围并加大支持力度。符合条件、提供基本医疗卫生服务的非公立医疗机构，其专科建设、设备购置、人才队伍建设纳入财政专项资金支持范围。完善政府投资补贴政策，支持社会资本举办非营利性健康服务机构。认定为高新技术企业的医药企业依法享受税收优惠政策。企业、个人通过公益性社会团体或县级以上政府及其部门向非营利性医疗机构的捐赠，按照税法及相关税收政策的规定予以税前扣除。落实非公立医疗机构用水、用电、用气、用热与公立医疗机构同城同价政策。对非营利性医疗机构建设免予征收有关行政事业性收费，对营利性医疗机构建设减半征收有关行政事业性收费。

五 完善标准规范，强化行业监管

以规范服务行为、提高服务质量和水平为核心，完善服务标准体系，加强标准实施，提高卫生服务行业的规范化水平。推动服务承诺、服务约定和服务标准体系得到广泛的实施。完善监管机制，创新监管模式，实施地方管理，依法规范卫生服务机构的实践，加强对服务质量的监督和市场的日常监督，严肃查处违法经营行为。推进药品采购的规范化，坚持药品集中采购的方向，上下联动，公开透明，分类采购。加强质量安全、价格监测、分配使用、医疗保险支付等政策措施的有效衔接，扩大药品集中采购受益人群的有效性。鼓励河南省公立医疗机构优先购买国内药品和医疗设备，鼓励本地企业医疗机构独立开发和生产药品，并向医疗机构提供支持。

第七章　河南省建材产业转型升级研究

建材产业是国民经济中重要的基础原材料产业，其产品主要包括水泥、玻璃、石材、建筑陶瓷、水暖器材和新型建材等。建材产业承担着为国民经济建设和改善人民生活提供各类建筑材料及其制品的繁重任务，其产业发展直接关系到城市建设和经济社会发展的进程。经过改革开放30多年来的建设和发展，河南省建材产业已基本形成了涵盖三大门类，包括水泥、玻璃、建筑卫生陶瓷、新型建材、耐火材料、非金属矿制品及无机非金属新材料等在内的特色鲜明的产业体系。"十二五"期间，新型城镇化、新型工业化和新型农业现代化建设的加速推进，以及水利、环保、公路、土地整治等重大项目的实施，为建材行业的发展奠定了坚实基础。河南省建材产业在快速发展的同时，仍未摆脱依靠规模扩张和资源粗放开发的传统发展模式，如何在"十三五"期间改变发展模式、优化布局，推进技术进步和重组，调整产业布局，促进建材产业转型升级成为河南省建材产业面临的问题。

本章主要在对河南省建材产业现状以及面临的机遇与挑战论述的基础上，分析河南省建材产业转型升级的必要性，从产业经济和区域经济的角度分析建材产业转型升级的路径，提出河南省建材产业转型升级的对策措施，为河南省建材产业持续健康发展提供参考。

第一节　河南省建材产业发展现状及存在的问题

在新型城镇化、新型工业化加快推进的大环境下，河南省依靠优质的非金属矿产资源，大力发展建材产业，初步形成了内黄陶瓷、内乡石材、汝阳玻璃、新密耐火材料、信阳上天梯保温材料等一大批各具特色的建材产业集群，形成了郑州耐火材料产业基地，许昌卫陶产业基地，洛阳玻璃生产及深加工基地，以信阳、南阳为主的非金属矿加工产业基地，以焦作、新乡、郑州为主的建筑装饰材料、防水材料、密封材料生产基地。

2015 年，河南省建材行业规模以上企业 2757 户，主营业务收入 5180.4 亿元，同比增长 8.1%；实现利润总额 442 亿元。其中，水泥生产企业 221 家，累计产量 1.65 亿吨，全省水泥总产量占全国总产量的 7%，位居全国第二。卫生陶瓷产量 7928 万件，占全国总产量的 36.28%，再次超过广东省，又一次成为全国陶瓷产量最大的生产制造省份。耐火材料产量 3662.38 万吨，位居全国第一。钢化玻璃产量 2513.93 万平方米，夹层玻璃产量 497.2 万平方米，同比增长 20.07%；中空玻璃产量 154.4 万平方米，同比增长 9.26%。

河南省建材产业中，水泥、耐火材料、建筑卫生陶瓷占有较大比重，在河南省建材产业发展中起着重要作用，因此本节从这几个方面来分析河南省建材产业的发展现状及其存在的问题，为后面河南省建材产业转型升级路径选择提供依据。

一 水泥工业

水泥工业是国民经济的基础原材料产业。河南省以其独特的资源、区位和市场优势，使水泥工业得到了快速发展，2017 年水泥产量 14938.7 万吨，虽然同比下降 4.26%，但全省水泥总产量仍位居全国第四。

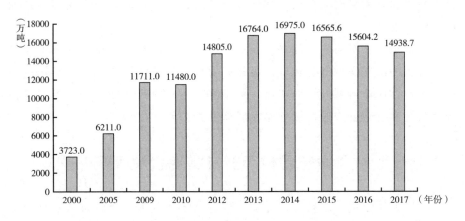

图 7 – 1 河南省 2000 ~ 2017 年水泥产量

从图 7 – 1 可以看出，2000 年以来，河南省水泥产量稳定快速发展，特别是"十一五""十二五"期间，在国民经济、社会发展及城乡建设发展的带动下，再加上水泥企业兼并和重组以及新型干法水泥生产技术的应用，河南省水泥工业高速发展，水泥产量由 2005 年的 6211 万吨，增长到 2014 年的 16975 万吨，增长 173.31%。随着经济新常态的推进，水泥行业控制产能，河南水泥产能逐年减少，由 2015 年的 16566 万吨减少到 2017 年的 14939 万吨，年均减少 3%。在此期间，河南省水泥工业不仅提高了产量，产业结构也进行了调整，依法关停年生产规模小于 20 万吨和环保不达标的水泥企业，淘汰干法中空窑（特种水泥除外）、湿法窑等落后工艺。通用水泥新型干法比重从 2005 年的 15.69% 提高到 100%，形成了以新型干法水泥生产工艺为主的产业格局，在全国最早彻底淘汰落后水泥熟料产能。另外，河南省具有独特的铝矾土资源优势，加上原有的技术人才优势，使河南省铝酸盐水泥、硫铝酸盐水泥生产和管理有着得天独厚的条件，经过几十年的发展，河南省已成为铝酸盐水泥、硫铝酸盐水泥等特种水泥的主要生产基地，铝酸盐水泥、硫铝酸盐水泥产量占全国总量的 80% 以上。

河南省水泥工业在发展的过程中逐步形成了一批大型骨干企业。天瑞集团水泥有限公司是国家重点支持的前三家全国性水泥企业（集团）之一，是工信部重点支持兼并重组的五大水泥企业之一，也是首批被世界可持续发展工商理事会水泥可持续性倡议行动接纳为成员的中国三家水泥公司之一。2009 年公司建成投产的郑州荥阳日产 12000 吨新型干法水泥熟料生产线，是世界上投产最早、单线产能最大、工艺装备最先进的水泥熟料生产线。截至 2015 年底，天瑞水泥总产能超 1.5 亿吨，旗下公司覆盖河南、辽宁、山东、安徽、山西、内蒙古、新疆、天津等省区市，是河南省和辽宁省最大的水泥生产企业。中国联合水泥集团河南运营管理区（简称中联水泥）在河南省有 16 家水泥生产公司，年熟料产能 1500 万吨，水泥产能 1800 万吨，实力雄厚，生产技术和装备先进，是河南省第二大水泥生产企业。河南同力水泥股份有限公司是河南唯一一家在国内 A 股上市的水泥企业，公司熟料产能 880 万吨，水泥产能 1200 万吨，下属 5 家水泥生产公司。

近年来河南省水泥工业虽然取得了长足发展，但总体上与国内外先进水平相比仍存在一定差距。综合表现为产能过剩，供需矛盾加剧；企业"弱、小、散"，产业集中度偏低；市场无序竞争，行业利润严重下降；产品结构不合理，产业链短，技术含量不高，附加值低等。

（一）产能过剩，供需矛盾加剧

从近几年情况来看，水泥产能的增长速度超过了市场需求的增长速度，造成了产能过剩。2016 年河南省熟料设计产能 9300 万吨，实际产能达到 1.15 亿吨，全省熟料需求量约 7500 万吨，过剩率为 35%；水泥产能近 3 亿吨，过剩率 50%。产能过剩降低了资源配置效率，造成资源的浪费，阻碍产业转型升级。产能过剩，供大于求，供需矛盾加剧，各企业为了抢占市场，把大量的人力和精力投入到争夺市场上，而不是投入到技术更新换代上，因此，不利于产品和技术的创新及企业的健康发展。

（二）企业"弱、小、散"，行业集中度低

2016 年河南省水泥生产企业共 162 家，其中年设计产能在 150 万吨以上的企业为 49 家，其余企业产能较低，小企业居多，而且布局重叠。这些小企业规模小、资金少，其生存主要依赖于生产品质较低的产品，技术更新意识薄弱，缺乏技术创新的动力。由于技术和资金的限制，小企业缺少必要的环保设备，即使有环保设备，也会因成本问题不启动设备。小企业多并且分散，难以形成产业聚集，天瑞水泥、中联水泥、同力水泥这三家河南最大的水泥企业占河南市场份额的 30%，这说明河南省水泥行业集中度比较低，不利于龙头企业的做大做强。

（三）市场无序竞争，行业利润严重下降

行业的发展需要良性的市场竞争环境，正常的竞争应该是产品差异化竞争、服务差异化竞争等，这些竞争有利于企业加快技术创新，改进产品和提高服务，促进企业发展。而水泥市场由于产能过剩，企业竞争加剧，价格竞争成了企业竞争的主要手段，企业之间打"价格战"，竞相压价，价格甚至压到了成本线以下，水泥市场出现无序竞争。一部分小型企业为了生存，只能用低于正常生产成本的劣质产品进行竞争，不仅损害了消费者的利益，也不利于行业的发展。无序的价格竞争使全行业利润严重下降，相当一部分企业出现亏损和严重亏损。

（四）产品结构不合理

由于缺乏深加工的专业研究机构和专业技术人员，企业在新产品开发应

用、市场开拓、市场预测等方面工作比较薄弱，只求产量而忽视产品结构的调整和产品质量的提高。科技含量低的低端产品过剩，技术含量高、附加值高的高端产品相对短缺。产品结构简单，主要产品全部属于原材料供应型产品，而水泥深加工工业基础薄弱，产业链条较短，产品附加值低，增值能力弱，致使资源优势难以转化成经济优势，缺乏市场竞争活力。

二　耐火材料

耐火材料属无机非金属材料学科，其产品主要应用于冶金、建材、有色、化工、机械、电力等高温工业生产过程中；是高温工业不可缺少的重要基础材料，在国民经济建设，特别是高温工业发展中有着不可替代的重要作用。河南省煤炭、电力等能源充足，原材料资源丰富、品种齐全，在发展耐火材料方面具有得天独厚的优势。除资源优势外，河南省在耐火材料研发方面也拥有显著优势。洛阳耐火材料研究院和郑州大学高温材料研究所均属国内顶尖的耐火材料综合性研究机构，拥有强大的科研开发能力，为河南省耐火材料行业的发展提供了坚实的保障。河南省在耐火材料方面取得了一系列新技术、新成果。河南安瑞高温材料公司生产的炭素焙烧炉炉墙用不定型耐火材料，郑州安耐克和郑州豫兴生产的顶燃式热风炉用低蠕变砖，河南宏达公司生产的氧化球团回转窑用耐火材料，河南春胜集团生产的纳米硅砖，郑州才华公司生产的氧化铝轻质砖，平顶山新型耐材公司生产的系列轻质耐火制品，新密中原特种公司生产的浮法玻璃窑用锡槽底砖等，在国际国内市场上享有盛誉。尤其是中钢集团洛阳耐研院和中钢集团耐火材料公司生产的氮化硅结合碳化硅制品在国内外电解铝行业中广泛使用，市场占有率达80%以上。巩义通达中原耐火技术有限公司生产的"塑性相结合刚玉复合砖"在国内外300多座炼铁高炉上使用后，被誉为"高炉的保护神"。

经过几十年的发展，河南耐火材料工业已发展成为技术先进、门类齐全、品种配套的区域优势产业，耐火材料产量占全国总产量的44%，2017年河南省耐火材料产量1098.25万吨，同比增长5.07%。多数重点优势耐火企业能适应经济新常态，营业收入略有增长，提高了综合实力，而部分中小企业资金链断裂，已停产或主动退出市场，目前有约50%的中小企业处于停产或半停产状态。河南耐火材料凸显市场引导、结构调整、技术创新和生产灵活等特点，运行质量相对较好，保持了较好的发展态势，呈现以下特点：①企业做大做强趋势日渐明显。新常态下市场有限，行业形势严峻，企业发展呈现两极分化，落后企业逐步被淘汰，企业通过与科研院所融合，加大市场开发和技术研发力度，逐步做大做强。通过与其他企业优势互补，聚集发展。②产品向高精专发展。多数耐火材料企业结合市场需求，把生产高精专产品作为企业重要发展战略，提高了技术工艺，降低了成本，保证了企业生产的主导产品的市场占有率和企业效益。围绕节能环保、国防军工、新型产业和市场需求，注重开发高性能、节能长寿新型耐火材料。如登峰熔料公司完成了我国新一代重型运载火箭长征 5 号、长征 7 号用的大型导流槽材料的研发，填补了国内空白，受到了总装备部某工程指挥部的表彰。③创新平台建设取得了显著成效。郑州安耐克、巩义通达中原、郑州瑞泰建立了院士工作站，充分发挥高端人才作用，引进前沿、高端、先进的技术及理念，切实解决企业技术难题，提升自主创新和产学研用联合创新能力，同时集聚、培养高层次和创新人才。登封熔料公司自筹资金建成了三航工程新材料研究所，高标准引进了国内外最先进仪器检测设备。目前省内已有包含有关大学材料专业在内的国家、省、市级工程技术研究中心、企业技术中心或工程研究中心 80 余个，完善建立了自主创新研发平台。中钢洛耐院、中钢耐火、郑州瑞泰、巩义通达等多项产品获得了省科技进步奖；濮阳濮耐、河南熔金、洛阳利尔、中钢耐火、巩义通达等 9 家企业的 10 项成果获得了国家建材、省建材技术革新奖。科技创新保证了河南耐火材料行业主体运行平稳，对河南耐火材料品种结构调整起到了重要推动作用。④注重绿色发展。耐火材料企业逐步进行了装备技术改造，提升了整体装备水平，使用洁净能源代替直接燃煤的固体燃料，并加强管理，减少排放，注重绿色发展。河南耐火材料虽然保持了较好的发展态势，但受高温工业产能过剩等多种因素影响，耐火材料行业存在着集中度低、资金短缺、应收货款居高、利润低亏损面大等突出问题。

三　陶瓷业

河南陶瓷业自四千年前夏部落始，历唐宋而兴，至明代而衰。中华人民共和国成立以后陶瓷业重新进入起步阶段，然而发展到 20 世纪 90 年代末，河南大批陶瓷企业由于缺乏先进的技术和管理理念，相继陷入困顿境地，随后大量企业出现倒闭现象。2009 年以来鹤壁市、安阳市内黄县、洛阳市汝阳县等各地政府大力开展招商引资工作，纷纷规划产业集聚区或陶瓷工业园区，取得了卓越成效。鹤壁市共引进陶瓷及配套企业 12 家，建成投产生产线 11 条；内黄县共引进陶瓷及配套企业 22 家，建成投产 19 条生产线；汝阳县引进陶瓷企业 4 家，建成投产 5 条生产线。据河南省建筑陶瓷工业协会统计，目前河南省建筑陶瓷企业共有 50 家左右，大致分布在内黄县、鹤壁市、汝阳县、许昌市等，属于大分散、小集中的状况。卫生陶瓷企业共有 90 家，主要分布在许昌、郑州、洛阳等地。2015 年卫生陶瓷产量达到 7928 万件，居全国第一位。除了建筑陶瓷和卫生陶瓷，清丰县和禹州神垕镇有几十家生产琉璃制品的企业，清丰县还有一些生产陶瓷壁画的企业，年产值达到数亿元。

在我国经济进入新常态的背景下，河南省陶瓷业也面临着巨大的压力。河南省陶瓷业目前存在的主要问题有：第一，产品结构不合理，品牌知名度低。河南省建筑卫生陶瓷的产品技术含量低，中低档产品居多，高端产品少，品牌知名度低。河南陶瓷品牌知名度低，除了美迪雅卫浴、新星卫浴等在全国稍有知名度，其他品牌知名度低，甚至有些小型企业为省外或国外知名品牌做贴牌，没有自己的品牌。第二，产品缺少创新。河南省陶瓷企业盲目模仿名牌产品的设计，产品开发设计弱化，特别是知名品牌的贴牌企业，一味模仿，没有创新，过分依赖名牌产品，这使得企业不能及时推出新产品吸引市场，市场占有率越来越低，产品价值越来越低。TOTO 一年的产量只有 120 万件，然而其产值却达 4.8 亿元，而河南省的产量达到 6000 多万件，却只有 20 多亿元的产值。第三，能源消耗高，污染严重。建筑卫生陶瓷在生产过程中会产生大量的粉尘、污水和废气，环境污染严重。另外，由于生产工艺较落后，生产过程中资源、能源消耗较高。禹州市作为河南省重要的陶瓷产地，有半数以上企业因环保不达标被勒令停产整顿。

除了上述的三大工业，河南省的新型建材工业、玻璃工业等建材产业也都具有一定的规模，在国内具有一定的竞争力。总体来看，河南省建材产业在水泥、浮法玻璃、新型墙材、耐火材料等方面的行业技术、装备水平达到了国内先进水平，初步形成一批各具特色的建材产业聚集区和产业集群，主要包括占全国耐火材料产量近一半的郑州、洛阳等地的耐火材料企业群体；占全国卫生陶瓷 40% 产量的许昌、洛阳一带的卫生陶瓷产业集群；洛阳、济源、焦作等平板玻璃制造和深加工产业基地；占国内 85% 以上冶金功能材料市场份额的西峡冶金功能材料产业集聚区；亚洲规模最大的珍珠岩矿区信阳上天梯非金属矿产业集聚区；占国内产量 60% 的郑州、洛阳、三门峡棕刚玉产业集群；焦作、新乡、郑州等地建筑装饰材料、防水材料、密封材料集中生产区；安阳内黄建筑陶瓷产业集聚区、鹤壁石林建筑陶瓷产业园区，以及南阳内乡石材基地等。形成了一批优势企业、优势产业和优势产品。优势企业主要有：天瑞水泥、中联水泥（河南管理区）、同力水泥三家大型水泥集团；冶金功能材料占全国50%以上市场份额的西保集团；国内特种水泥制造业中居领军地位的王楼特种水泥公司、登封熔料有限公司；引领浮法玻璃制造技术进步的洛玻集团；国内耐火材料制造领域技术领先的中钢集团洛阳耐火材料研究院有限公司、濮阳濮耐高温材料（集团）股份有限公司等大型企业；全国最大的珍珠岩深加工企业方浩实业有限公司；国内最大的泡沫混凝土研发、装备制造企业河南华泰建材开发有限公司。

总体看，河南省建材产业在快速发展取得显著成绩的同时，仍未摆脱依靠规模扩张和资源粗放开发的传统发展模式，存在的问题比较突出。一是产业链短，附加值低。大宗低档产品和初加工产品产能过剩，高端、中端产品和知名品牌少，建材深加工制品尤其是安全环保节能的新型绿色建材和无机非金属新材料产品比例不高。二是节能减排任务艰巨。仍存在一定数量的能耗高、污染严重的落后产能，大多数非金属矿山采掘选矿工艺落后，资源综合利用率、土地复垦率和生态恢复率不高，污染治理工艺及水平有待进一步提高。三是产业集中度低。企业规模偏小，大部分产业仍处在"多、小、散"状态，导致一些行业企业没有市场话语权，没有规模经济效益。四是自主创新不足。企业发展仍以规模扩张和产品模仿跟进为主，科技研发投入低，对成长性高新技术企业、技术成果工程转化和高新技术产业化的支持力度不够。五是行业管理水平亟待提高。政府行业监管和服务等调控职能有待进一步加强，大多数建材企业缺乏现代管理意识和品牌意识。

第二节　河南省建材产业发展面临的机遇与挑战

一　河南省建材产业发展面临的机遇

（一）城镇化、工业化和农业现代化的同步推进，为河南建材产业的发展提供了新的发展机遇和增长空间

国家发改委发布的《促进城镇化健康发展规划（2011～2020年）》称

"城镇化将在未来 10 年拉动 40 万亿投资"，也就是说，未来几年以拉动内需为前提，将在城镇基础设施、保障性安居工程、农业设施和新农村建设，以及水利、高铁、公路、港口、机场等重大项目方面进行投入。2012年国务院批复了河南《中原经济区发展规划》，规划中明确提出要推进新型城镇化，实施中心城市带动战略。2016 年国务院批准发布《中原城市群发展规划》，促进中部地区崛起，推进新型城镇化建设。河南目前已进入城镇化高速发展期，据专家预测，未来 5 年河南新型城镇化建设总投资需 1 万亿元左右。近几年来河南城镇化率年均增速 1.8%，2016 年河南城镇化率达到 48.5%，但距离国家平均水平 57.35% 还有一定的差距，因此未来几年河南城镇化率还有增长速度和增长空间。在现行河南新型城镇化发展趋势下，加之政府相关新型城镇化方面的政策支持，未来 5 年内每年提高 2% 城镇化率目标的可行性非常高。根据统计数据，2017 年河南常住人口 9559.13 万人，按每年 2 个百分点计算，每年将有 200 万新增人口。根据河南省社科院发布的《河南城市发展报告（2012）》蓝皮书，近年来城镇人口每增加 1 个，至少需要 10 万元的城镇固定资产投资，按此推算，2020 年河南若要实现 56% 的城镇化目标，每年需要 2000 亿元的新型城镇建设投资，投资主要包括城镇基础设施、公共服务设施和房地产开发等方面。水泥是城镇建设投资中很大一部分。按照新增城镇人口每人住房面积 30 平方米，每平方米住房建设需要 0.2 吨水泥计算，每年 200 万新增城镇人口将给水泥产业带来较大的需求，同时配套的基础设施建设也给建材产业带来巨大需求。

（二）中部崛起战略和国家"一带一路"建设为河南省建材工业带来了难得的发展机遇和便利条件

随着中央财政向中西部地区转移支付力度和东部地区对西部地区经济发展支持力度的逐步加大，沿海地区工业逐渐向中西部转移，中西部地区成为能源、原材料工业发展的重心。中西部地区基础设施建设规模将不断扩大，经济发展速度也将进一步加快，从而对建材市场需求形成强劲拉动。河南省地处中原，拥有承东启西独特的区位优势和较大的产业基础优势，中西部建材市场的巨大需求，为河南省建材工业又好又快发展带来前所未有的契机。河南是农业大省，作为中原经济区，河南将建成现代农业基地和全国农业现代化示范区，这就要求加大农田水利设施的建设，加大中低产田改造、高标准基本农田建设、土地整理和复垦开发项目，这将直接拉动建材市场的繁荣。

河南省地处中原，是东西南北经济交通的枢纽和文化的交汇点，在我国经济东西部战略转移中，具有明显的交通优势。郑州航空港经济综合实验区是中国首个内陆开放实验区，是以新郑国际机场附近的新郑综合保税区为核心的航空经济体和航空都市区，是郑州市朝着国际航空物流中心、国际化陆港城市、国际性的综合物流区、高端制造业基地和服务业基地方向发展的主要载体。郑州航空港经济综合实验区的成立，使河南省的区位优势更加明显，为建材工业的发展提供了良好的外部条件和机遇。"一带一路"建设为河南省建材产业走向国际提供了便利条件。我国的水泥、玻璃、陶瓷等传统建材产量产能过剩，通过"一带一路"建设契机，可以化解一定程度的过剩，并能使河南建材企业走出国门。

（三）战略性新兴产业发展为建材产业创造了巨大的市场空间

战略性新兴产业正成为引领未来经济社会发展的重要力量，世界主要国家纷纷调整发展战略，大力培育发展战略性新兴产业。"十三五"期间我国将支持节能环保、生物技术、信息技术、智能制造、高端装备和新能源等战略性新兴产业发展，到2020年，战略性新兴产业将成为国民经济的支柱和先导产业，其增加值占国内生产总值的比重将达到15%。战略性新兴产业的快速发展一方面会直接带动建材新兴产业的发展，另一方面需要建材行业为其提供支撑和保障，由此将会加快新兴建材的发展。

战略性新兴产业是传统产业与高新技术融合的产物，建材产业作为国民经济重要的基础原材料工业，与战略性新兴产业具有一定的关联性，与节能环保、新一代信息技术、生物、高端装备制造、新能源、新材料和新能源汽车等战略性新兴产业均可相融合，是支撑战略性新兴产业发展的重要产业。建材产业的许多技术、装备等可直接应用于新兴产业中，为其发展提供支撑和保障。同时，节能环保、新能源、新材料等战略性新兴产业的发展也为建材产业提供了广阔的市场空间。节能环保产业重点开发推广高效节能技术装备及产品，水泥基复合材料及制品、节能玻璃、节能型墙体材料等节能型建材产品的市场需求量将上升；新能源产业发展步伐的加快将拉动太阳能光伏电池、风力发动机等产品产能的不断增加，对太阳能玻璃、玻纤织物及复合材料等产品的需求也将呈增长趋势。海洋强国战略的实施将带动建材产品在特种深海工程领域和海运领域开发新的需求。未来我国将从海洋资源开发、海洋经济发展、海洋科技创新、海洋生态文明建设、海洋权益维护等方面推动海洋强国的建设。随着海洋强国战略的实施，特别是海底工程建设，将带动岛礁建设用海水拌养型混凝土等海洋工程建设用特种水泥和特种工程材料的研发和应用，将带动海上建设需要的特种材料，海面运输船舶和海工作业需要的各种新的高性能复合材料、功能材料的开发与使用。

（四）"互联网＋"为河南建材产业带来新的发展机遇

中国经济步入新常态，传统的产业更需要转变发展方式，寻找新的动力源。互联网必将成为经济转型升级的一个新引擎，连接企业与新经济的桥梁。互联网对第三产业的渗透由来已久，很多企业因此受益匪浅。近年来，以"工业4.0"、供应链金融、PPP为主线的互联网应用向第二产业渗透的风开始越刮越猛，同时农产品电商、农村供应链金融业、民间贷款将互联网对接上了第一产业。至此，互联网对于第一、第二、第三产业逐步实现了全面覆盖。"繁荣网络经济，建设网络强国"是当今中国互联网最新热点主题，"互联网＋传统产业"中的技术创新和变革成为焦点之一。河南省是建材生产大省也是消费大省，以互联网为平台，用O2O模式将线上线下相结合，不仅扩大了企业的供应链和销售网，也解决了建材市场普遍存在的产品价格信息不透明且波动大、中间经销环节多、欠账赊账等问题。"互联网＋"更是为河南建材家装市场提供了巨大商机。乐易家居在河南家居建材业试水O2O获得成功；红星美凯龙、居然之家在河南建立了线上线下一体化服务平台，获得了年轻消费者的认同。随着"互联网＋建材"平台的逐步完善，将会为河南建材产业带来新的发展机遇。

二　河南建材产业发展面临的挑战

建材产业的稳定发展为促进我国经济平稳较快发展发挥了重要作用。当前，国际经济形势复杂多变，对实体经济的冲击存在不确定性，包括建材产业在内的传统产业作为我国主体经济的重要支撑，面临着严峻的挑战，具体到河南省建材产业，面临的挑战主要表现为以下几个方面。

（一）产能过剩、效益低

解决产能严重过剩是决定行业转型升级、稳定增长的关键。产能严重过剩、低水平同质化发展问题在传统建材各产业普遍存在。特别是在水泥、平板玻璃等行业已经严重过剩，产能利用率逐年降低。河南省的建材行业中，水泥、耐火材料等产品产能过剩，效益出现下滑；主要的建材产品升级换代缓慢，自主创新能力弱，缺乏核心知识产权，产品附加值不高，缺乏核心竞争力；建材产业中低档产品比重较大，经济、社会效益较低；各类建材产品的生产相对比较零散，产品自我延伸能力不强，难以形成产业链条。如何坚决有效遏制新增产能，如何采用新标准坚决淘汰不符合节能、环保、质量、安全等要求的落后产能，将是未来河南建材行业发展的重点。"去产能"不落地和雷同技术发展不遏制，既影响行业技术进步和新技术、新工艺的推广，又影响行业转型升级和结构调整，行业经济效益下跌的趋势不能从根本上扭转，这将是决定命运的挑战。

（二）新兴产业和绿色建筑的发展，对建材工业提出了更高的要求

节能环保的新型材料是国家确定的重点培育和发展的战略性新兴产业，对与其密切相关的玻璃、陶瓷、耐火材料以及无机非金属新材料的品种、质量、性能均提出了更高要求。绿色建筑要求新型建筑材料向安全、环保、节能的方向发展，进一步增强抗震减灾、防火保温、舒适环保等新的功能。同时，战略性新兴产业和绿色建筑业的发展，对无机非金属材料和绿色新型建材产品将形成巨大的需求。河南省拥有丰富的非金属矿产资源，具备相对完善和雄厚的产业基础及比较优势。依靠科技进步，充分发挥资源和产业优势，加快产业结构调整，大力发展绿色新型建材以及无机非金属新材料等高成长性产业，是河南省未来建材工业发展的主攻方向。

（三）环境友好型社会的建设，对建材产业提出了新的要求

环境友好型社会是一种人与自然和谐共生的社会形态，其核心内涵是人类的生产和消费活动与自然生态系统协调可持续发展。环境友好型社会要求经济社会发展的各方面必须符合生态规律，向着有利于维护良好生态环境的方向发展，并应用生态环境保护的思想和方法促进经济社会的全

面、协调和可持续发展。为了建设环境友好型社会，国家加大了环保执法力度和惩处力度，严格控制企业污染物排放，这对污染物排放总量较大的建材行业来说是一种挑战。2016 年中央环保督察组进入河南许昌，对许昌市内 2000 多家有污染排放类生产企业进行全面排查，加强对生产企业污染排放的监督和治理，对无环评资质、存在污染排放的企业进行了整改监督，整改不达标企业将面临拉闸停电，停产整顿。"高污染、高能耗、高排放"的陶瓷产业成为整治的重点产业之一。企业要想继续生产，必须淘汰老旧生产线，通过技术改造采用清洁能源并配套脱硝、除尘等环保设施，减少污染物的排放。

（四）应对经济增长结构的调整，面临市场需求变化的挑战

河南省建材行业还处于依赖资源、资本等生产资料投入发展规模的阶段，技术更新换代慢，资源利用率低，在经济增长结构调整的背景下，依靠现有技术和发展模式是无法适应市场变化的，无法满足多样化的市场需求。在新形势下，建材行业应立足当前，着眼未来，积极调整产业结构，增强动力，解决产能过剩矛盾，化解无序竞争问题，着重要解决新兴产业发展慢、缺主导产品、规模小、比重小的问题，增加高端产品、附加值高的产品、精品与多功能制品、绿色低碳可循环制品在行业总量中的比重，加快供给侧改革，推动行业转型升级。

第三节　河南省建材产业转型升级的必要性

能源、资源和生态环境的约束日趋强化，经济增长结构的调整，使建材工业转型发展形势紧迫。河南省虽然是资源大省，但长期以来"高投入、高消耗、高污染、低收益"粗放式发展所带来的资源瓶颈制约已日益凸显。作为资源、能源密集型和环境敏感型的建材工业，今后将面临更加严格的行业准入门槛，以及进一步降低工业能耗和污染物排放总量等多重约束。加快产业转型升级，提升发展质量和效益，是河南省建材产业紧迫而艰巨的任务。

一　国内外经济环境的复杂变化迫使建材产业加快转型升级

从国际环境看，金融危机使世界经济格局发生了重大变化，全球经

济进入中低速增长阶段，国际贸易保护主义壁垒日益深化，人民币升值压力加大，直接影响建材产品的出口，国际市场的压力从客观上要求河南省建材产业必须加快转型升级步伐。从国内环境来看，一方面，国家对房地产等建筑行业的宏观调控日益收紧，尤其是与固定资产投资，以及与基础设施建设和房地产发展密切相关的投资规模的日渐收缩，导致建材等产业的需求也在一定程度上受到影响，将对水泥、玻璃等基础设施产品消费产生影响。另一方面，受市场调控的影响，房地产投资增幅回落，受地方财政制约，基础设施建设投资增速放缓，建材产品的资本回报率呈现下滑趋势。在这种形势下，建材行业靠过去那种大投入、高消耗、盲目扩张、偏重数量、低效益、忽视环保的粗放式发展模式已经越来越难以为继，必须走战略调整、优化结构、创新驱动、绿色发展的转型升级之路。

二 国家政策导向加快建材产业转型升级

近年来，国家加强了对传统产业的调控，出台了一系列政策措施，促进产业结构升级，建材产业属于国家调控的产业之一。《国务院批转发展改革委等部门关于抑制部分行业产能过剩和重复建设引导产业健康发展若干意见的通知》《国务院关于进一步加强淘汰落后产能工作的通知》等文件明确，国家将根据经济发展、产业升级要求等确定淘汰落后产能阶段性目标任务，按年度制定分行业的淘汰落后产能目标任务和实施方案，每年向社会公告淘汰落后产能企业名单，对未按要求淘汰落后产能的企业，要依据有关法律法规责令停产或予以关闭。2010 年，工业和信息化部发布的《部分工业行业淘汰落后生产工艺装备和产品指导目录》《关于水泥行业节能减排的指导意见》和《水泥行业准入条件》，公布了建材行业淘汰落后生产工艺装备和产品的新目录，对水泥工业项目建设条件、工艺装备、淘汰落后、环境保护、节能减排、发展低碳经济等提出了较高的要求。2016 年国务院办公厅印发《关于促进建材工业稳增长调结构增效益的指导意见》指出，到 2020 年，再压减一批水泥熟料、平板玻璃产能，产能利用率回到合理区间，水泥、平板玻璃行业销售利润率接近工业平均水平，全行业利润总额实现正增长。国家相关政策的提出，促使河南省建材产业要审时度势，加快淘汰落后产能，规划和引导建设一批规模化、现代化的新型建材企业，促进建材产业结构调整升级。

三　经济社会可持续发展要求建材产业转型升级

随着工业化、城镇化和农牧业产业化的持续推进，能源资源需求呈刚性增长，废弃物产生量不断增加，经济增长与资源环境之间的矛盾更加突出。为了提高资源利用综合效率，保证生态安全，推动经济社会的可持续发展，必须要发展循环经济。可持续发展就是将经济发展、资源和生态环境保护协调一致，让子孙后代能够享受充分的资源和良好的资源环境。循环经济是一种追求可持续发展的经济运行模式，低碳经济、新能源开发、资源综合利用、废弃物协同处置、清洁生产及节能减排等都属于循环经济的范畴。建材产业属于资源型产业，对环境和资源有较大的依赖性，河南省水泥、陶瓷行业是主要的资源消耗和污染排放行业。节约能源资源、降低生产成本、减少污染排放、发展低碳经济是河南省建材行业发展面临的最大挑战和技术进步的主要努力方向。循环经济的发展模式要求建材产业要积极调整产业结构，开展自主创新，节约能源资源、降低生产成本、减少污染排放。建材行业在发展循环经济方面具有得天独厚的优势，建材行业中诸多生产过程是循环经济发展的重要载体，此外，具有明显的资源密集型特征的建材产业要实现健康持续稳定发展，必须走循环经济发展道路，才能在更好地实现建材工业从传统制造业向绿色生态产业转型。

四　只有转型升级才能化解高成本压力，获得市场竞争优势

从成本构成来看，原材料价格上升、节能减排压力增大、能源价格市场化和利率市场化改革、工资成本上升和社会保障水平提高等所带来的成本提高已成为发展的大趋势，以牺牲环境和劳动者福利获得低成本资源和廉价劳动力的时代已不复存在。河南省建材产业属于资源密集型和劳动密集型产业，只有转型升级向产业价值链高端延伸，才能够消化经营成本上涨的压力。另外，原来的粗放型产业形态缺乏适应能力和竞争能力，已不能适应激烈市场竞争的要求，甚至危及建材企业的生存。只有把握科技发展趋势，以掌握产业核心关键技术、加快技术进步、加速转型发展为目标，大力开发绿色新型建材和无机非金属新材料加工制造核心技术，加快研发促进产业升级的新技术、新材料、新工艺和新装备，增强核心竞争力，才能使建材产业真正摆脱困境，并具有持续发展的能力。

第四节　河南省建材产业转型升级的路径

我国经济正在向形态更高级、分工更复杂、结构更合理的阶段演化。经济发展进入新常态，意味着经济从高速增长转向中高速增长，经济发展方式从规模速度型粗放增长转向质量效率型集约增长，经济结构从增量扩能为主转向调整存量、做优增量并存的深度调整，经济发展动力从传统增长点转向新的增长点。在新常态下，可持续的经济增长的根本路径是转变经济发展模式，加快产业转型升级。产业转型升级是指经济发展模式转换。产业转型升级的关键在技术进步，在创新。"转型"和"升级"各有侧重，产业转型的核心是转变经济增长的方式，即把高投入、高消耗、高污染、低产出、低质量、低效益的粗放式发展，转为低投入、低消耗、低污染、高产出、高质量、高效益的集约型发展。产业升级，既包括产业内部的升级，即某一产业由初加工向深加工发展，由单一加工向产业链纵深化发展，由价值链中低端向中高端发展；也包括产业结构的升级，即由第一产业占优势比重逐级向第二、第三产业占优势比重演进。产业转型升级的关键在于技术进步和创新。产业转型升级的路径是现有产业向具有更先进技术、更高生产率、较快需求增长的方向转变，不断适应需求升级的变化和缩小生产率的差异，其核心是生产率的不断提高、产业价值链的不断拓展提升，呈现出升级后的产业更有效率、更会赚钱、更能赢利，最终表现为商业贸易活跃、社会财富增加和经济良性发展。河南省建材产业转型升级应贯穿创新、绿色发展新理念，以技术创新为引擎，铸造产业链条，搭建平台，形成产业集群，推动生产方式向智能化、精细化、绿色化转变，促进企业技术创新、产品创新、品牌创新、生产工艺创新、营销模式创新、管理方式创新等全方位创新，增强产业核心竞争力和可持续发展能力，加快形成现代产业体系，推动产业结构调整。

一　加快结构调整

河南建材行业企业数量众多、产业集中度低的局面不加以扭转，将会影响建材行业的转型升级。结构调整应从产业结构、组织结构和产品结构三个方面进行调整。

第一，优化产业结构。发展新材料，培育新的增长点。减少高能耗、低附加值产品的生产，加快无机非金属新材料、防水材料、功能玻璃、水泥制品等低能耗、高附加值新兴产业发展，提高新兴产业对建材工业增长的贡献率，优化建材工业产业结构调整，培育新的经济增长点，提高企业竞争力，实现节能减排目标。第二，优化组织结构。支持水泥、耐火材料、无机非金属新材料等规模效益明显的省内优势企业，实施企业兼并重组，壮大企业规模，提高产业集中度和资源配置效率；支持优势骨干企业通过资源整合、研发设计、精深加工、物流营销和工程服务，壮大企业规模，完善产业链，实现原料制造与加工一体化发展。充分发挥新型建材、加工玻璃、非金属矿等行业中小企业多、机制灵活、创新能力强等优势，积极培育"专、精、特、新"的企业，引导产业链各类企业分工协作，形成以龙头企业为主导、中小企业协调发展的产业格局。第三，优化产品结构。限制水泥、平板玻璃、耐火材料、卫生陶瓷等产能过剩产品规模扩张；在满足能源、交通、电力、电子通信、国防军工等产业发展的基础上，努力拓展建材产品新的应用领域和市场空间，大力发展建材精深加工产品，提高产品附加值、技术含量和质量档次；重点发展具有安全、节能、环保、防火、防水、保温、隔音、抗震、降噪以及资源循环利用功能的新型结构材料、装饰装修材料、功能材料、高性能无机纤维、填充改性材料以及共性基础原材料等新型材料及制品。

二　从生产型业态向生产服务型业态转型

建材等资源型产业服务化转型是一种通过增强服务意识、加大服务要素投入、增加服务产出实现资源型产业从生产型向生产服务型转变的产业转型和升级模式。建材产业的服务化转型战略是指以建筑材料科学、现代管理科学和信息化网络技术等为支撑，建立新的运营模式、服务方式和管理方法，实现产业链主导权从大规模生产能力向以新技术研发能力为基础的、贴近终端消费的服务化战略能力转化的资源类产业升级路径。建材产业的服务化转型不是单纯从制造业转向服务业，更不是要放弃制造环节去做服务环节，而是注重制造与服务的相互渗透，制造与服务的一体化。通过服务化手段将科学技术、信息技术和商业创新的价值注入传统制造环节实现增值，或者提供新的产业服务形式，通过产品和服务的融合、客户全程参与、企业相互提供生产性服务和服务性生产实现增值。

从价值链的角度看，现代建材产业不在于制造建材产品，而在于制造价值，价值就来自技术和服务。在建材产业价值链中，水泥、玻璃、陶瓷等大宗建材产品的利润率最低，从价值低谷一方面向上游的建材装备及工程、环保装备、新型建筑材料研发领域延伸，另一方面向下游的标准部品部件、集成方案服务、利废协同处置、检验认证及第三方技术服务延伸。建材企业为了实现制造价值链中各利益相关者的价值增值，通过产品和服务的融合、客户全程参与、企业相互提供生产性服务和服务性生产，实现分散化制造资源的整合和各自核心竞争力的高度协同，达到高效创新的制造模式。

通过服务化转型，增强建材产业善用资源、服务社会的能力，创新建材产业的资源综合服务商运营模式，优化资源的有效开采加工转化利用的服务型生产方式，创新拓展生产性服务活动和产业领域，建材产业生产方式实现由资源的基础、低利用、低价值、高污染的生产方式向尖端、高利用、高附加值、低污染的服务型生产方式转变，建材产业生产性服务实现从服务自身到服务市场，从低端、简单、缺失的服务到专业化、系统化、综合化、创新化的服务转变，建材产业的角色实现由建材产品生产商向资源系统集成商进而向资源综合服务商的转变。促进建材产业从生产型业态向生产服务型业态转变，使企业核心竞争力从大规模生产能力向以新技术研发能力为基础的、实现客户效用的集成服务综合能力转化，使建材产业的服务理念、服务活动和服务产业达到国际先进水平，提升河南省建材产业国际竞争力。

建材产业的服务化转型主要围绕新的建材产业服务业和新的建材产业服务模式展开，重点围绕住宅产业化、物流贸易服务、检测认证服务、工程技术服务和生态化产业服务、新型建材产品服务六个领域加以推进。

三　加强技术创新和产品创新，提高产品附加值

由于资金、人才、技术设施的缺乏，河南省建材行业的创新能力不足，贴牌生产、技术模仿较多，一些产品附加值低，为了促使建材行业从原来依赖资源消耗向技术创新驱动模式的转变，建材企业必须要加强技术创新和产品创新，研发具有自主知识产权的产品，实现从模仿到创新的突变。首先，建立技术创新体系。充分利用高校和科研院所的优势，建立以企业为主体、市场为导向、产学研结合的技术创新体系，实现"科技成果—创新产品—高科技企业—市场需求"的科技成果转化路径，建立长期

稳定的产学研合作方式。以新型研究机构为主要合作平台,充分利用高校和科研院所的人才优势、设备优势、信息优势和理论优势,建立资源共享、风险或成本共担、长期稳定的合作组织方式,从而形成"市场—研发—效益—再研发"的良性循环,提升企业持续创新能力。其次,强化工业设计,提升产品附加价值。工业产品设计虽是产品研发的重要组成部分,但又不同于产品开发技术。产品开发技术是内在的,而产品设计着重于外观,是企业产品的直观感觉。强化工业设计,提升产品的档次,一定程度上能吸引客户注意力,增强归属感,提高产品附加值。最后,树立品牌意识,打造产品品牌和企业品牌。

四　推进信息化和工业化的融合

信息化与工业化的融合是必然趋势。越来越多的制造企业意识到,保持和提升自己的竞争优势,必须在产品研发、渠道拓展、企业运营管理等方面全面实现信息化。2015 年政府工作报告首次提出"制定互联网＋行动计划",推动移动互联网、云计算、大数据、物联网等与现代制造业结合,促进电子商务、工业互联网和互联网金融健康发展,引导互联网企业拓展国际市场。"互联网＋"上升为国家战略正是信息化与工业化深度融合的必然要求和体现,抓住了全球新一轮工业革命的本质和关键。"互联网＋"通俗而言就是"互联网＋各个传统行业",但这并不是简单的两者相加,而是利用信息通信技术及互联网平台,让互联网与传统行业深度融合,创造新的发展生态,极大提升传统行业的效率、竞争力和生命力。通过工业化和信息化的深度融合,促进智能生产,优化生产过程,提升生产效率,构建新的商业模式,创新营销和服务模式,赢得更大商机。

2015 年河南省人民政府与腾讯公司就"互联网＋"达成战略合作框架协议,双方将依托腾讯丰富的数据基础、成熟的云计算能力以及微信、QQ等极为强大的社交平台产品,充分整合优势资源,以"互联网＋"解决方案为具体结合点,开展全方位、深层次的战略合作,共同推进互联网与河南各行业融合发展。在此背景下,河南建材行业要积极搭建网络平台、实施大数据战略、搭建产业集群系统创新服务平台。搭建网络平台,利用线上线下销售有机结合,扩大销售渠道,改变经营模式。实施大数据战略,抢占网络经济制高点,利用大数据,对销售数据和人群数据以及用户的消费习惯进行深入分析,并对各个客户群体进行划分,发掘有潜力的客户,扩大用户群，针对不同的消费群体，进行差异化服务和精准化的生产。搭建产业集群协同创新服务平台，集聚企业研发中心、科研机构、高等院校等研发资源，为企业提供协同创新、协作共享、信息资源、科研成果转化等服务，实现平台用户之间的技术、服务、产品、仪器设备等协作共享，提高产业链协同创新能力。

五　倡导精益生产，实现精细化管理

我国制造业的发展已由最初的量的积累，逐步进入以转型升级为核心任务的质的提高阶段，在这一过程中，面临着原材料价格上涨、劳动力成本增加和环保成本增加等外部问题以及企业管理粗放、浪费严重、人员流失等内部问题，这些问题导致企业利润降低。精益生产是一种以最大限度地减少企业资源浪费、降低企业管理和运营成本为主要目标的生产方式，是应对上述问题的有效途径。精益生产是通过系统结构、人员组织、运行方式和市场供求等方面的变革，使生产过程中一切无用、多余的东西被精简。倡导精益生产，减少非直接生产人员，去掉不必要的生产环节，撤除一切不增值的岗位，使每个工人及其岗位都是增值的；推行全生产过程（包括整个供应链）的质量保证体系，实现零浪费，实现生产均衡化、同步化，实现零库存，实现准时制生产方式，以最优品质、最低成本和最高效率对市场需求做出最迅速的反应。通过精益生产和精细化管理提高生产效率，降低库存成本和生产成本，提高产品质量，提高市场反应速度，提升企业在复杂的市场经济环境下的抗风险能力。

六　实现绿色发展

2015 年 3 月，中央政治局会议首次正式提出了经济"绿色化"发展，缓解人口、资源与环境压力是经济社会发展的必然选择。在我国经济增速进入"换挡"期的背景下，要建设资源节约、环境友好的产业群，走绿色、低碳发展之路。经济绿色化是未来经济发展的必然趋势，是推动经济结构战略性调整的必由之路。发展循环生产，全面促进资源节约，在建设"美丽中国"的新阶段，引入节能减排、低碳环保技术，如在装备制造领域发展绿色制造、清洁生产，能够促进产业结构转型升级和经济可持续发展。

树立绿色、低碳发展理念，以节能减排为重点，以提高资源产出效率为目标，健全激励与约束机制，大力发展循环经济，提高生态文明水平。第一，提升节能水平。推广先进节能技术，实施节能技术改造，限制生产高耗能、低附加值原材料初级产品。推广以信息化为支撑的生产过程精细化能源管理系统，全面降低生产过程中的能源、资源消耗和"三废"排放量。健全行业能效对标、能效评估制度，加强固定资产投资项目节能评估和审查。第二，淘汰落后产能。严格执行国家行业准入政策和产业结构调整指导目录，严禁引进高耗能、高污染、生产技术落后的建材项目；依法淘汰综合能耗和主要污染物排放不达标、产品质量达不到现行国家标准和行业标准要求、采用落后工艺技术装备的各类生产线；关停整合采选方式落后、浪费资源、破坏环境的非金属矿采选加工企业。第三，推进清洁生产。积极开展清洁生产审核，完善清洁生产评价体系，优化工艺流程，实施清洁生产技术改造，控制生产全过程污染物的产生、治理和排放。重点推进窑炉烟气二氧化硫、氮氧化物治理，削减大气污染物排放总量。推广高效除尘技术和装备，加强生产过程粉尘排放控制，降低粉尘排放量。推广降噪技术，降低噪声污染。第四，发展循环经济。建立与电力、煤炭、建筑、钢铁、有色、化工、农林等领域以及行业内部各产业间互利共赢的协作机制，规划、建设和改造各类产业园区和产业集聚区，实现废物交换利用、资源精细利用、能量梯级利用、废水循环利用和污染物集中处理再利用，构筑链接循环的产业体系。积极推广城市生活垃圾、污泥、建筑垃圾等城市废弃物水泥窑协同处置技术，开发可替代燃料、原料及人工建筑骨料，推进城市废弃物资源化利用。

第五节　河南省建材产业转型升级的对策措施

一　发挥政府、协会、企业各自作用，共同优化技术创新发展环境

技术创新和升级是建材行业转型升级和提升核心竞争力的必然要求。在国家深化中央财政科技计划管理改革的背景下，有关政府部门应加大力度支持建材行业中关键技术和前沿技术研发的自主研发，支持建材相关领域重点实验室、工程（技术）研究中心、企业技术中心等建设，集中力量突破一批关键技术，推动行业技术进步。建立多层次、多元化的投融资渠

道,通过政策引导、税收优惠、财政贴息等方式调动企业技术创新的积极性。行业协会要在企业、高校和科研院所中起到桥梁作用,培育产学研用创新联盟,通过完善利益分享、风险分担等相关政策措施,积极推进产学研用协同创新,促进创新主体多元化发展,支持重点企业的技术改造和新兴产品的规模化生产。企业作为技术创新的主体,要充分利用高校、科研院所的优势,大力引进优秀人才,优化人力资源结构,建设高水平技术创新团队,加大技术创新投入。

二 强化政策支持和引导

认真贯彻国家的产业政策和技术政策,优化产业结构和生产力布局。积极推进水泥、耐火材料、非金属矿制品业等行业整合重组实施方案,支持龙头企业或大企业加快整合重组步伐,实现资源最佳配置;积极推进建材产业结构的战略性调整,综合运用经济、法律和必要的行政手段,依法关闭产品质量低劣、浪费资源、污染严重的企业,推动建筑陶瓷、新型建材、非金属矿物及无机非金属新材料等高成长行业跨越式发展;加大财政扶持力度,支持重点建材企业技术改造和升级,支持新型建材、技术玻璃、耐火材料、无机非金属新材料等产业发展高技术含量、高附加值的高端产品。充分利用国家和省有关部门技术改造、节能减排、资源综合利用、科技创新等专项资金,根据建材行业的特点,着力向重点产品、重点企业倾斜,向节能减排和资源综合利用的重大项目倾斜。鼓励企业和科研单位研发、引进和应用建材行业无害化、资源化利用等关键技术,不断加强建材产业与其他相关产业的衔接,促进工业废渣和废料的回收再利用,建立多方共赢的协同处置补贴补偿机制。积极拓宽融资渠道,支持金融机构扩大对有市场、有效益的中小建材企业的贷款规模,大力支持政策性信用担保机构为中小建材企业提供担保服务。支持大型建材企业上市融资,具备条件的企业要优先列入河南省上市后备企业进行重点培育。

三 加强资源保护与利用,提高资源综合利用率

河南省虽然是资源大省,但长期以来"高投入、高消耗、高污染、低收益"粗放式发展所带来的资源瓶颈制约已日益凸显。面对有限的资源,要做到持续发展,必须要加强对资源的保护和利用,实行资源开发总量控制,加快资源整合与规范,加强非金属矿生产管理。对河南省重要优势非

金属矿产，实施保护性开采和总量控制，推进资源集约高效利用，加快资源整合与规范。严格矿山准入制度，关停整合技术落后、污染环境的耐火黏土、萤石、石灰石矿山、建筑石料矿山、石材矿山以及非金属矿采选加工企业，使采矿权向资金密集、技术密集、方案优化的企业转移，提高资源的回收率和综合利用率。加强非金属矿生产管理。制定省非金属矿生产能力管理办法，加强重要优势非金属矿产的保护和开发利用，实行矿山最低开采规模标准，推进规模化开采，提高资源综合利用效率。按照矿业权设置方案，实行优质资源优质利用、资源精细利用，将耐火高铝黏土等优质资源优先供应高档耐火材料、无机非金属新材料生产。

四 加强信息化建设，推动"互联网＋"

《中国制造 2025》《关于推进物联网有序健康发展的指导意见》《关于信息化建设及推动信息化和工业化深度融合发展工作情况的报告》《关于积极推进"互联网＋"行动的指导意见》《促进大数据发展行动纲要》等文件均强调了加快新一代信息技术与制造业深度融合，推进智能制造，促进制造业信息化水平大幅提升，数字化、网络化、智能化取得明显进展，网络化、智能化、服务化、协同化的"互联网＋"产业生态体系基本完善，"互联网＋"新经济形态初步形成，"互联网＋"成为经济社会创新发展的重要驱动力量的发展目标。现代信息技术作为目的通用技术，在建材工业科学发展中将起到重要支撑和促进作用。构建公共信息服务平台，加强基础信息和监测分析工作，建设包括产业投资发展、生产运行、市场供求和价格、人才、新技术、新产品、新装备等动态信息在内的反映行业发展和运行的数据库及信息分析系统，为实施行业管理提供信息支撑，为企业经营管理提供信息服务。大力支持企业信息化建设，利用信息化技术整合信息资源，为企业提供网络架构、通信线路接入等信息化建设基础性服务，推动企业管理运行和商务活动的电子化、网络化。

五 加强行业管理，发挥和强化行业协会的桥梁纽带作用

在河南建材企业中，小企业占有一定的比例，这些小企业技术落后，能源消耗高，污染严重，产品质量差。它们在市场竞争中依靠低廉的价格获得生存，这在一定程度上扰乱了正常的市场价格。因此，在行业转型升级过程中，要加强行业的规划指导，严格行业准入制度，提高企业生产标

准和产品质量，逐渐淘汰产能低、消耗大的作坊式企业，促进市场有序竞争。加强行业规划与年度计划的衔接，依据规划和产业政策等核准或备案相关建设项目，建立动态评估机制，对规划实施的阶段成果实行动态监测，及时发现规划实施过程中存在的问题，必要时按程序对规划内容进行调整。严格行业准入制度，严格贯彻执行水泥、平板玻璃、耐火黏土、萤石等行业准入条件，加强对生产企业执行准入条件情况进行监督检查，定期公布符合准入条件的企业名单，并实施动态管理。根据建材工业发展趋势和现有产能情况，及时调整发展规模和方向，综合运用节能、环保等方面的标准提高建筑卫生陶瓷、新型建材以及石材、棕刚玉等非金属矿行业准入门槛。完善管理措施，推动行业建立全员、全方位、全生命周期的质量管理体系，深入推进水泥、玻璃、防火保温材料等重点建材产品的质量对标和达标工作。建设行业诚信体系，培育知名品牌。发挥和强化行业协会等社会团体在行业综合管理中的桥梁与纽带作用，构建起政府、企业和市场的良好协调机制，使行业协会成为引导企业开拓市场的拓荒者，维护企业合法权益的保护人和促进企业行业自律的带头人。

第八章　河南省冶金产业转型升级研究

冶金产业是国民经济的重要基础产业，是实现工业化的支撑产业，是技术、资金、资源、能源密集型产业，包括黑色冶金工业（钢铁工业）和有色冶金工业两大类。近年来，河南省冶金产业发展迅速，实力不断增强，产业构成向深加工方向发展，节能减排取得了进展。但河南省钢铁工业和有色金属工业的技术水平与国内外先进水平相比还有差距，存在经济效益水平低、行业集中度低、转型升级步伐缓慢等问题。因此今后发展重点是技术升级和优化产业结构，提高冶金产业整体技术水平，推进结构调整，改善产业布局，发展循环经济，降低能耗，推进企业兼并重组，提高企业综合竞争力，实现产业升级。

本章在对河南省冶金产业现状以及面临的机遇与挑战研究的基础上，分析河南省冶金产业转型升级的必要性以及产业转型升级的路径，提出河南省冶金产业转型升级的对策措施，为河南省冶金产业持续健康发展提供参考。

第一节　河南省冶金产业发展现状及存在的问题

冶金产业作为河南省传统产业，涉及面广、产业关联度高，在经济建设、拉动消费、稳定就业及社会发展等方面发挥着重要作用。2014 年河南省共有 1103 家冶金企业，增加值占规模以上工业比重为 8.6%，其中生铁产量 2779.61 万吨，粗钢 2882.16 万吨，成品钢材 4704.14 万吨，居全国第七位。十种有色金属产量 529.79 万吨，占全国总产量的 12%，居全国第一位。电解铝、氧化铝、铝材产量均居全国第二位，铅产量占全国的 31.8%、钼精矿产量占 34%，均居全国第一位。2014 年河南省有色行业规模以上企业主营业务收入达 6278 亿元，同比增长 7.04%。有色冶炼与延压加工业增加值增速达 14.8%，高出全国规模以上工业增加值增速 6.5 个百分点，高出全国有色冶炼与延压加工业增速 3.1 个百分点，也高出全省工业增加值平均增速 3.6 个百分点。

一 钢铁行业

经过几十年的发展，河南钢铁行业规模逐步扩大、产量大幅增加。2013 年河南钢铁行业企业有 646 家，较 2008 年增加 368 家，其中炼铁企业 16 家，炼钢企业 13 家，钢压延加工企业 223 家，黑色金属铸造企业 332 家，铁合金冶炼企业 62 家。2013 年，生铁和粗钢产量分别为 2551.9 万吨和 2784.1 万吨，均占全国同类产品产量的 3.6%，在全国各省份中排第 7 位。钢材产量 4255.2 万吨，占全国钢材产量的 4%，居全国各省份第 7 位，其中特厚板、厚钢板、冷轧窄钢带分别占全国产量的 13.4%、14.2% 和 13.8%，居全国各省份第 4 位、第 1 位和第 2 位。钢铁行业实现增加值 767.11 亿元，较 2008 年增长 50.1%，对全省工业增长的贡献率为 7.8%。受国内外经济形势的影响，加上我国经济进入新常态，经济增长方式转变，钢铁行业增速回落。2014 年河南省粗钢产量为 2882.2 吨，增长率为 3.8%，增速较 2013 年的 21.5% 大幅回落。2017 年河南省生铁产量为 2702.57 万吨，粗钢产量为 2954.03 万吨，比 2016 年增长 5.1%，钢材产量为 3909.45 万吨，比 2016 年减少 7.5%。十种有色金属产量为 543.17 万吨，比 2016 年下降 2.9%。

金融危机以来，随着钢铁行业的不断发展，河南省初级加工炼钢和炼铁在钢铁行业中所占比重越来越小，在钢铁行业深加工产品中，棒材、钢筋、线条等普通建材类产品占钢材产量的六成以上，高附加值和高技术难度品种相对较少。从钢铁行业内部结构看，钢压延加工和铁合金冶炼增长较快，增速分别高于全省平均水平 3.7 个和 5.5 个百分点。其中钢压延加工占行业增加值的比重最大，对行业增长的贡献率为 66.1%，是拉动钢铁行业增长的主要力量。炼钢、炼铁和黑色金属铸造三个行业种类增速均低于行业平均水平，其中黑色金属铸造增长 9.1%，增速低于钢铁行业平均水平 5.7 个百分点，对行业增长的贡献率为 18.6%；炼钢和炼铁占行业增加值的比重为 9.1%。钢材增速较快，建材类产品占六成以上。从产品结构来看，钢材产量增长速度高于生铁和粗钢。2013 年，钢材较 2008 年增长 65.5%，分别高于生铁和粗钢 17.5 个和 38.2 个百分点。钢材产品中，建材类产品产量 2667 万吨，占钢材总产量的 62.7%，板材、带材和管材产量分别为 707.5 万吨、484.7 万吨和 363.5 万吨，占钢材总产量的 16.6%、11.4% 和 8.5%。半数钢材类产品产量占全国的比重位次靠前。在统计的 18 种钢材产品中，棒材、线材、特厚板、厚钢板等 10 种产品产量位居全国前 10。

河南省钢铁工业在发展的过程中逐步形成了一批大型企业。安阳钢铁集团有限责任公司始建于 1958 年，经过 50 多年的发展，现已成为集采矿选矿、炼焦烧结、钢铁冶炼、轧钢及机械加工、冶金建筑、科研开发、信息技术、物流运输、国际贸易、房地产等产业于一体，年产钢能力 1000 万吨的现代化钢铁集团，是河南省精品板材和优质建材生产基地。近年来，适应国内外钢铁工业发展趋势，安钢加快转变发展方式，推进结构调整，相继建成了一大批国内外先进的工艺装备，形成了中厚板、热轧和冷轧卷板、高速线材、型棒材、球墨铸管等较为丰富的产品系列，产品广泛应用于国防、航天、交通、装备制造、船舶平台、石油管线、高层建筑等行业，远销 30 多个国家和地区。2016 年 8 月，安阳钢铁在 "2016 中国企业 500 强" 中排名第 350 位。河南济源钢铁（集团）有限公司属中国大型钢铁骨干企业，中国企业 500 强、中国民营企业 500 强、中国制造业 500 强、世界钢铁企业 100 强。公司主线为长流程钢铁生产工艺，拥有国内一流、国际领先的技术装备。炼铁和炼钢系统分别形成了以 1200 立方米高炉和 120 吨转炉为主导、配套设施完善的生产模式；轧钢系统拥有国际先进的棒材生产线一条、精品高速线材生产线三条、大棒卷生产线一条、高性能基础件用特殊钢棒材生产线一条，形成了规模适中、布局合理、装备精良、工艺先进、节能环保、检测手段齐全的生产模式。目前，济钢已形成 400 万吨产能、150 亿元销售收入的经济规模。河北钢铁集团舞阳钢铁有限责任公司是我国首家宽厚钢板生产和科研基地，我国重要的宽厚钢板国产化替代进口基地，中国 500 强企业，年产钢 500 万吨、宽厚钢板 300 万吨。舞钢产品大量应用于国家重大工程、重大技术装备和国防军工项目。为北京 2008 奥运主会场——国家体育场专项研制生产的 110mm 厚 Q460E - Z35 钢板，实现了 "鸟巢" 用钢全部国产化，受到了社会各界的高度评价。研制开发的西气东输主干线用宽厚钢板打破了日、韩钢厂在该领域的垄断供应局面，为国家节约了大量外汇。国内冶金企业建设大型高炉几乎全部采用舞钢的高炉炉壳钢板。在北京首都机场扩建，国家大剧院、中央电视台新台址、上海卢浦大桥、江苏润扬长江大桥以及国家战略石油储备基地建设、国防军工项目、载人航天事业等领域，舞阳宽厚板均发挥了关键性的作用。

近年来，河南省钢铁工业虽然行业规模进一步扩大，节能减排取得了明显进展，但仍存在转型升级步伐缓慢、行业集中度低、市场混乱等问题。

（一） 产能过剩问题突出

多年来，钢铁产业发展以规模扩张为主，而产品结构不合理和技术研发创新能力弱等问题长期存在。河南省在推动钢铁工业优化产业布局、推进企业联合重组、引导产品升级等方面做了大量的工作，取得了一定的成效，但转型升级步伐依然缓慢，产能过剩问题依然突出。河南省钢材产品以技术含量相对较低的建材和板材类产品为主，进入门槛较低，中小企业较多，低端产品产能过剩，而铁道用钢材、大型型钢、中小型型钢、特厚板等中高端产品产量较小。

（二） 行业集中度较低

随着全国经济的恢复性发展以及固定资产投资对钢铁市场的巨大需求，2011 年以来，钢铁市场的需求提升了众多钢铁企业的生产能力，出现了许多中小钢铁企业，加剧了钢铁行业的产能重复建设，致使行业集中度降低。产业集中度低所带来的直接后果是行业自律性差，资源不能得到合理高效的配置，难以实现集约化经营，势必导致在市场需求大幅增长时，钢铁企业大量重复建设、产能过剩、资源配置不合理和行业内过度竞争，制约了钢铁工业整体竞争力的提高。

（三） 市场混乱

近年来我国钢铁产能利用率持续下降，2015 年企业普遍出现亏损，部分企业为保持现金流和市场份额，过度进行低价竞争，甚至低于成本价倾销，恶性竞争现象严重。一些小型钢材厂，以次充好生产假冒产品，扰乱了市场正常秩序，损害了企业的利益，破坏了企业产品的信誉度。

二 有色金属产业

河南省是有色金属产业大省，铝、钼等有色金属在国内外占有重要地位。2014 年，全省十种有色金属产量为 529.79 万吨，占全国总产量的

12%，居全国第一位。电解铝、氧化铝、铝材产量均居全国第二位，铅产量占全国的 31.8%、钼精矿产量占 34%，均居全国第一位。全省主要有色金属产品从高速增长转为缓慢增长，有色金属加工成为行业发展的龙头。目前，河南省以冶炼产品为基础，以有色金属加工及新材料为主的产业新格局初步形成，在国内率先淘汰落后的电解铝、铅等生产工艺，主要生产技术指标居国内领先水平。统计数据显示，2014 年河南省有色行业规模以上企业主营业务收入达 6278 亿元，同比增长 7.04%。有色冶炼与延压加工业增加值增速为 14.8%，高出全国规模以上工业增加值增速 6.5 个百分点，高出全国有色冶炼与延压加工业增速 3.1 个百分点，也高出全省工业增加值平均增速 3.6 个百分点。

河南省经济处于工业化前期的快速发展期，整体仍处于资源经济阶段，对矿产资源的需求较大，带动了有色金属矿产资源的开发利用，促进了全省有色金属产业技术装备和生产水平持续进步，优化了产品结构，使河南省有色金属产量等连续十年居全国第一。为了提高有色金属产业的协同效应和综合竞争力，河南省还形成了以铝土矿、氧化铝、电解铝和铝加工为主线，发电、碳素、氟化盐等辅助产业配套齐全的完整产业链，郑洛工业走廊形成了国内最大的铝工业集聚区。鹤壁已经成为全球最大的镁粉、镁粒生产中心，占据了世界 70% 以上的市场份额；济源铅锌产业在设备、工艺、技术等方面都处于国内领先地位，成为亚洲最大的铅冶炼生产基地。

近年来，在各级政府的大力扶持下，河南有色金属产业在迅速发展的同时也产生了一些问题。一是有色金属资源保障程度低，产业发展受到资源瓶颈的制约。铝工业是河南省传统优势产业，全省已查明的大中型铝土矿目前已全部开发利用。以目前保有资源储量 6.96 亿吨为基础，考虑到铝工业和非铝工业的总消耗、资源储量的可信度以及开采损失等因素，全省已查明的保有资源储量到 2020 年前后将消耗完。而其他有色金属，除钼矿外，铜、铅、锌、锑、镍等矿产资源原料供给不足，需要从省外或国外购买。另外，一些矿区生产秩序混乱，采选方法落后，综合利用程度不高，也导致了资源保障程度低。二是有色金属产业主要依靠资源消耗，产、供、需、用结构不匹配，初级产品多，精深加工水平较低，缺少具有竞争力的高端产品，盈利水平低。三是竞争更加激烈。目前河南省缺少有色金属龙头企业，不能引领中小有色金属企业参与国内外市场竞争，整体竞争能力较弱。四是节能减排压力增大。尽管有色金属产品种类多，应用范围广，产业关联度高，涉及民用、工业、国防等众多领域，但有色金属行业能耗高、污染高，对资源的依赖度过高，容易受能源价格的影响，在能源价格上涨这一长期趋势下，企业节能减排压力增大。

第二节　河南省冶金产业发展面临的机遇与挑战

一　河南省冶金产业发展面临的机遇

（一）国家相关政策为河南冶金产业带来发展机遇

当前我国经济下行压力较大，稳增长措施正在不断加码，基础设施建设、重大农业节水、重大引调水、重点水源、江河湖泊治理骨干工程，大型灌区建设等项目将成为拉动用钢需求增长的重要力量。为配合"一带一路"建设的实施，我国成立了400亿美元丝路基金，为"一带一路"沿线国家和地区提供基建基础支持。区域发展，基建先行。"一带一路"区域发展将会给沿线区域的基建行业带来机遇，"一带一路"建设等将会显著提升钢铁行业下游需求，有利于缓解我国国内钢铁市场的供需矛盾，对钢铁行业将产生积极影响。国家出台产业转移政策，加速推进国内区域间产业转移和外资向内陆地区布局。产业转移特别是制造业转移更加注重贴近消费市场，更加注重向具有人力资源优势和产业配套能力的地区布局，呈现产品找市场、资本找项目、人才找平台、企业找劳动力的局面。河南省本身就是一个大市场，且人力资源、区位交通等优势突出，有利于发挥优势、乘势而上，集群引进高端产品和中端消费品企业，打造以中高端产品为主的特色产业链。

关税政策调整有利于冶金产业发展。价格是我国钢材出口的核心竞争因素，近年来，我国大力推进供给侧结构性改革，钢材产能逐年递减，减少落后产能且提高优质供给，价格的攀升也导致我国钢铁的出口降低。另外，我国钢材出口遭遇的贸易摩擦，也严重影响我国钢材出口。财政部自2018年1月1日起，取消了钢材、绿泥石等产品的出口关税。取消部分钢材品种出口关税有助于加大钢材出口量，缓解国内钢材价格的下行压力。同时，出口增长可望增加部分钢铁企业的盈利，像安钢、舞钢等钢材出口总量大、产品附加值较高的国有大中型钢铁企业在新的关税政策出台后，可以大幅削减出口成本，是政策调整的主要受益者。

（二）河南区位优势为冶金产业更好地走向国内外市场提供了便利条件

河南省地处中原，拥有便利的铁路、公路、航空、水运等综合交通运输体系，在西部大开发中，发挥着连接东部和西部的桥梁作用。郑州航空港成为全国首个上升为国家战略的航空港经济发展先行区，是集航空、高铁、城际铁路、地铁、高速公路于一体的综合枢纽，是以郑州新郑国际机场附近的新郑综合保税区为核心的航空经济体和航空都市区。新郑国际机场已开通全货运航线34条，其中国际地区全货运航线30条，位居中国内陆地区第一，形成了覆盖中国内陆主要城市与欧、美、亚和大洋洲的航线网络。成为卢森堡货航全球第二个枢纽机场，实现了郑州与欧、美、亚三大经济区域的互通互联，成功搭建起了空中"丝绸之路"。作为郑州航空港经济综合实验区的重要配套项目，郑欧国际铁路货运班列于2013年7月18日首次发车，成为联通郑州—欧洲、沟通世界的国际铁路物流大通道，这使河南成为我国中部、西北、华北、东北地区货物的主要集散地和中转站。河南拥有航空、铁路两个国家一类口岸，综合保税区、跨境贸易电子商务等开放平台健全完备，通关便利化程度不断提高。河南区位优势为冶金产业更好地走向国内外市场提供了便利条件。

（三）市场需求扩大，为冶金产业提供发展空间

国家出台扩大内需的多项措施，其中交通基础设施建设、保障性住房建设等对拉动钢材需求起到积极的作用，同时也有助于钢铁下游行业尽快摆脱困境。同时，我国作为世界有色金属生产和消费大国的地位没有改变，有色金属产业在实现城镇化、工业化、信息化过程中的重要作用没有改变，作为现代高新技术产业发展关键支撑的地位没有改变，产业发展的基本面没有改变。随着交通等基础设施建设以及汽车、电力、装备制造、家电、造船、电子信息产业的大力发展，我国有色金属在较长时期内仍将保持较好的市场需求。市场需求的扩大，为河南冶金产业提供了发展空间，河南省要充分利用区位、交通、技术等优势，加快淘汰落后产能，推动产业转型升级，促进冶金产业又好又快发展。

（四）"互联网＋"为河南冶金产业带来新的发展机遇

在新一代信息技术推动下，以"工业4.0"、工业互联网等创新风潮为代表，德国、美国等全球制造强国，纷纷掀起以智能化为特征的新一轮产业革命。2015年，李克强总理在政府工作报告中首次提出制定"互联网＋"行动计划，随后《中国制造2025》发布，标志着中国产业、经济也开始了智能化转型的新征程。"互联网＋工业"是要强化信息化和工业化跨界深度融合，提升行业运行效率，实现全球资源优化配置。"互联网＋"将对冶金行业的生产、加工、贸易、物流、金融等方面产生全方位的影响，冶金行业将迎来重要发展机遇。一是降低双方交易成本。现货交易模式为买卖双方通过电话沟通，协商交易数量、价格等，自主达成协议。获取信息渠道单一，中间贸易商利用信息不对称赚取利益，增加生产和消费企业的交易成本。而商品信息对称化、透明化，将强化价格发现功能，减少套利机会，降低双方交易成本。二是拓展企业销售渠道。国内有色金属行业集中度低，资源分散，同时又与国际市场紧密接轨，传统的销售方式由信息不透明导致销售渠道单一，互联网可实现生产商和全球消费用户的无缝对接，扩大销售渠道，优化客户结构，同时加快了企业建立全球品牌的速度。三是改变生产和管理方式。互联网减少了产销之间信息不对称，加速生产端与消费端紧密连接，造就新的C2B商业模式，加速产品改进速度，缩短生产周期；同时互联网将节约企业的信息成本，实现有效快捷营销，企业可通过互联网优化管理，减少线下庞大、冗余的机构。四是提升仓储物流效率。仓储物流是线下基础服务，根据"物联网＋信息平台"的大数据可大幅度提高仓储物流效率，降低物流成本。例如，根据"物联网＋信息平台"的大数据掌握市场需求情况，及时调整生产和进行库存管理，降低库存成本；使用信息化技术、智能分仓等技术，合理规划物流路线和仓储管理，降低物流成本。五是缓解融资难问题。互联网金融将生产商、贸易商、消费者、机构和个人投资者置于同一个平台，实现贸易和投资相结合，缓解有色金属行业融资难问题，为传统信贷、发债等提供资本补充。

二　河南冶金产业发展面临的挑战

（一）产能过剩，市场疲软

冶金产业生产周期长、资本投入规模大，投入与产出时滞较长，这些都容易引发产能过剩。造船、家电等钢铁下游行业逐步下滑，出口受阻，需求不旺，钢铁行业面临着供过于求的困难境地。此外很多停产的小企业，一旦价格稍有回升，就会重新开起来，将加剧我国钢铁工业产需能力失衡和结构不合理的矛盾。加上一大批钢铁企业大规模投资已经转化为实际产能，原本已经产能过剩的钢铁行业迎来巨大的冲击，整个钢铁行业面临极大的危机。由产能过剩造成的钢铁、有色金属全球供应过剩，不是局部的现象，而是涵盖了矿山、冶炼、加工产业链的各个环节。在现有市场格局下，消费的增长跟不上生产的增长，除非缺乏竞争力的产能大规模退出市场，否则市场困难的局面难以改变。作为市场供需的直接反映，市场价格走势疲软是必然的，尤其是电解铝产能过剩、生产偏热、扩大消费政策措施滞后，导致需求增长跟不上生产增长，市场需求将持续疲软。

（二）生产成本的刚性上升，对产业运行构成压力

在经济新常态背景下，银行利率、劳动力、原材料价格、能源资源价格、环境和安全成本等的提高，给钢铁企业带来了巨大的成本压力，压缩着钢铁行业的利润空间。同样地，有色金属产业也面临着环保压力大、融资难、劳动力成本上升等问题，这些问题使企业运营总成本上升，而近年来有色金属价格又普遍下滑，企业利润大幅减少。企业利润的减少在一定程度上会影响企业资本和技术投入，继而影响整个产业的发展。

（三）国内外竞争加剧

钢铁、有色金属产业产能过剩，供大于求，企业纷纷采取措施，确保市场份额，这导致了市场竞争更加激烈。中国加入世贸组织后，冶金行业全面进入国际竞争。发达国家利用"反倾销"、"反补贴"、提高产品技术标准等办法阻止中国产品进入。发展中国家则在全球产业再分工的背景下，利用劳动力和资源优势，积极承接产业及资本转移，拓展国际市场空

间。国外不少大钢铁公司都在研究中国市场，如果没有在企业组织结构、产品结构和技术结构上采取相应对策，就很难在产品品种、质量、成本和环境保护等方面有很大的进步，国际钢铁巨头会对河南钢铁业的生存和发展构成很大威胁。我国冶金产业面临着发达国家和其他发展中国家的"双重挤压"。在国内，周边钢铁大省给河南省钢铁行业带来竞争压力，从成本看，河南是内陆省份，进口铁矿石的物流成本比沿海城市高出许多；从人才看，内陆省份环境条件不如经济发达的山东、江苏，研发人才引进难度大，省内部分企业人才十分短缺；从技术装备看，河南省中小型钢铁企业技术装备落后，能耗高，同样产品质量竞争不过周边省份钢铁企业。另外，河南省内的产品同质化竞争激烈。

（四）环保压力大

钢铁行业是高能耗、高排放行业，国家出台的环保排放标准、新《环保法》《环境保护税法》，使企业环保成本加大。《环境保护税法》将几项污染物（如二氧化硫、化学需氧量）从排污收费改为收税，还对冶炼渣、尾矿等固体废物和噪声排放安排了收税规定。按照排放当量缴税，将大大增加排污量大的企业的排污支出。伴随着经济的飞速发展，环境污染的不断加剧，公众的环保意识也逐渐增强，公众、媒体以及非政府组织对于企业污染的舆论监督作用也越来越大，给超标甚至违法排放污染物的企业造成较大的压力。越来越严的排放标准、不断减少的排放总量、日益严格的法律法规和环保舆论压力，要求企业采取更有效的环保措施，而国内还缺乏成熟工艺技术和设备，现有的技术装备难以达到新的环保要求，这就需要对环保设施进行升级改造。河南省有相当一部分企业不能满足环保治理的新要求，一些企业因环保不达标被迫关停，特别是中小企业面临着很大的生存压力。

（五）"互联网＋"为冶金产业带来机遇的同时也带来了挑战

"互联网＋"对于冶金产业，开始于销售端的电商化发展，最终推动整个产业链，真正内涵包含了冶金产业的整个产销供应链。随着电子商务的发展，冶金产业电商从无到有，从最初的资讯平台逐步发展整合为集信息、销售、支付、融资、物流、加工、配送为一体的服务型电商平台。冶金电商的发展能够集中产业链资源，更高效、优质地服务于客户，并且能够实现为广大终端用户尤其是中小型客户提供全方位的差异化服务，实现客户价值的最大化。同时，冶金电商还提高了效率，降低了冶金企业营销环节成本，增强了企业的盈利能力。但由于"互联网＋"进入冶金产业的时间较短，自身发展机制和服务机制还不完善。一是产业信息化程度低。目前钢铁、有色金属电子商务中，系统和平台的搭建已比较完善，而流通过程中的支付、结算环节的信息化程度较低，特别是生产流程中的重要的原材料采购、库存等信息处于初级建设阶段。二是仓储物流体系不健全，仓储物流系统性不强，信息化程度低，呈分散、独立发展态势，兼容性弱；与工业制造业联动不足，仓储布局不合理，物流速度慢、成本高、渠道不畅、模式陈旧；面对我国高增长的有色金属贸易，尚未形成相匹配的全球仓储物流体系。

第三节　河南省冶金产业转型升级的必要性

河南省冶金产业的整体产量在全国是相对领先的，但存在着产业集中度低、规模经济效益差、产品结构不合理、低附加值产品较多、准入壁垒相对较低等问题，这导致产业绩效低下，直接影响冶金产业的持续健康发展。再加上冶金产业的高污染和高能耗，在国家淘汰落后产能，调整产业结构和治理污染的大环境下，冶金产业必须加快转型升级，提升技术和效益，实现长期、稳定、健康发展。

一　国内外竞争的加剧迫使冶金产业加快转型升级

金融危机使世界经济格局发生了重大变化，全球经济进入中低速增长阶段，但钢铁和有色金属却产能过剩，世界主要钢铁、有色金属生产企业为保证自己的市场份额，采取改进技术、加快创新、提高产品质量、降低成本等措施，导致竞争更加激烈。一些发展中国家利用劳动力和资源优势等，积极承接产业及资本转移，拓展国际市场空间。同时，市场需求结构发生持续的变化，生产结构与消费结构不相适应，今后随着汽车、家电的大发展，这个变化趋势将更加明显。而且随着高层建筑和大型基础设施的发展，建筑钢材的需求结构也将向高强度、轻型化方向发展；同时，机械、造船等行业也将参与国际竞争，它们使用的钢铁材料也会要求质量更高、价格更低。从国内来看，由于河南省冶金产业依靠资源消耗，初级产品多，整体处于产业链低端环节，缺少具有竞争力的高端产品，市场占有率较低，盈利水平低。目前河南省虽然有安阳钢铁、济源钢铁等大型企业，但相对其他省份来说，缺少对行业发展具有较强影响力和带动力的大型企业，存在着大量的民营中小企业，其过小的生产规模、低档次的产品、落后的技术设备无法适应激烈的竞争和国家经济新常态的要求。在这种形势下，冶金行业必须走淘汰落后技术、优化结构、创新驱动、绿色发展的转型升级之路。

二　国家政策导向加快冶金产业转型升级

近年来，国家出台了一系列政策措施，促进钢铁和有色金属产业结构升级。《国务院批转发展改革委等部门关于抑制部分行业产能过剩和重复建设引导产业健康发展若干意见的通知》《国务院关于进一步加强淘汰落后产能工作的通知》等文件明确，国家将根据经济发展、产业升级要求等确定淘汰落后产能阶段性目标任务，按年度制定分行业的淘汰落后产能目标任务和实施方案，每年向社会公告淘汰落后产能企业名单，对未按要求淘汰落后产能的企业，要依据有关法律法规责令停产或予以关闭。2016 年国务院办公厅印发《关于营造良好市场环境促进有色金属工业调结构促转型增效益的指导意见》指出，要以解决有色金属工业长期积累的结构性产能过剩、市场供求失衡等深层次矛盾和问题为导向，优化存量、引导增量、主动减量，化解结构性过剩产能，促进行业技术进步，扩大应用消费市场，加强国际产能合作，创造良好营商环境，推动有色金属工业调结构、促转型、增效益。2016 年国务院《关于钢铁行业化解过剩产能实现脱困发展的意见》指出，要牢固树立和贯彻落实创新、协调、绿色、开放、共享的发展理念，着眼于推动钢铁行业供给侧结构性改革，坚持市场倒逼、企业主体，地方组织、中央支持，突出重点、依法依规，综合运用市场机制、经济手段和法治办法，因地制宜、分类施策、标本兼治，积极稳妥化解过剩产能，建立市场化调节产能的长效机制，促进钢铁行业结构优化、脱困升级、提质增效。

三　环境保护要求冶金产业转型升级

随着我国社会经济的发展，在生活水平显著提高的同时，人民群众更加关注周边环境质量的改善，公众环境保护意识明显增强。特别是近年来大面积的雾霾天气，使公众更加关注环境保护。近几年，全国"两会"期间，雾霾问题是代表和委员们最关心的议题之一，环境保护和污染治理成为热点议题。河南省政府新闻办发布的《2015 年河南省环境状况公报》中显示，2015 年河南省环境质量整体有所好转，但资源约束趋紧、环境污染严重、生态系统退化、突发环境事件高发频发的趋势尚未得到根本扭转。尤其是河南省 2015 年纳入京津冀大气治理协作区域后，京津冀及周边相邻省份颗粒物年均浓度呈下降趋势，而河南省不降反升，与 2014 年同比上升 0.75%，大气质量改善的幅度严重滞后。郑州市更是连续三个月位列全国倒数第二，受到环保部约谈。面对如此严重的环境问题，国家出台新《环保法》《环境保护税法》提高环保标准，加大惩处力度。河南省政府出台《关于加快发展节能环保产业的实施意见》加快发展环保产业，河南省高级人民法院出台服务保障大气污染防治等工作的意见，依法治理大气污染。钢铁和有色金属行业是高消耗、高污染产业，特别是有色金属行业，从开矿、冶炼到成品轧延都会涉及重金属排放，生产期间难以避免废水、废渣、废气的释出，这使得其在所有污染事件的比例中高居第一，废水、废气一旦被人体吸收，如果浓度过量，将造成严重损伤，对土壤、水源等也会造成污染。环境保护的压力以及相关政策的出台迫使冶金产业不得不转型升级，改变粗放型生产方式，采用先进的技术、升级改造装备，实施循环经济工艺技术、提高资源能源利用水平，实现清洁化生产等，生产出性能更好、使用寿命更长、更加环保的产品，推动冶金行业向高效、绿色、环保方向发展，从而实现经济效益、环境效益和社会效益的协调统一。

四　要素成本上升要求冶金行业转型升级

从成本构成来看，原材料价格上升、节能减排压力增大、能源价格市场化和利率市场化改革、工资成本上升和社会保障水平提高等所带来的成本提高已成为发展的大趋势，以牺牲环境和劳动者福利获得低成本资源和廉价劳动力的时代已不复存在。要素成本的上升会使原本利润并不丰厚的冶金企业，利润空间将进一步挤压，其至面临经营和可持续发展的困难。要素成本的上升已经对我国的产业增长、产品进出口和产业可持续发展能力产生重要影响。特别是国际金融危机的冲击，使我国长期以来依靠高投入、高消耗、低劳动力成本、低环境成本、低技术含量、低价格竞争的产业发展方式难以为继，迫切需要转型升级。河南省冶金产业属于资源密集型和劳动密集型产业，只有转型升级向产业价值链高端延伸，才能够消化经营成本上涨的压力。企业要加强内部管理，进行技术改造、优化生产流程，提高生产效率，采用先进的设备和工艺，充分发挥原材料和能源的功效，达到最低原料能源消耗，有效控制成本；淘汰落后产能、节能减排，积极发展循环经济，靠内部挖潜降低产品成本，提高竞争力。

第四节　河南省冶金产业转型升级的路径

新常态下，可持续的经济增长的根本路径是转变经济发展模式，加快产业转型升级。产业转型升级的路径是现有产业向具有更先进技术、更高生产率、较快需求增长的方向转变，不断适应需求升级的变化和缩小生产率的差异，其核心是生产率的不断提高、产业价值链的不断拓展提升，呈现出升级后的产业更有效率。

一　加快淘汰行业过剩产能，推进产品结构调整

推进冶金产业结构调整、加快转变生产方式、提高市场竞争力的实现途径主要是化解行业产能过剩。2013 年，国务院发布了《国务院化解产能严重过剩矛盾指导意见》，并在 2014 年政府工作报告中明确提出了要淘汰钢铁过剩产能 2700 万吨。河南省冶金产业在全国化解过剩产能这一背景下，必须严格执行行业准入制度，充分发挥市场的决定性作用，使不符合国家产业政策和冶金行业技术标准、工艺装备落后、环保要求不达标的中小企业退出市场。严格控制企业盲目扩张，避免新建同质化的产能。加大相关政策倾斜支持。对淘汰压缩落后产能任务较重且完成较好的地区和企业，在安排技术改造资金、节能减排资金、投资项目核准备案、土地开发利用、融资支持等方面给予倾斜，促进其加快产业转型升级；对符合条件的企业自主创新、人才引进及培养、信息化建设和管理创新等项目，相关财政资金给予优先支持。

按照专业化和区域分工协调发展的原则，实施产品的差异化和专业化发展策略，支持企业延伸产业链条，扶持企业扩大产业链条，加快发展精深加工，提高产品价值，推动产品向“高、精、专、深、特”调整。钢铁产业应加大技术创新投入，提高技术创新能力，开发高强度建筑用钢、高性能零部件用钢、棒线材制品等深加工产品，以满足河南省轻工、装备制

造、建筑等行业的快速发展。支持重点企业积极适应市场需求，调整产品结构，实施生产专业化和产品差异化发展战略，建设安阳、济源、平顶山、南阳等优特钢产业基地，形成区域竞争优势。冶金产业以高性能、资源环境友好为重点，重点发展郑州、洛阳、焦作、三门峡、商丘铝精深加工产业基地，积极推进济源铅锌、洛阳钼钨钛铜、新乡铜加工等特色产业发展。加快推进关键新材料升级换代，大力发展钛合金、镁合金、高纯钼钨合金、铝合金、硬质合金等高附加值新型合金材料，推动向高性能材料制品、高端装备零部件延伸发展，打造新型合金材料、高端零部件、整机产品上下游衔接的特色产业链。

二　由生产型制造向服务型制造转型

制造业服务化发展已成为全球制造业发展的重要趋势。2015年，我国发布的《中国制造2025》提出，要坚持把结构调整作为建设制造强国的关键环节，推动生产型制造向服务型制造转变。长期以来，发达国家依靠在研发设计、商务服务、市场营销等服务领域的领先优势，主导着全球生产网络和产品价值链。服务型制造打破了低技术含量、低附加值的传统制造的形象，使企业在价值实现、组织模式以及运作模式上具有和以往各类制造方式显著不同的特点。在价值实现上，强调由传统的产品制造为核心，向提供具有丰富服务内涵的产品和依托产品的服务转变，直至为顾客提供整体解决方案；在作业方式上，由以产品为核心转向以人为中心，强调客户、作业者的认知和知识融合，通过有效挖掘服务制造链上的需求，实现个性化生产和服务；在组织模式上，主动参与到服务型制造网络的协作活动中；在运作模式上，强调主动性服务，主动将顾客引入产品制造、应用服务过程，主动发现顾客需求，展开针对性服务。

中国工程院院士王一德指出，冶金产业服务化转型的战略方向一是服务型生产，即从根本上实现"以生产为中心"向"以客户为中心"的转变，实现企业经营理念、管理模式、管理方法的转变；二是生产性服务，也就是冶金企业与下游用户已不再是简单的材料供给关系，而是从组织生产、质量保证、技术服务到材料加工、零部件制造、物流配送等方面全方位的服务，要加强冶金产品产业链的延伸。要求更好、更直接、更有效地为用户服务，满足用户个性化、多样化需求。冶金企业向服务化转型就是从生产经营型企业向生产服务型和技术服务型企业转变，注重产业链延伸、进行产品深加工和多元化经营；走进用户、贴近用户，和用户一起开发新的产品；不断研发新技术，降低成本，提高产品质量；强化工艺与装备创新。具体来说，在理念和经营模式上，企业要帮助用户，使其利益最大化，将满足用户的需求作为企业所有活动的立足点和出发点。冶金企业给予下游用户的不应当仅仅是简单的材料供给，而是从材料的供应、质量保证、技术服务、材料半成品加工、零部件制造、物流配送等方面提供全方位的服务，与用户建立完全新型的生产与服务关系。在产品方面，帮助用户选择合适的材料或者专门为用户设计合适的材料，并且以最低成本进行生产，保证用户得到最优质、最合适、最便宜的材料。在技术服务方面，企业应当在用户最集中的地区或最重要的用户那里有专门的技术支持工程师，随时可以帮助用户解决使用材料过程中出现的技术问题。在销售方面，冶金企业应根据用户降低成本的需要，通过剪切服务、仓储服务、物流服务等，为用户提供无库存服务、门对门的运输服务等。

三　大力推进企业兼并重组

中国经济告别了高歌猛进式的发展，逐渐进入新常态，政策要素、资源要素、资本要素等需要在各个经济部门之间重新分配，新的主导产业需要进行重构。在此背景下，化解过剩产能、实施产业重组、构建规模经济将是中国经济转型的核心，企业兼并重组是其中最为重要的一环。实施企业兼并重组是推进产业结构调整、推动产业转型升级、加快转变发展方式的重要措施，是提升我国经济国际竞争力、进一步完善社会主义基本经济制度的必然选择，有利于提高资源配置效率，调整优化产业结构，培育发展具有国际竞争力的大企业、大集团。

以提升企业竞争力为核心，以优化市场格局为导向，推进钢铁企业兼并重组。支持企业通过兼并重组、交流协作，加强和完善行业自律，建立区域性企业协调机制和同类产品企业协调机制，避免恶性价格竞争。支持省内钢铁、有色金属企业与具有技术、市场和资源优势的国内特大型企业集团进行战略重组；支持省内生产规模相对较大的优势民营钢铁企业，通过联合、兼并、相互持股等方式对区域内的民营钢铁企业进行重组，促进资源共享、优势互补；加快推进前向联合，鼓励钢铁企业与拥有铁矿资源的企业联合，与煤炭、焦化等能源企业加强战略协作，建立稳定的原料供应基地；积极推动后向联合，鼓励钢铁企业与省内用钢大户加强合作，形成长期的战略合作关系。通过兼并重组，推进钢铁、有色金属企业成立包含上下游行业的产业联盟，更好地抗御来自上游或下游产业的风险，提高企业应对风险的能力。推进已重组企业加强实质性整合，再造业务流程，切实发挥协同效应，提高综合竞争力。加强冶金企业兼并重组服务体系建设，为促进企业兼并重组提供咨询评估、调查研究、分析预测、信息数据、政策法规等服务。

四　向绿色发展转型

随着新《环保法》《环境保护税法》的实施以及各地环保政策的出台，绿色发展已成为冶金产业转型升级、可持续化发展、提高冶金行业社会形象及核心竞争力的重要途径。中国钢铁工业协会发展与科技环保部主任黄导指出，钢铁工业的发展目标是实现绿色发展，即以节能减排和清洁生产为基础，具备能源转换、废弃物处理和循环使用的能力，发展循环经济和低碳经济，形成绿色的工业生态链，最终实现企业效益、社会效益和环境保护协调发展的模式。

按照生态文明建设的要求，贯彻"五位一体"的绿色发展理念，即采购绿色、制造绿色、产品绿色、物流绿色、产业绿色，指导钢铁、有色金属企业实现有效益的绿色发展。其中，采购绿色指的是在考虑生产要绿色低碳、产品要高效长久两个因素的情况下，企业进行物资采购和供应管理；物流绿色指的是优化物流管理体系，降低原燃料和产品等相关物资在运输、搬运装卸、包装、储存、流通加工过程中的损耗与排放；制造绿色指的是在生产过程中采取优化工艺、升级技术和节能环保措施，实现降低能耗、增加产量、提高效率、促进减排的目标；产品绿色指的是按照绿色环保生产要求，开发有市场竞争力的新兴产品，实现全生命周期的绿色化；产业绿色指的是围绕冶金产业生产过程中产生的"废气、废水、废渣"的高效回收利用和节能环保技术而衍生出的其他相关产业。

五　发展循环经济

制约我国经济发展的一个基本因素是资源的短缺，保护和合理开发利用自然资源、研发新资源、实现废旧产品循环利用，已成为可持续发展战略实施过程中重点解决的问题。循环经济以减少资源使用量、提高资源的重复利用率为原则，是对高投入、高能耗的传统经济增长模式的重大变革。循环经济由物质循环链和经济循环链两条链条构成，是可持续发展思想指导下的生态经济，突出资源替代的有限性，不仅要考虑如何降低污染、保护环境，而且还要考虑废弃物能否成为再生资源。废弃物再生利用是发展循环经济的重点，受到技术可行性和经济可行性的双重制约。循环经济强调经济发展过程中应遵循生态学规律，实现废物减量化、资源化和无害化，按照清洁生产方式，把经济活动组成一个"资源—产品—再生资源"的反馈式流程，实现资源的重复、循环利用。

长期以来，河南省的钢铁和有色金属产业发展更多地依靠资源禀赋和要素投入，缺乏技术创新与管理创新，造成全省钢铁和有色金属产业初级产品多、深加工产品少，低端产品多、高附加值产品少，产业链条短、抗风险能力弱，一旦市场出现波动便会造成全行业波动甚至大型骨干企业出现亏损。冶金产业作为河南省的传统产业，特别是有色金属产业作为优势产业，在经济新常态下，必须从日益严峻的资源短缺、效益低下、能源紧张与环境污染严重的粗放型发展模式转型，大力发展循环经济，加快产业转型升级。有色金属企业通过技术创新和管理创新在企业内部实施集约型增长模式，开发和完善资源循环利用技术和工艺，实现资源循环利用；建立废弃资源回收和供应体制，开发"三废"循环再利用技术，实现废弃物资源化；建立生态工艺，实现资源的循环利用和多层次利用。有色金属行业相关企业间围绕矿山勘探、矿产开采、选矿冶炼、金属加工、终端消费品生产等有色金属生产及服务形成一系列互为基础、相互依存的上下游链条关系，把生产过程中的副产品、尾矿以及废弃物、有害物提供给相关企业作为再生产原料，使得行业各关联企业间，形成有色金属梯次深度开发格局的循环产业群和产业链。钢铁工业发展循环经济的思路就是进一步拓宽钢铁生产功能，不仅能生产钢铁，而且还能进行能源转换，能够处理社会部分大宗废弃钢铁产品，为上下游相关行业提供原材料。其目的是优化整体物流链，发展产品深加工，延伸产品链，扩展物质的循环利用领域；提高资源和能源使用效率，即提高每吨天然资源所能生产的钢铁产品量，以实现资源效率提高、原燃材料消耗降低、环境改善、钢铁产品成本降低、企业市场竞争力提高的良性循环。钢铁工业发展循环经济的关键是做好工业物质和能源的大、中、小循环。钢铁工业主要从提高铁质资源利用效率、能源循环利用率、水循环利用率和固体废弃物利用率等方面实施循环经济。

第五节　河南省冶金产业转型升级的对策措施

一　完善冶金产业的发展规划和法律体系

河南省冶金产业的转型升级，必须首先以完善冶金产业的发展规划和法律体系为支撑，科学界定钢铁和有色金属产业在当地经济社会发展中的战略地位、发展目标与战略重点，进一步强化冶金产业发展的政策法规体系建设，切实保障河南省冶金产业转型升级。"一带一路"建设、中原经济区建设和郑州航空港经济综合实验区建设的稳步实施，为河南省冶金产业转型升级提供了发展机遇。因此，河南省冶金产业转型升级必须围绕以上国家战略，进一步规划好、发展好、落实好河南省冶金产业发展和转型升级的战略目标、发展重点和政策法规。河南省冶金产业转型升级必须在坚持《河南省国民经济和社会发展第十三个五年规划纲要》的基础上，注重产业发展与环境保护协调发展，着力构建资源节约、环境友好的发展模式。为了快速推进河南省冶金产业转型升级的步伐，在坚持国家有关产业政策与行业法规的基础上，政府要及时颁布实施鼓励当地钢铁、有色金属产业做大做强的产业政策法规、财政政策法规、技术政策法规和土地政策法规等政策法规体系，进一步完善冶金产业发展的政策法规体系建设。按照"谁破坏、谁恢复，谁受益、谁付费"的基本原则及时建立生态补偿机制，以倒逼机制促使企业和产业转型升级，最终实现有色金属产业发展和环境生态维护的有机统一与融合发展。

二　推进科技创新，完善技术创新体系

冶金产业要实现从传统产业向现代产业的转型升级，最为关键的要素就是技术创新。技术创新是行业加速转型发展的重要推动力，是构筑发展新优势的重要举措。通过技术改造和科技创新，不断延长和拉伸产业链条，优化产品结构，提升产业附加值。河南省冶金产业的转型升级，必须同经济发展的节能化、环保化相融合，坚持走科技含量高、资源消耗少、环境污染少的新型工业化道路。要实现河南省冶金产业从传统产业向现代产业的转变，技术和科技创新机制是其中最为关键的要素。因此，河南省要努力构建以企业为主体、产学研结合的技术创新体系，强化企业创新主

体地位，引导创新要素向企业集聚。依托具有学科优势的高等院校与研究单位，深化与行业龙头企业和重点区域战略合作，形成产业技术联盟，共建产学研合作基地，培育关键技术的研发，重点突破一批核心技术和关键材料；健全行业技术转移服务体系，构建和完善社会化、市场化、专业化的科技中介服务体系。以成立的国家工程研究中心、重点实验室、企业技术中心为基础，充分发挥企业、高校和科研院所的各自优势，针对企业发展瓶颈，开展联合攻关，实现集成创新，促进关键技术的落地与转移。

对于钢铁行业而言，一要通过科技创新努力提高钢铁工业的质量和效益。钢铁工业发展的着力点是要通过科技创新，改善和提升钢铁工业整体素质，着力提高钢铁工业发展的质量和效益，增强可持续发展能力，实现发展模式向内涵集约、质量效益型转变。二要通过科技创新努力掌握最先进的技术。要通过科技创新，突破制约产业优化升级的关键核心技术，发展高性能钢铁新材料，加快企业技术改造，加快推动发展动力从规模扩张向创新驱动转变。三要通过科技创新深入推进钢铁工业节能减排。钢铁工业作为高耗能产业，要把建设资源节约型、环境友好型行业作为科技创新的重要着力点，进一步提高节能减排技术的效率和效益，结合企业实际推广先进适用技术，促进钢铁、化工、建材、煤炭等产业之间耦合发展，不断提高持续发展的能力。有色金属行业的科技创新要以有色金属材料性能优化提升、重金属污染防治、粉煤灰资源化利用配套技术、节能减排适用技术推广应用等为重点，开展科研攻关，真正取得实效。应特别重视基础理论研究，只有在这方面取得突破，才能形成真正的核心竞争优势，为行业转型升级提供创新驱动支撑。

三 培育龙头企业，促进产业集群发展

产业集群是一种有利于提高生产力和创新能力的产业组织形式，它不仅促进了集群内部企业效率的提高，更重要的是有力推动了经济社会的发展。加快产业集聚、培育产业集群是河南省加快推进新兴工业化，实现中原崛起的必然要求；是优化资源配置、营造产业发展良好环境的工作平台；是壮大产业规模、提升产业竞争力的重要途径；也是提升区域经济综合竞争力、推进工业化向高级阶段发展的必然过程和走新型工业化道路的现实选择。

规模经济理论表明，通过扩大生产规模不仅能降低生产成本，增加经

营收益，而且可以优化资源配置，提高资源利用效率。龙头企业作为产业化发展中规模经济的典型，是推动冶金产业结构调整的重要载体，龙头企业的引领和培育是河南省冶金产业转型升级的关键因素之一。通过龙头企业的示范作用、带动作用和引领作用，拉长产业链条，能够推动冶金产业集团化、集聚化发展模式，为形成冶金产业集群创造条件。积极做好河南省冶金产业的龙头企业培育工作，重点扶持一些技术先进、规模合理、带动能力强的企业集团，切实培育一批在行业内、国内外具有重要影响和比较优势的冶金行业龙头企业。培育龙头企业需要完善龙头企业利益形成机制，统筹企业与区域经济利益，以龙头企业带动区域经济发展，以区域经济发展为龙头企业发展创造更优越的条件。著名经济学家克鲁格曼和管理学家波特，在研究中非常重视产业集群发展，尤其是波特提出的"钻石模式"充分阐释了政府的产业政策如经济手段、行政手段以及文化引导等措施均可以发挥"看得见的手"作用。基于此，在培育龙头企业的基础上，要采取经济手段和行政手段促进冶金产业集群发展。为了创造良好的产业环境加快龙头企业的培育和产业集聚的形成，相关部门要加大对冶金行业相关矿产资源开发和经营的整治力度，严厉打击无证经营、资源浪费和环境破坏的企业及行为，从而实现河南省冶金行业的良好市场秩序。要完善对龙头企业的扶持与管理机制，培养优秀管理人才，建设先进的企业文化，为冶金产业集聚发展创造良好条件。通过政府的强力引导和政策帮扶，努力形成以大型企业集团为引领、以大批中小企业为支撑的冶金产业发展园区，切实增强河南省冶金产业的整体竞争力和风险抵抗能力。

四　开展国际产能合作，优化出口模式

目前全球产业结构加速调整、我国经济发展进入新常态，推进国际产能合作，有利于我国优势产能对外合作，增强企业核心竞争力；有利于促进企业不断提升技术、质量和服务水平，增强整体素质；有利于推动经济结构调整和产业转型升级，促进我国经济稳步发展；有利于提高对外合作水平，增强我国冶金产品在国际市场的竞争优势。2015 年国务院出台《关于推进国际产能和装备制造合作的指导意见》，提出要推动钢铁、有色金属行业对外产能合作。因此，河南省要抓住这一有利契机，积极推进国际产能合作。指导大型企业制定国际化发展战略，选择发展基础好、互补性强、市场潜力大的发展中国家企业，向其投资或收购，发展跨国事业。鼓

励有条件的企业积极参与亚非经济落后国家工程项目建设和基础设施建设，一方面，可以输出整套的冶金设备、冶金产品、技术和人才；另一方面，通过参与其国家建设，增强该国对中国和企业的认可度，进而提高冶金产品的市场占有率。积极拓展亚、欧、美等发达国家地区市场，与产业基础好、科技能力突出地区或企业进行合作，在合作的过程中学习国外先进技术和管理经验，提高企业技术创新能力和生产能力；寻找市场需求大的地区发展冶金产业深加工，提高产品附加值，扩大产品市场占有率。探索与高铁、核电、汽车等产业链下游企业联合推进国际产能和装备制造合作。鼓励大企业借助互联网营销平台，开辟新的销售渠道，让产品率先走向国际市场，抢占市场占有率，以此带动中小配套企业也走向国际市场，最终构建全产业链战略联盟，形成综合竞争优势。

五 加大金融扶持力度

产业发展的核心要素之一是资金的配置，技术改造升级、产业集聚、企业整合与并购、企业扩大规模、购买先进设备、引进人才、结构调整等都离不开金融的支持。金融是推进产业转型升级的核心动力，没有金融的支持和资金的投入，就无法完成产业转型升级的一系列活动。坚持有扶有控、有保有压的原则，实施差别化的信贷政策，从而优化信贷投向。产能过剩和重复建设的领域，要严格控制新增贷款，并将其现有业务逐渐收缩。加大信贷支持钢铁及有色金属产业发展力度。鼓励金融机构支持钢铁及有色金属产业节能减排、循环经济技术改造以及并购重组；鼓励金融机构开展金融产品创新，发展各类以不动产、动产、权利为抵押的信贷业务，满足企业合理的资金需求。利用政策性金融，加强对产业集聚区、工业园区等内部道路、通信等配套设施的投资，营造良好的投融资环境，利用多层次的资本市场，扩展冶金企业投融资渠道。加大对国外资本市场进入冶金行业的政策扶持力度，创造优越的投融资环境，吸引更多的国外资本市场进入。支持符合条件的冶金企业拓宽直接融资渠道，进入资本市场进行股权融资。完善政府、银行、企业沟通协调机制，帮助企业提高融资效率；利用出口信贷、出口信用保险等金融产品和服务，支持钢铁、有色金属企业开拓国际市场；优先支持重点企业在境内外上市融资、再融资，或通过发行企业债券、专项债券、短期融资券、中期票据等筹集发展资金。

第九章　河南省化工产业转型升级研究

化工产业是国民经济的支柱和基础产业，产业关联度高，经济总量大，产品广泛应用于国民经济、人民生活、国防科技等各个领域，对促进产业结构升级和拉动经济增长具有举足轻重的作用。河南省化工产业加工链条长、产业关联度较高、发展潜力大，在国内外市场上具有一定的竞争优势。河南省化工产业经过几十年的建设，技术创新和产业化走在了全国前列，已具备一定的规模和基础，但仍存在着企业规模较小、产业结构不合理，供需矛盾突出、部分产能过剩严重，创新能力弱等问题。在市场竞争日趋激烈、要素成本上升、环保约束趋紧的背景下，化工产业如何转型升级是目前迫切要解决的任务。

本章在对河南省化工产业现状以及面临的机遇与挑战研究的基础上，分析河南省化工产业转型升级的必要性，提出化工产业转型升级的路径以及转型升级的对策措施，为河南省化工产业持续健康发展提供参考。

第一节　河南省化工产业发展现状及存在的问题

化工产业是一个多行业、多品种、工业复杂、服务面广、配套性强的基础产业部门。2015 年我国石油和化学工业面临新的结构调整期，煤化工、石油石化、盐化工等基础化工产业遇到了前所未有的困难局面，竞争力下降，产品下游需求不够旺盛，大宗产品产能过剩情况较为严重，产品价格持续低迷，效益下滑。2015 年化学工业规模以上企业 1406 家，拥有资产总计为 3815.30 亿元，同比增加了 8.8%，完成主营业务收入 4411.53 亿元，同比增加了 6.4%；利润总额为 276.11 亿元，同比增加了 5.4%，化学工业主营业务收入、资产规模均稳定在全国第 5 位，利润总额维持在全国第 4 位。

一 石油化工

2015 年以来，河南石油和化学工业全面贯彻落实国家"中国制造 2025"和"互联网 +"有关政策精神，结合"一带一路"和中原经济区建设方针，积极调整产业发展思路，从盲目追求规模逐步转向通过提升企业内在质量来强化整体竞争力。通过加快落后产能的淘汰步伐，实现传统基础产业过剩局面的优化，加强新兴产业的规划和布局，实现了结构性发展。

2017 年底，河南省石油和化学工业规模以上企业实现主营业务收入 7547.18 亿元，同比增长 14.6%；利润总额 368.03 亿元，同比增长 20.4%，分别占全省规模工业主营收入和利润总额的 9.77% 和 7.2%。化学工业规模以上企业主营业务收入 6260.06 亿元，同比增长 15.9%，占全省规模工业主营收入的 8.1%，实现利润总额 386.6 亿元，同比增长 15.8%，占同期全省规模工业利润总额的 7.6%。石油加工、炼焦和核燃料加工业主营业务收入 1201.27 亿元，增长 18.3%，完成利润总额 51 亿元，同比增长 3.9%。石油和天然气开采业主营业务收入 85.85 亿元，增长 1.4%；利润净亏损额 69.57 亿元。

河南省石油化工业的技术水平、装备水平在国内相对先进，但与发达国家和地区相比，仍存在较大差距。主要表现为：①技术创新能力较低，缺少核心技术和关键技术；产品研发投入不足，产品多是中低端产品，高端产品较少，在国际市场的竞争力较弱。②大多数企业的生产方式仍以粗放型为主，对资源的依赖度过高，能耗高、污染大。受到技术水平和装备水平的限制，资源利用率低，环保措施不到位，节能减排效果差。另外受到资金的限制，安全生产措施、员工职业健康投入不足。③能耗高、污染严重。石油化工行业是高耗能行业，2012 年全行业综合能源消费量为 4.73 亿吨标准煤，约占全国工业能耗总量的 18%。石油化工行业也是主要的高污染行业之一，废水、废弃、废渣的排放量大，对环境造成很大危害。

二 煤化工

河南省煤化工产业起步较早、发展较快，河南能化、平煤神马整合省内煤炭与化工两大资源组建了大型煤化工集团，促进了河南煤化工产业的跨越式发展。2014 年，河南省煤化工产业完成主营业务收入 1000 亿元左右，在合成氨、甲醇、尿素、二甲醚、煤制乙二醇等领域保持国内领先地位。合成氨有效产能 920 万吨，居全国第 2 位；甲醇有效产能 760 万吨，居全国第 4 位；尿素有效产能 860 万吨，居全国第 3 位；二甲醚 230 万吨，居全国第 2 位；煤制乙二醇产能 80 万吨，占全国产能规模的 60%。产品结构不断优化，突破了大型煤气化装置的技术瓶颈，实现了稳定长周期运转，产业结构加快向煤化工产业链下游延伸拓展，甲醇制烯烃、醋酸、聚甲醛，合成气制乙二醇等下游深加工产品实现了产业化突破。河南能化集团甲醇制甲醇蛋白、骏化集团醋酸制乙醇项目实现了煤化工产业向生物化工产业的拓展，促进了生物化工产业原料的多样化。河南省煤化工产业在快速发展的过程中，形成了河南能源化工集团、中国平煤神马集团等一批行业龙头骨干企业，以及骏马化工集团、晋开化工集团、河南心连心化肥、鹤壁宝马实业等一大批具有一定发展潜力的煤化工企业。技术创新能力显著增强。干煤粉、水煤浆等粉煤气化技术和劣质煤固定床纯氧连续气化技术的研发和应用带动了全省现代煤化工、大型煤头合成氨生产技术进步，甲醇制烯烃成套技术不如产业化阶段，甲醇制醋酸、甲醇蛋白、低温甲醇洗、液氮洗、低压氨、甲醇合成等技术已在行业推广应用。

河南省现代煤化工产业起步较早，但发展较为滞后，存在着一些问题。一是产业集聚能力弱。河南煤化工产业布局较零散，项目同质化明显，规模小、技术装备落后的企业居多，还未形成以龙头企业为主的产业集聚区，承接高端煤化工产业转移能力较弱。由于历史原因，部分传统煤化工项目规模小、技术较落后、设备性能低，不能形成真正意义上的循环经济园区化以及一体化、集约式发展，导致产品综合能耗高，生产成本偏高，企业经济效益差。二是产品层次结构较低。河南煤化工产品仍以甲醇、尿素等为主且同质化程度较高、产能过剩，差异化、高端化、精细化产品所占比重偏低。在与其他产业的融合、链接方面，煤化工产业也缺乏相应的平台，未能与石油化工、盐化工形成紧密的关联，各产业之间、上下游之间脱节严重，未能形成完整、成熟的产业链，更是进一步加剧了甲醇等基础煤化工产品的供求矛盾。三是生产成本较高。煤化工生产过程中需要用到大量的煤炭和电力，河南化工用煤储量比较少，开采难度较大，难以满足煤化工生产需求，需要从外部购进，生产成本增高。另外，河南省电力价格也较高。四是运行成本较高。由于煤化工行业相对能耗较高，用水量大，污染较严重，新《环保法》采取更加严格的环保措施以及《环境保护税法》的实施，加大了煤化工行业节能减排压力，使得企业运行成本较高。

三 盐化工

盐化工产业不仅可以提供烧碱、纯碱和盐酸，而且可向下游延伸生产PVC、甲烷氯化物、环氧丙烷、TDI/MDI 等重要的基础化工原料，以及众多的精细专用化学品，是带动其他行业发展的基础原材料。河南省盐化工是从 20 世纪 50 年代末开始建设并逐步发展起来的，经过 60 多年的发展，已成为门类比较齐全的资源型优势产业之一，逐渐形成了舞阳盐化产业集聚区以及中盐皓龙、中平能化、鲁山汇源、中原制盐、永银盐化等一批盐化工企业。平顶山叶县引进了中国盐业、平煤神马、神鹰盐业等 11 家知名关联企业，实现由单一盐产品到烧碱、PVC 树脂、氯化石蜡、浴盐、日用装饰材料等 20 多个产品，在拉长产业链、精深加工方面取得了一定的成绩。

河南省盐化工行业在快速发展的同时，也出现了一些问题，影响了河南盐化工行业的健康、持续发展。①产能过剩。较低的行业进入门槛和较高的投入产出比，使得河南纯碱产能持续快速增长，河南纯碱产量排在全国第三位。但是纯碱行业受下游房地产、汽车、门窗、地板、印染等多个行业疲软的波及，需求减少，造成产能过剩。②高污染、高能耗。盐化工行业以卤水为初始原料，逐步形成真空制盐到烧碱、液氯和纯碱等主要产品，再到聚氯乙烯和环氧氯丙烷等下游衍生产品的产业格局，整个盐化工生产链条中产生大量废水、废气，污染严重。③高端品种少。国外盐化工产品品种多，而且大多数为精细盐化工产品，河南盐化工产品品种相对国内外品种较少，并且大多为中低端产品，深加工和高附加值的产品少，没有形成精深加工产业链条。

四 精细化工

精细化工是生产精细化学品工业的通称。精细化工是化学工业中生产具有特定应用性能、合成工艺中步骤多、反应复杂、品种多、产品附加值高的精细化学品的领域。精细化工品种多，更新换代快；产量小，生产大多以间歇或半间歇方式非高温高压为主；产品具有功能性或最终使用性；产品质量要求高，商品性强；技术壁垒高，要求不断进行新产品的技术研发和应用技术的研究；挠性流程和多功能生产装置，设备投资相对较小，利润初期较高等特点。目前我国精细化工产品门类已达 25 个，品种达 3 万多种，精细化学品生产能力近 1350 万 t/a，年总产量近 970 万吨，年产值超过 1000 亿元。河南省精细化工发展较晚，发展速度较快，目前已形成开封市精细化工产业集聚区和鹤壁市精细化工园区两大园区。

开封市精细化工产业集聚区是国家命名的全国十四个精细化工基地之一，是河南省唯一以精细化工为主导产业定位的集聚区。开封市精细化工产业集聚区总体规划面积 15.3 平方千米，以精细化工、新材料为主导特色产业，不断扩大招商引资力度，引进优势企业，培育和延伸产业链条。产业集聚区规划完善，产业布局合理，基础设施配套齐全，综合配套服务功能日趋完善，园区承载能力逐步提升，发展后劲持续增强。2017 年，集聚区规模以上工业企业 36 家，实现主营业务收入 115.97 亿元，产值 99.62 亿元，完成固定资产投资 36.08 亿元，从业人员累计达到 1.29 万人。集聚区已有易成新能、万盛新、恒锐新、瀚博、诺威磨具、华鑫等新材料及新能源企业 6 家，新材料产业初步形成硅粉、单晶硅、多晶硅、切片、回收利用、太阳能发电等产业链条。

第二节　河南省化工产业发展面临的机遇与挑战

一　河南省化工产业发展面临的机遇

（一）世界范围内产业转移的良好环境，为河南省化工产业提供了机遇

在全球开放型经济背景下，产业、资本和技术在不同国家之间进行交流和传播，当国际贸易和国际分工作为产业转移的最初形态发展到一定阶段时，就出现了发达国家过剩产业的生产能力在空间上整体或部分的迁移。目前，新一轮的国际产业转移已经出现，这次产业转移引发了我国国内由发达地区向欠发达地区大规模产业转移。沿海地区由于长期以来承接的加工制造业属于传统型的高能耗、高污染、低附加值的落后产业，在发展的同时造成大量资源的消耗、环境的污染，又受到来自市场、原材料、劳动力成本等要素的瓶颈制约。另外，人民币升值、环境测评监管的加

强、贸易壁垒的增多使企业陷入了"举步维艰"的境地，资本升值的空间受到严重挤压。为腾出空间承接并发展附加值大、技术含量高的新兴产业，沿海地区逐渐向内陆转移边际产业。在此背景下，中部地区成为承接国内外发达地区产业转移的最好区域。从国际产业转移的实践来看，产业转移作为经济全球化进程的一个重要组成部分，既是发达国家或地区调整产业结构、实现全球战略的重要手段，也是发展中国家或地区改造和调整产业结构，实现产业升级和技术进步的重要途径。这对作为后发地区的河南省来说，无疑是迎来了承接国内外产业转移实现中原崛起的良好机遇。

在经济全球化进程加快的背景下，大型化工企业为了应对日益激烈的国际竞争，采取兼并、合作、收购等方法调整产品结构，缩减经营范围，加强核心产业，加大科技创新投入。这使得化工产业的技术更新越来越快，竞争格局和经营环境发生巨大变化。发达国家不断加大研发投入，以技术创新和领先作为抢占未来制高点的首要手段，使世界化工技术更新速度进一步加快。由于环境保护的压力以及人力成本和运输成本的增加，发达国家逐步将化工行业的低端产品和传统产品的生产基地转移到劳动力廉价、原料丰富的发展中国家，特别是拥有巨大市场的中国，这为河南省紧抓机遇，加快化工产业的发展提供了有利的外部条件。

(二) 河南跨越式发展为河南化工产业带来了发展机遇

"三大国家战略规划"（国家粮食生产核心区建设规划、中原经济区规划、郑州航空港经济综合实验区发展规划）、"四个河南"（富强河南、文明河南、平安河南、美丽河南）、"两项建设"（社会主义民主政治制度建设、党的执政能力制度建设）和"一个载体、三个体系"（产业集聚区科学发展载体和现代产业体系、现代城镇体系、科技创新体系）建设等为河南实现跨越式发展提供了重要的战略机遇。"三大国家战略"为河南带来的政策优势、激发的创新活力、形成的改革红利，与日臻完善的基础支撑条件有机融合，形成强有力的聚合效应，使河南正在成为汇聚人流、物流、金融流、信息流等高端生产要素的洼地，成为国际化供应商、制造商、分销商、零售商、物流商青睐的投资热土，成为先进制造业、高成长服务业与高端人才、尖端科技集聚集群发展高地。日益凸显的聚合效应，已经成为河南加快产业结构升级和发展方式转变的新动力新优势所在。对河南这样一个后发地区而言，"三大国家战略"为河南发展带来的最大红利、最大机遇、最大动力就在于一系列先行先试政策形成的先行效应，进而成为后发赶超的新引擎和加速器。从区域合作、四化同步到统筹城乡、改革开放，从经济转型到社会发展、文化传承创新，从生态经济、循环经济到电子商务、金融改革的多层面、多方位的先行先试探索，提供了前所未有的政策红利和创新空间，在全国的国家战略规划中并无先例，正是这些规划上的先导性、理念上的先进性，落实到政策上的先试性、发展上的先行性，为河南掌握发展主动权、抢占发展制高点提供了战略先机。

"三大国家战略规划"、"四个河南"、"两项建设"和"一个载体、三个体系"建设为河南实现跨越式发展提供了重要的战略机遇。国家将从政策资金和重大项目建设等方面给予中原经济区倾斜，加大对河南农业和基础产业、设施的扶持力度，支持发展优势产业，这就为河南省化工产业的发展提供了良好的历史机遇和广阔的发展空间。

（三）区位优势和丰富的资源，为河南化工产业提供了有利的发展条件

河南省地处中原腹地，交通通达便利，物流辐射广阔，产品运输半径大。郑州航空港经济综合实验区的成立，使得河南省的区位优势更加明显，为化工产业的发展提供了良好的外部条件和机遇。河南是东西南北经济交通的枢纽，在"一带一路"建设中，是连接东部和西部的桥头堡。"一带一路"建设通过市场面的拓宽，降低了亚欧很多国家和地区对欧美日市场的依赖，为河南省化工产能过剩问题的解决提供了广阔的空间。"一带一路"沿线国家如中亚、东盟、印度等多是经济增长较快的新兴市场，对石化化工产品的需求量持续快速增长，将为河南省化工产品出口创造新的空间。欧亚货运班列、郑欧国际货运班列的开通，标志着郑州成为"一带一路"上的重要节点，河南省成为中部、西部、华北、东北等地货物的主要集散地和中转站，不仅能使过剩产能"走出去"，还能将欧盟顶尖的技术、中亚丰富的能源等周边物资"引进来"，促进河南化工产业技术改造和产业升级。另外，河南煤、盐、水、电资源丰富，煤炭储量居全国第十位，是国家确定的13个大型煤炭基地之一；盐资源储量居全国第二位，其中舞阳县盐资源品位全国第一；桐柏县拥有丰富的高品位优质天然碱矿产资源，储量居亚洲第一、世界第二，这些都是河南发展煤盐化工极为有利的自然条件。

（四）良好的市场需求为河南化工产业提供了广阔的市场

化学工业是材料工业的基础，随着我国工业化、城镇化的加速推进，对各种材料的需求将不断增加。以汽车行业为例，企业行业的持续发展，将直接拉动成品油、润滑油、助剂、涂料、工程塑料、橡胶密封材料等石化产品的需求增长。从中长期看，我国处于经济转型发展阶段，对附加值大、技术含量高的有机化工原料和专用化学品等石化中下游产品更是有较大的市场需求。从河南省情况看，化肥、农药、油品、纯碱、烧碱等基础原材料的刚性需求依然较大，汽车、住房、农业等产业对石化产品的需求潜力巨大，工程塑料、特种合成材料、化工新材料、高附加值精细化学品等高端石化产品具有较大发展空间。良好的市场需求为河南化工产业提供了广阔的市场。

（五）"互联网＋"促进河南化工产业的可持续发展

受到国内外发展环境的影响，化工行业面临着产能过剩、成本上升、效益下滑、资源环境约束加大和创新能力不足等多重挑战，这些因素将长期影响行业的发展，亟须研究多种应对方式来推动产业的可持续发展。而"互联网＋"、智能制造等新型信息技术的快速发展，为化工产业化解产业发展矛盾、实现转型升级、提升企业竞争力提供了一个重要手段。"互联网＋"与化工产业的融合，可以降低化工企业的运营成本，扩大市场需求量，提高化工产业的竞争力。随着我国化工行业市场制度的逐渐完善，单纯的卖方市场已经成为历史，营销成为化工企业的重要工作。互联网与化工行业的融合能够减少原材料采购的中间环节，提高企业生产运作效率；构建网络销售平台，减少中间环节，一方面能够减少销售环节，节省大量营销费用，降低企业运营成本；另一方面缩小了生产与市场的距离，保证了企业生产的产品能够满足市场需求。通过互联网平台可以引进先进的国外技术，提高河南省化工产业技术水平和资源利用率，减少资源浪费和环境破坏。互联网中信息的不断更新也为化工产品的销售提供开阔的市场平台，缩小了生产与市场之间的差距，形成"高效的生产、高效的销量"，提高了企业自身的收入水平，也提升了化工企业的发展速度。化工行业除了借助互联网平台促进销售，降本增效提质外，还可以借助"互联网＋"建设智能工厂。智能工厂的建设是化工行业与互联网深度融合的基础所在，同时也是互联网对传统化工行业改造提升的一个核心。

二　河南化工产业发展面临的挑战

我国经济发展进入新常态，化工产业需求增速放缓，随着新的环保法的实施，环保要求日益严格，化工产业面临严峻的挑战。

（一）产能过剩、同质化竞争严重

近几年中国化工市场需求稳步增长，从 2010～2014 年的 5 年间增长了40%；预计到 2020 年，中国化工市场的需求增量会占据全球增量的 60%，是世界化工行业增长的最重要引擎。虽然需求随着国民经济的增长稳步提高，但是产能的增速远远超过需求增速，聚氯乙烯（PVC）、丙烯酸、环氧氯丙烷等基础化工品行业产能严重过剩。多数河南化工企业的生产技术是模仿国内外技术，走的是模仿创新，没有掌握核心技术，缺少自主创新能力，这就造成了同行业多数采用相近似的技术工艺，生产的产品同质化现象严重，成本结构相似，在激烈的市场竞争中只能通过价格竞争占有市场份额，出现恶性竞争，搅乱了市场秩序，导致行业利润越来越低。例如，苯二甲酸和己内酰胺，由于产品原来利润较高，大量企业开始建设新产能，产能增长过快，曾经主导市场价格的国外生产商由于成本较高被挤出中国市场。但是留在市场中的国内企业开展了残酷的价格竞争，导致行业利润大幅度下降。过剩的产能、高度分散的市场格局以及严重的同质化竞争导致化工行业利润下降。

（二）外部因素错综复杂，影响化工产业发展格局

"十三五"时期，我国化工行业的发展，将面临化工原料多元化进程加快、页岩油气革命、欧美实体经济重新崛起、部分产煤国煤化工产业兴起等错综复杂的外部因素影响。在发达国家中，除了美国经济保持较强劲复苏，欧元区、日本等其他主要国家恢复乏力，其国内化工产品市场已经成熟、消费量趋于稳定；未来全球石化化工产品的消费增量将主要集中在中国、印度、东盟等经济稳定高速发展、人口数量众多、经济基础体量较大的亚洲国家，全球石化化工产品市场重心将进一步向东亚和南亚地区转移。在日本、韩国、西欧，大部分石化化工产品市场已经成熟，自身市场

增长有限，生产成本相对较高，正通过发展高端产品、全球产业链布局和信息化等手段增强石化产业的竞争力。中东地区拥有丰富的天然气资源，近年来致力于向下游延伸石化产业链，不断投资建设大型石化生产装置，这种集低廉成本、先进技术、大型规模于一体的竞争优势，对中国化工企业的出口造成了巨大压力。低油价给全球石油和石化产业带来巨大冲击和挑战，特别是我国石化工业发展方式粗放，产业结构不合理，产品大多数处于产业链的中低端，产品价格低廉，成本高，处于亏损状态边缘。部分产品产能过剩，恶性竞争。另外，美国页岩气快速发展和轻烃原料低价格，以及现代煤化工的迅速发展，都对我国石化产业造成严重威胁和挑战。

（三）环保政策的趋严趋紧，对化工产业提出了越来越多的限制条件

化工行业是高能耗行业，环境污染较重。据统计，石化行业废水、废气、废渣的排放量分别占全国"三废"排放总量的16%、7%、5%，分别位居全国工业行业第一、第四、第五，其中主要污染物（COD、氨氮化合物、二氧化硫和粉尘等）居各工业部门前列，对环境造成很大危害。新型煤化工普遍高水耗、"三废"排放量大，煤化工生产中产生的废水含有大量的酚类、烷烃类、芳香烃类、杂环类、氨氮和氰化物等有毒、有害物质。盐矿的开采现在普遍采用的是盐矿钻井水采法，在其运输过程中的泄漏是造成水污染和环境土壤污染的重要原因。盐化工在生产过程中，会排放出多种有毒化学成分液体和废水，产生炉渣、粉煤灰、钡渣、盐泥及化工废渣等。

十八大以来，环境保护被提升到了一个历史新高度。在此背景下一系列环保法规及配套政策相继出台，《环保法修订案》《环境保护按日连续处罚暂行办法》《水污染防治行动计划》等法律文件和法规，加强了对违法行为的处罚。部分化工企业由于技术水平和装备水平的限制，能耗高、污染严重，在国家环保节能政策和城市发展的约束下，化工企业面临着环境保护的压力，对于小型粗放型发展的化工企业来说更是面临着生存问题。提高资源效率、降低能源消耗、加大技术创新投入，加强"废水、废气、废渣"处理措施，发展循环经济，保护生态环境，是河南化工行业面临的一大挑战。

（四）互联网电子商务为化工产业带来机遇的同时也带来了
挑战

一是化工产品的特殊性，仓储物流需要特殊要求。化工行业电子商务
的发展与仓储物流紧密相连。由于石化产品自身的类别和特殊性质，需要
专业的运输车辆和特殊的仓储条件，普通的物流仓储设施无法满足石化产
品运输存储的要求，而目前化工行业仓储物流体系不健全，仓储物流系统
性不强。二是投机炒作普遍，终端企业市场尚需培育。目前，国内多家电
子交易市场采用连续交易模式（即当日成交未申请交割方支付给申请交割
方延期补偿金，但比例为成交额的万分之几），给参与者提供了套利的空
间，从而实物交割量比例偏低。因此未来平台的发展趋势可能是更为联合
化、集约化，小型平台被重新整合成为联盟或者大型平台。三是行业企业
大数据应用能力尚待提升。虽然利用大数据分析进而开展精准营销、精准
服务、精准分析以及大数据信用体系已成为许多企业的共识。但对企业而
言，在去中心化的影响下，尤其是在移动互联网环境下，用户的来源多种
多样，信息的碎片化愈演愈烈。数据的价值在于整合、分析以及利用，企
业如何将多源数据进行整合、管理和分析，进而提高数据精准性，调整电
商方案，建立信用体系，也是未来面临的挑战。

第三节　河南省化工产业转型升级的必要性

河南省化工产业经过几十年的建设，已具备一定的规模和基础，但仍
存在着企业规模较小、产业结构不合理，供需矛盾突出、部分产能过剩严
重，创新能力弱等问题，直接影响化工产业的持续健康发展。在市场竞争
日趋激烈、要素成本上升、环保约束趋紧、外部因素复杂的背景下，只有
推动产业转型升级才能保证化工产业的优势地位，才能适应经济新常态的
发展。

一　国内外环境变化迫使化工产业加快转型升级

经济全球化进程的加快，使国际竞争日趋激烈，化工行业经营环境也
发生着巨大变化。北美页岩气革命、中东廉价油气资源的冲击使全球石油
和化学工业原料多元化的特征愈加明显。日本、韩国石化产业加快产品结

构调整应对我国市场需求，欧美化工产业的技术创新升级产生的高附加值、精细化等高端产品，都对我国化工产业造成了很大的竞争压力。科技发展的日新月异，使得化工产业面临着一个前所未有的技术创新和产业结构调整的重要转折时期，世界各国都在抓住有利机遇，努力抢占有可能改变自身竞争优势的技术创新制高点，化工技术创新出现一系列重大新突破。无论是德国提出的"工业4.0"，还是美国提出的工业互联网，其核心内涵以信息技术和制造技术深度融合为特征的智能制造。国际领先的大型企业广泛应用物联网、云计算、大数据等新一代信息技术，使化工生产流程深度集成优化，实现上下游企业以及跨产业的协同运营，将生产要素进行全面整合优化，给石化化工生产方式带来革命性变化。在这种形势下，化工行业依靠过去那种高消耗、盲目扩张、低效益、高污染的粗放式发展模式已经越来越难以为继，必须走战略调整、优化结构、创新驱动、绿色发展的转型升级之路。

以阿里巴巴集团为代表电商的兴起、"互联网＋"战略的推动、政府有关优惠政策的鼓励，我国市场正在面临商业模式的重大变革，对制造业传统的营销模式造成很大冲击和挑战。目前各大电商纷纷进入化工产业的销售领域，削弱化工生产企业已有的传统市场优势，有的电商深入到基层企业搞对口合作，肢解一体化整体优势，逐步蚕食化工生产企业的市场客户，这迫使化工行业要积极变革商业模式进行转型升级，运用"互联网＋"开展化工行业电子商务、互联网金融、物联网仓储和智能制造等。

二 环境保护要求化工产业转型升级

化工行业是对多种资源进行化学处理和转化加工的产业，在国民经济中占有重要地位。中华人民共和国成立以来，化工行业得到了迅速发展，所取得的成就是公认的，但同时也对环境造成了严重的污染，成为制约化工企业发展的重要因素。化工行业是高消耗、高污染产业，废气、废水、废渣排放量大。人类能够生存的基本物质是土壤、水、空气，这三种基本物质都受到了化工生产的极大影响，其中，化工生产过程中排放的污水通常都具有高温、油覆盖性、富营养性、酸碱性、耗氧性、有害性，这对地表水和地下水都产生了严重的影响，危及人类和自然界其他生物的生存和生活；化工生产过程排放的废气则具有含尘、腐蚀性、刺激性、有毒性、易燃易爆性等特点，严重威胁到工农生产以及人类的健康；化工生产过程中排放的废渣虽然不像废水、废气那样造成明显的环境污染，但是很多资料表明工业废料很难在土壤中降解，其积累性和三致作用都严重危害生态系统和人类的安全健康。所以说，化工生产过程中的"三废"严重影响着环境和人类的健康。尽管国家在环境保护方面做了巨大的努力，使行业污染物排放总量受到控制，甚至某些污染物排放量还有所降低，但我国总体环境状况仍趋向恶化。十八大以来，环境保护被提升到了一个历史新高度，一系列环保法规及配套政策相继出台。2014 年的《环保法修订案》被称为史上最严的环保法，环保部还出台了《环境保护按日连续处罚暂行办法》等多项配套法律文件，增强了对违法行为处罚的可操作性。2015 年国务院印发的《水污染防治行动计划》重拳防治水污染。2011 年河南省环保厅、省发展改革委印发《河南省化工项目环保准入指导意见》规范和引导河南省化工行业健康持续发展，促进产业结构升级、提高清洁生产能力，防范环境风险。环境保护的压力以及相关政策的出台迫使冶金产业不得不转型升级，改变粗放型生产方式，升级改造装备，实施循环经济工艺技术、提高资源能源利用水平，实现清洁化生产等，生产出性能更好、使用寿命更长、更加环保的产品，推动化工行业向绿色、环保方向发展。

三　国家政策导向加快化工产业转型升级

近年来，国家出台了一系列政策措施，促进化工产业结构升级。2015 年国家能源局、环境保护部、工业和信息化部发布《关于促进煤炭安全绿色开发和清洁高效利用的意见》提出，要适度发展煤化工产业，到 2020 年，现代煤化工产业化示范取得阶段性成果，形成更加完整的自主技术和装备体系，具备开展更高水平示范的基础。2016 年国务院办公厅发布的《关于石化产业调结构促转型增效益的指导意见》指出，按照"五位一体"总体布局和"四个全面"战略布局，牢固树立创新、协调、绿色、开放、共享的发展理念，推进供给侧结构性改革，积极开拓市场，坚持创新驱动，改善发展环境，着力去产能、降消耗、减排放，补短板、调布局、促安全，推动石化产业提质增效、转型升级和健康发展。特种化工产品不同于大宗化工产品以产品成分定价的原则，是基于性能或功能定价，根据客户的需求特别订制，能够为客户带来高于成本的附加值，这使生产商具有较强的议价能力。另外，特种化工行业要求生产商具备高水平的技术能力，行业进入壁垒较高，这使得特种化工行业不会出现产能迅速激增的情况。较强的议价能力、较高的技术要求和行业壁垒，能为生产企业带来稳定的、较高的利润水平。特别是润滑油添加剂及特种氟化物行业作为特种化工行业的细分行业，拥有高壁垒以及良好的发展前景。2016 年国家将特种化工认定为高新技术行业，对行业参与者给予税收优惠及其他资助。国家的这些政策导向，在很大程度上能够促进化工企业进行技术创新、开拓市场、发展循环经济和化工新材料，加快产业转型升级。

四　整体市场力量倒逼化工产业转型升级

原材料价格上涨的压力，能源价格上升的压力，环境治理成本内部化的压力，人民币升值的压力，以及劳动力成本上升的压力使高消耗、低效率、重污染的增长方式难以持续，已经具备产业转型升级的客观条件。受限于石油存储和生产能力的原因，我国原油产量逐年减少，我国经济进入了持续快速发展的新时期，对能源的需求增长迅速，原油的国内消耗逐年增长，这使得我国原油对外依存不断上升，石油化工行业面临着严峻的资源压力。2017 年石油表观消费量达到 5.9 亿吨，增速为 2011 年以来最高；国内产量则降至 1.92 亿吨，连续第二年低于 2 亿吨；全年石油净进口量达到 3.96 亿吨，同比增长 10.8%；石油对外依存度升至 67.4%。预计 2018 年石油表观需求量将首次突破 6 亿吨，达到 6.15 亿吨，对外依存度将逼近 70%。随着我国对国际进口原油依赖程度的增加，国际油价的变动对我国石油化工产业产生重要影响。因此，石油化工行业要改变原有的高消耗的粗放式生产方式，进行转型升级。另外，在经济新常态背景下，政府对化工行业科技的政策投入和资金投入增加；研发能力提高，在很多领域已经进入了技术突破的临界点；职业培训逐渐普及，产业工人队伍整体素质有所提升，这些都为升级后的产业提供了广阔的市场。因此，整体市场力量不仅倒逼着化工产业转型升级，而且也为化工产业转型升级提供了支持。

第四节　河南省化工产业转型升级的路径

产业转型升级是指经济发展模式转换。产业转型升级的关键在技术进步，在创新。"转型"和"升级"各有侧重，产业转型的核心任务是组织和结构的转型、技术和产品结构的转型、生产方式与生产业态的转型以及技术含量的转型。以实现高效化、高度化为目标，重新排布和优化企业内部经营结构以及外部企业之间的存在关系，从而实现整体促进的高效聚合。产业升级，既包括产业内部的升级，也包括产业结构的升级。产业转型升级的关键在于技术进步和创新。河南省化工产业转型升级应通过技术创新、生产工艺创新等延伸扩展产业链条，发展循环经济，增强产业可持续发展能力，推动产业转型升级。

一　延伸扩展产业链条，加快产业产品结构转型升级

化工企业应根据市场需求，减少低端产品，发展高端化、精细化产品，大力发展下游精深加工产品，逐步向洁净新能源、环保新材料等新兴领域扩展。煤化工产业，针对初始原料结构单一、煤炭成本较高等问题，应适度控制以煤为初始原料的产业发展，大力发展以石油替代为重点的新型煤化工产品，着力发展可以替代石油的甲醛工业，发展甲醛下游精深加工产品，加快完善甲醛产业链，实现甲醛规模化生产。引导和鼓励以甲醇为初始原料的煤化工产品深加工项目，依托行业龙头企业，充分利用"一带一路"沿线国家和地区甲醇产能资源，规划建设新疆—洛阳—郑州—连云港的甲醇运输专用管道，谋划建设国家甲醇战略储备基地，构建河南现代煤化工产业发展的战略支撑点，提升河南在全国现代煤化工产业中的战略地位，降低成本，缓解土地、环保等要素压力，促进现代煤化工产业可持续发展。积极发展化工新材料和专用精细化学产品，加快向精细化工产业转型发展。盐化工产业，延伸产业链条，提高盐化工产业附加值。坚持控制产能总量、淘汰落后工艺以及全周期能效评价的方针，围绕盐—纯碱、烧碱—氯、氢深加工产品链，发挥盐卤水、焦炭和石灰石等资源综合优势，提升离子膜烧碱和聚氯乙烯的规模化生产水平，加快发展附加值高、市场需求大的 PVC 型材、PVDC 薄膜、氯化聚合物、含氯中间体、新型制冷剂等氯碱深加工产品，大力开发聚氯乙烯树脂、氯化聚氯乙烯、氯化聚丙烯等系列化高附加值氯产品，提高本地氯气深加工比例。改进工艺路线，提升电石法 PVC 产品品质，着力拓展高档膜料、软板等高端产品市场，增强河南省聚氯乙烯产品竞争力。依托桐柏优质天然碱资源，扩大低盐重质纯碱及其深加工规模，在南阳形成百万吨低盐重质纯碱生产基地。

二 大力发展循环经济，构建循环经济产业链

循环经济是一种新型经济发展模式，是以物资资源节约和循环利用为特征，在经济发展中坚持能源消耗低、资源利用率高，资源循环利用，以达到可持续发展。发展循环经济，建设节约型社会，是全面贯彻落实科学发展观，实现可持续发展的重大举措，是坚持以人为本，构建和谐社会，实现人与自然和谐发展的必然要求。化工产业既要实现可持续快速发展，又要保护环境。解决这一矛盾的主要途径就是要坚持以循环经济为指导，提高资源的利用效率，以资源再生、循环利用和无害化处理技术为手段，以经济社会的可持续发展为目标，保护生态环境。

我国石化产业要以绿色低碳发展战略为指导，以节能增效、绿色低碳发展为目标，大力实施节能减排等绿色工程，发展循环经济。第一，强化化工绿色制造。绿色制造主要指原材料和生产过程的绿色化。从源头上减少污染物的产生，大力使用清洁能源和原料，开发以可再生资源、废弃物等为原料进行化学品生产的技术。采用先进工艺技术与设备，重点采用新反应介质替代技术、高效催化技术、二次资源循环技术、环境保护核心技术等绿色工艺技术；加强新技术、新设备的研发与应用，加强综合管理，使外排污水控制指标趋于自然水体；工业危险固体废弃物实现减量化、无害化和资源化处理，形成达标治理、清洁生产和循环经济的环境保护体系，实现生产过程的绿色化。第二，提高资源利用效率。加强化工产业的规划指导和布局调整，实现整体效益最佳化；充分发挥区域优化和炼化一体化优势，优化调整装置结构和产品结构，实现资源价值最大化。加强废渣、废水、废气的资源化利用。加强废催化剂回收利用，加强余热余压的回收利用，推广污水深度处理回用，加强废轮胎、废塑料的回收利用等。第三，全方位推进节能减排。贯彻"节能减排增效"的理念，提升管理水平；加强生产运行管理，提高装置负荷率，延长运行周期。树立安全环保与企业发展同步协调的理念，建立安全环保的长效机制。加强安全环保监管，高度重视新建炼化项目的环境影响评价、安全评价和节能评价等工作。第四，积极构建循环经济产业链。贯彻"绿色低碳发展"的指导方针，积极推进化工与其他相关产业的融合发展，通过产业链延伸和物料互用，构建产业间循环经济产业链，建立石油、煤炭、钢铁、水资源循环以及固体废弃物循环利用的多产业循环经济产业链体系。通过物质流通、能

量利用以及公用工程的有机联系，使企业内外资源得到优化配置、废弃物得到有效利用，充分发挥产业集群的规模效应和循环经济效应。

三 加强"一带一路"项目谋划，提升产业国际竞争力

"一带一路"作为泛亚和亚欧区域合作的重大构想，将东亚经济圈与欧洲经济圈进行横向连接和覆盖，也为推进我国社会经济发展带来了良好契机。河南作为丝绸之路经济带向西延伸、向南连接海上丝绸之路的交会点，"一带一路"为河南带来了巨大机遇，河南省化工企业要依托"一带一路"建设，与沿线国家的企业合作，向中东、东南亚等国家输出产品、机器装备等，引进国外先进技术，实现优势互补、互惠互利，提升河南化工产业在国际市场的竞争力。第一，转移过剩产能，合作共建生产基地。"一带一路"沿线不少国家石化工业水平不高且需要进口包括乙烯下游衍生物在内的石化产品，而河南省则存在化工产品过剩。支持河南省龙头化工企业参股、并购国外化工企业，一方面可以将国内过剩产能转移出去，化解国内产能压力，另一方面可以在国外建设生产基地和合作园区，降低产品生产成本和运行成本。第二，完善合作载体，搭建化工专业合作平台。整合省内外各类生产要素，带动化工相关产业链整体转移和关联企业协同布局，在尿素、煤制烯烃、煤制乙二醇等领域，探索建设河南煤化工境外专业园区、国际合作园区，搭建专业性合作平台。第三，争取丝路基金和亚洲基础设施开发银行支持，推动重大项目建设。重点在龙头企业重大投资项目、境外生产基地和合作园区、跨境甲醇运输管道、甲醇国家战略储备基地建设等方面争取资金支持。利用市场优势、交通优势、基础优势和开放优势，承接欧美、日韩等国际资本密集和资本技术双密集产业转移，做好重点项目对接工作。第四，加强技术合作，促进产业转型升级。支持龙头企业并购发达国家和地区化工精、深加工企业，通过并购，学习先进技术，提高企业技术创新能力。加强与科研院所的技术合作，将科研院所的科技成果转化为生产力，提高产品核心竞争力，调整产品结构，发展高端产品，促进河南化工产业转型升级。

四 加大企业技术创新投入，提高行业技术水平

加快前沿技术自主化、关键技术产业化、工程技术本地化，做好引进、吸收高新技术，特别是做好核心技术、瓶颈技术的消化工作。推动一

批重点产业项目列入中央新增投资计划，对列入国家重点产业振兴与技术改造投资技术的项目，加强监督检查，精心组织实施，确保工程质量并按时建成投产发挥效益。整合省直有关部门支持企业发展方面的资金，按照"部门管理、集中投入"的原则，重点支持化工龙头企业重大项目、中下游产业链延伸及开发高端化工和精细化工产品；重点支持化工产业集聚区的建设，对集聚区基础设施建设给予专项补助；重点支持节能减排技术改造，对节能、节水、节材、资源综合利用工程，对循环经济试点园区配套项目等给予财政补助，对减排成效显著的企业予以奖励。

加快产学研合作基地建设，充分发挥技术创新的支撑作用，坚持走原始创新和集成创新相结合、企业自主创新和产学研合作创新相结合的道路。充分发挥产业集聚区、龙头企业在产业技术创新中的带动作用，鼓励和支持产业集聚区和龙头企业设立技术创新公共平台。

技术创新离不开专业人才，加大对技术专业人才的投入，培养行业发展所需人才。建立健全鼓励人才创新创造的分配制度和激励机制，完善人才市场机制。加强与省内外高校的合作，大力发展化工高等教育，加强产业技术人才需求预测，依托职业院校加大投入，建设产业技工培养基地。引导企业加强与高校的合作，通过设立研究生工作站、博士后科研流动站，支撑产学研一体化发展，为经济发展提供强大的人才支撑和保证。建立和完善人才机制，鼓励企业通过多种形式吸引国际、国内优秀科研技术人才。

第五节　河南省化工产业转型升级的对策措施

一　推进科技创新，加大成果转化力度

"十三五"规划明确指出"创新是引领发展的第一动力"，河南省化工产业要想获得长远的发展必须进行科技创新。化工产业的科技创新应以市场需求为导向，以企业为主体，以高校、科研院所为依托，以成果转化为目标，通过产学研合作，自主研发核心技术。通过科技创新，调整产品结构，掌握核心竞争力，转变传统的粗放型发展模式，注重效率和质量，使化工产业的发展具有可持续性。（1）加快技术研发中心的建设。对化工企业现行的科技管理体制进行改造，企业自行成立技术研发中心，将信息、情报、科技、设计、研究等部门统一协调管理，使资源配置更加合理，同

时提高技术创新效率，为加速产品更新换代和提升生产技术水平提供技术保障和技术储备。（2）加强产学研合作。高校、科研院所有人才优势和技术优势，有能力研发新技术。新技术只有转化为生产力，才能最终体现科技是经济发展的推动力，才能体现科研院所的存在价值。因此，科技成果必须要转化为生产力，这就需要企业来实现。而企业也迫切需要借助高校、科研院所的优势来进行技术创新，提高企业竞争力。所以，要鼓励和支持企业、高校和科研院所加强产学研用合作，推进技术创新和技术成果的转化。（3）加大政策的扶持力度。对企业现有落后的生产技术，政府要强制进行技术升级改造、进行技术创新，逐步淘汰落后技术。从政策上引导企业建立完善的技术创新体系，积极推进应用型研究院（所）整体或部分进入企业，或转变成科技型企业，或扶持发展一批技术研发型的小企业，成为企业技术创新体系的一部分，以提升企业的技术创新能力；从政策上降低企业实施技术创新项目的风险，对于一些风险较大的技术创新项目，政府与企业共同承担项目的风险后果，减少企业实行技术创新的后顾之忧。（4）加紧实施知识产权战略。知识产权是在激烈的市场竞争中遏制竞争对手的重要手段，是掌握发展主动权的关键。国外企业将创新优势凝聚并升华为品牌、专利和标准等形式的知识产权，建立起大量的技术壁垒，成为在激烈的市场竞争中遏制竞争对手的重要手段。实施国家知识产权战略，大力提升知识产权创造、运用、保护和管理能力，有利于提高企业自主创新能力和市场竞争力。河南化工产业要在国际竞争中取胜，就必须积极应对国外技术壁垒，加紧实施知识产权战略。企业应将知识产权规划纳入企业总体战略，强化企业总体发展战略与知识产权规划的有机结合，提高知识产权综合能力和水平，应积极建立和完善知识产权管理制度，把知识产权管理纳入企业技术研发、生产与经营管理的全过程，及时将核心技术、名优产品商标和品牌等自主创新成果申请国内外相应的知识产权注册以得到有效保护，并构筑自身的知识产权创造、管理、运用和保护体系。政府应制定和完善知识产权社会服务业法律法规，大力扶持知识产权社会服务的发展，进一步拓展知识产权社会服务的类型，建立社会服务信用评价机制，为企业构建良好的知识产权社会服务环境。

二 全面推进数字化、智能化发展

工业化和信息化的加快融合是现代经济社会发展的一大趋势，为了适应这一趋势，河南省化工产业要将互联网、大数据、云计算等现代信息技术运用到产业发展中，推动化工企业实现自动化、数字化、智能化发展。

数字化工厂是将计算机仿真技术与制造技术相结合，在虚拟的计算机环境中，对产品生命周期和生产过程进行仿真模拟，实现研发设计、生产制造、仓储物流等环节的数字化和网络化。数字化工厂是现代数字制造技术与计算机仿真技术相结合的产物，它的出现给基础制造业注入了新的活力，成为沟通产品设计和产品制造之间的桥梁。为实现工程建设项目全生命周期的最优化，在工程项目建设中引入"数字化工厂"的模式，即工程建设在交付物理意义上的实物工厂的同时，提供以集成数据库为基础的"虚拟工厂"。"虚拟工厂"是以二维和三维图形为载体，集成工艺设计、工程设计、采购、施工、项目管理、调试开车等数据为一体的"数字化工厂"。

智能化工厂是工厂信息化发展的新阶段，是在数字化工厂的基础上，利用物联网技术和设备监控技术加强信息管理和服务；清晰掌握产销流程、提高生产过程可控性、减少流程线上人工干预；即时正确采集生产线数据，合理编排生产计划与进度。把绿色智能手段和智能系统等新技术集成，构建高效节能、绿色环保、环境舒适的人性化工厂。智能化工厂具有数字化、网络化、集成化、智能化和绿色化的特点。通过智能化工厂能够实时监控设备运行状态，及时反馈故障信息；有效降低操作成本，降低员工劳动强度；能够实时监测危险源状态，即时预警，一旦出现险情，立即采取措施；能够实时监控安保系统状态，织密安全防护网络；能够根据市场变化，及时优化产品结构，实现企业效益最佳化；能够优化生产参数，实现节能降耗，降本增效。

在化工产业全面推进数字化、智能化工厂，贯穿运营管理全过程，构建面向生产管控、供应链与物流和资产全生命周期的统一协同的业务运行平台，提升自动化、数字化、模型化和集成化水平；选取典型企业进行石化智能工厂的应用示范，以业务运行平台为基础，实现对生产过程的远程控制以及对生产数据的实时收集传送。同时，围绕生产运行控制、供应链优化、节能减排、安全环保、资产管理等环节，全面实施生产过程数字化、模型化、可视化和智能化，全方面提升化工生产企业的预测、分析和协同能力，推进化工产业智能化发展。

三 制定实施"互联网＋"行动计划，构筑产业竞争新优势

适应互联网经济发展趋势，在企业技术和产品研发、生产运营管理、

仓储和物流等方面运用互联网、物联网、云计算、大数据等信息技术，提升服务水平，构建产业竞争新优势。第一，示范推广信息化管控系统，建设智能工厂。在化工行业中加强互联网、物联网、云计算等新一代信息技术的应用，率先在河南能化集团、平煤神马集团、骏化集团等河南省内龙头企业中示范推广基于工业物联网的管控一体化并行分布式云系统，提供专业化能量能流 3D 视图、智能优化运行操控、能耗及排放安全性管理，充分挖掘节能潜力，降本增效，减碳减排，实现科学决策与管控。待基于物联网的信息化管控云系统成熟时，推广应用到整个化工产业。第二，组建郑州化工电子商务交易中心。郑州地处中原，地理位置优越，电子商务和仓储物流发展迅速，化工行业在国民经济中又占有一定比重，因此，有必要组建集现货交易、电子交易、仓储物流、数据资讯、在线融资、支付结算、定价于一体的电子商务交易平台，重点针对尿素、甲醇、乙二醇、乙烯等优势品种，实现线上与线下各环节的无缝对接，带动仓储、配送等物流环节的发展。引导行业发展、提升交易水平、降低交易成本，为行业主管部门提供决策依据，为企业规避风险提供新型工具。第三，加快发展智慧物流。化工行业要适应现代物流自动化、网络化、可视化、实时化、跟踪与智能控制的发展新趋势，对物流过程要实时定位、安全监管、实时视频监控，保证物流安全，提高物流效率和物流服务水平。依托电商交易平台，加强线上交易与线下交割的协同管理，实现线上与线下"O2O"无缝对接、供产销各环节的有机衔接，带动仓储、配送等化工物流产业发展。第四，建立高效的物联网仓储。化工电商需要配套高效的物联网仓储，这包括仓储中心的建设、信息化系统的完善和移动端用户体验的建设等。高效的物联网仓储能为实现国内在线交易以及国际在线交易奠定强有力物流支持，能进一步扩大化工产品全球范围销售渠道，为河南化工产品走向世界提供捷径。

四　强化行业管理，强化政策保障

为了避免重复建设和粗放式生产模式，行业协会要进一步完善河南省煤化工、盐化工、精细化工等行业的准入产业政策，提高行业准入门槛，提高产品品质，提升行业生产水平。建立和完善产能过剩行业落后产能退出补偿机制。鼓励龙头企业兼并重组中小企业，支持龙头企业与国内外化工优势企业联合，推动河南省化工行业品牌建设，提升河南省化工企业核心竞争力，提高河南化工在国内外市场的占有率。加强与国际、国内化工行业领军企业的联合，推动河南省化工行业品牌建设，提升河南省化工企业核心竞争力。组织实施跨行业、跨地区的产业对接，拓展企业销售渠道，加强行业信息交流，为行业上下游产业发展服务。加强对重点项目跟进服务，定期通报重点项目建设进展情况，协调解决重点项目建设中遇到的重大问题，确保重点项目建设如期完成。

完善的配套政策对产业转型升级具有重要的推动作用。政府要确定长远性的转型升级战略，制定具体的产业转型升级政策、发展规划等，不断强化政策支持，充分发挥政策的杠杆作用。要利用政策良好的导向和激励作用，制定一系列与产业转型升级相关的具体政策举措，进一步扶持企业技术创新和产品研发等；要加强对现有政策资源的系统梳理整合力度，对扶持重点、扶持方式进行相应的调整，进一步统筹财力，集中优势资源力量，加大对经济转型升级中的关键环节、重要节点的政策扶持力度，打造"政策洼地"。资金的投入对于产业转型升级具有重要作用，充足的资金支持可以减轻企业在转型升级中面临的资金负担，也有利于转型期的社会稳定，因此，政府要多措并举加大对专项资金的投入，为产业转型升级提供充足的资金保证。在资金和优惠政策方面扶持重点企业。鼓励金融机构对信用记录较好、守法经营、有竞争力、有市场但暂时出现经营或财务困难的企业给予信贷支持。落实鼓励投资的各项优惠政策，改善化工产业投资软环境，吸引国内外投资者进入。健全服务制度，强化服务意识，简化审批程序，提高办事效率。实行工业用地扶持政策，鼓励企业"领增地"技术改造，对企业提高土地利用率和增加容积率利用现有厂区、厂房改造建设的项目，不再增收土地出让金。建立健全鼓励人才创新制造的分配制度和激励制度，培养行业发展所需人才。建立和完善人才引进制度，鼓励企业通过多种形式引进国际、国内优秀科研技术人才。发挥行业协会的作用，积极发挥提供服务、反映诉求、规范行为的职能作用。在行业规划、信息统计、投资服务、专家咨询、综合协调、安全生产、环境保护、建立行业预警体系保障行业安全、维护行业权益、促进行业公平竞争等方面发挥积极作用。

第十章 河南省纺织服装产业转型升级研究

第一节 河南省纺织服装产业发展现状及存在的问题

一 河南省纺织服装产业发展现状

纺织服装产业是河南省传统优势产业和重要的民生产业,也是河南省重要的支柱产业之一,是实现"中原崛起"的战略支撑产业。中华人民共和国成立后,经过近六十年的建设和改造,河南纺织服装业已发展成为拥有棉纺、针织、毛纺、麻纺、丝绸、化纤、印染等门类齐全,集生产、科研、教育、设计、建设和贸易等多位一体的纺织工业基地。改革开放以来,河南省纺织服装业抓住机遇,深化改革开放,充分发挥比较优势,积极参与国内外市场竞争,生产经营获得长足发展。目前已形成了棉纺织、化纤、针织、服装、家用纺织品、产业用纺织品、纺织机械器材等门类相对齐全且具有一定规模的现代产业体系。河南省是一个具有近1亿人口的发展中省份,是全国第二大产棉区,棉花和劳动力资源优势明显。大力发展纺织服装产业,有利于实现棉花资源就地加工转化升值,带动农业增长和农民增收,拉动相关产业发展,对推进河南省由资源优势向产业优势转变、加快工业化进程具有十分重要的意义。

(一)发展速度持续加快

近几年,河南省主动出击,凭借自身优势,在纺织工业领域取得了飞速发展。目前,河南省内纱锭规模全国排名第3,以1420万枚的纱锭总数,占据全国纱锭总数的14.2%。2014年,河南省一跃成为我国最大的针织纱线生产基地,规模以上纺织企业实现工业增加值约335亿元,销售收入已达1188亿元;纱和化纤产量分别位居全国第3和第5,针织纱线产量占全国的 1/3；服装工业增加值占比为 16.1%；主营裤业的郑州服装产业年销售收入突破 100 亿元，以针织内力为依托的安阳针织产业年销售收入超过 50 亿元，新野、尉氏、新密、扶沟、虞城等一批特色园区初步成形。2015 年以来，市场需求疲软，服装服饰产业增速明显放缓，但河南服装服饰产业仍然保持了平稳增长。2015 年 3～12 月，全省服装服饰总产量为 13.27 亿件，是 2010 年的 3.5 倍。"十二五"时期是河南服装服饰产业繁荣的五年，在全国的排名由第 11 位荣升至第 6 位。截至 2015 年 12 月，河南省服装服饰产业累计主营业务收入 2205.3 亿元，同比增长达 12.9%；累计利润 174.2 亿元，同比增长达 14.5%。

（二）原材料生产量稳定增长

一直以来河南省都是国家重要的棉花种植大省和纺织工业基地，棉花种植面积占全国棉花种植总面积的 10%，产量可达全国棉花总产量的 8%；同时，河南省也是我国主要的蚕丝、麻类、羊毛生产基地；而且，河南省的棉纱产量占全国棉纱总产量的 14.2%，在中部地区稳居第一；河南省的布产量也高达全国总产量的 4.36%。2008 年河南省纱产量在全国总产量中所占的比重为 14.19%，全国排名第三，布产量占全国的 4%，在全国排第 8 位。2014 年，河南省的纱产量为 619.6 万吨、布为 23.6 亿米、化纤为 55.9 万吨、棉花 14.70 万吨。棉产地需要光热水资源充足，而省内主要的棉产地南阳、周口、开封、商丘等地，能够充分满足这些条件，属适宜的棉花生产区。产出棉中优质棉占比达 80% 以上，为棉纺织业发展提供了较为坚实的原材料基础。

（三）经济效益突出

根据中国服装协会的统计，在全国服装产量排名中，2009 年，河南省位居第十一，累计产量达 38774 万件，占全国服装总产量的 1.63%，同比增长 24.57%。河南服装产业以平均增速 30% 以上的比率持续增长 5 年，特别是 2010 年，增速超过 45%，远超全国平均增速。至 2014 年，服装、鞋帽、针纺织品类增长 17.4%。服装一直以来是河南省的大宗出口商品，从 1990 年的出口量 646.13 万件，到 2010 年出口 4042.42 万件，约合 6.19 亿美元，2014 年 1～11 月，河南省出口服装 76 亿元人民币，与上年同期相比增长 38%；全省服装出口量逐年递增。纺织服装产业已然成为河南省的六大优势产业之一，2010 年主营业务收入高达 1800 亿元。在"十一五"规划的五年中，河南纺织服装产业和装配制造业、化工业、食品、汽车及零部件、有色金属共同构成了河南省的六大优势产业。其中，纺织服装业工业增加值持续稳步上升，至 2010 年纺织服装产业已经超过了汽车及零部件产业，并逐步接近有色金属产业、化工业在各产业比率中占比已达到 9.63%。2014 年河南的纺织服装产业主营业务收入与 2009 年相比增长近 300%，达到 1800.72 亿元，2014 年河南省的纺织服装产业工业增加值与 2009 年相比增加了 270%，达到 518.68 亿元。

（四）品牌带动效应明显

目前，服装业方面郑州通过培养一批在国内具有相当影响力的品牌，如太可思、娅丽达、梦舒雅、戈洛瑞丝、欧利、金盾、五朵云、渡森等品牌，占据了国内最大的女裤生产、加工、流通基地和全国重要的男裤生产基地之一的地位。其中，梦舒雅在 2010 年成为中国驰名商标，终结了河南服装无知名品牌的历史。在纺织品方面，河南纺织服装产业也先后创立了"白鹭"牌粘胶纤维、"神马"牌帘子布、"昌泰"牌精梳纱线，"卧龙"牌、"白马"牌棉纱和棉布等一批名满全球的纺织品驰名品牌。伴随品牌产品的成长，纺织品市场的占有率也在不断提升，如新乡白鹭牌粘胶长丝的生产规模排名世界第一，出口量占全国总出口量的 37%，神马集团的帘子布、工业丝产能也位居世界第一。

（五）产业集群初步发展

凭借品牌企业的龙头带动作用和河南及周边地区丰富的资源优势，通过催生并延伸棉花的深度加工项目，基本形成了以品牌企业为龙头，以服装、纺纱、轧花、印染、织布为主体的产业链条。同时，全省共创建了 185 个产业集聚区，其中 45 个集聚区把纺织服装产业定为主导产业，以全面承接沿海地区的产业转移。而且，河南各省辖市的纺织服装产业也已经形成了各具自身特色的发展之路，新乡建立了化纤纺织品生产基地；南阳建立了以棉纺为主体、以服装和家纺为特色的纺织产业基地；开封的棉纺织产业集群则是以高质量针织纱线为主；商丘建立的针织童装产业集群和平顶山的尼龙产业链，这些各具自身特色的产业集群在我国纺织服装行业中具有极高的影响力。

二 河南省纺织服装产业发展存在的问题

(一) 产业自主创新能力匮乏

河南省纺织服装产业的产品开发创新能力不够完备,纺织服装产业的创新能力不足是由对纺织服装企业的研发投入不足导致的。国际经验显示,只有当企业将销售收入的5%以上用作产品研发才具有竞争力,先进地区和国家纺织品企业会拿出销售收入的2%~5%用于R&D。河南省的纺织服装产业中只有少数的大型企业会建立自身的研发机构和比较注重加强自身的技术开发力量,全省尚未建立自己的研发机构不具备研发条件的纺织服装企业约占省内纺织品企业的90%,企业真正用于研发的费用仅占销售收入不到1%的比例。由于用于研发的投入经费不足,开发新产品的速度较为缓慢,特别是附加值高、科技含量高的功能性面料的研发和新纤维的研发与国外同行业相比还存在较明显的差距,严重限制了纺织服装产业链的可持续发展和整体竞争能力,最终导致大多数企业长期采用薄利多销、打价格战的粗放型发展战略,使企业长期处于效益较低的状态。此外,河南省许多纺织服装企业一直依赖于引进国外先进生产设备,通过购买行业现金设备和仿制新兴产品从而获取先进技术。而这种重进口、轻研发的公司战略容易使公司陷入一个引进—落后—再引进的怪圈,从而导致一些纺织服装企业自主知识产权的核心技术的缺失,在工艺水平上长期处于落后于国外企业的状态。新纤维的研发、中间环节的染整和后期处理等环节均为短板,高科技含量和高附加值的功能性面料及高性能纺织技术机械的研发能力都急需提升。

(二) 驰名品牌缺失

近几年来,河南纺织服装产业的主营产品大多为中低档,知名品牌特别是在国际上有一定影响力的知名企业和品牌极为匮乏。河南省纺织服装产业的发展多是集中在资本投入、规模扩张和价格竞争上,而不是表现在企业自主创新能力和产品质量的提高上,企业产品种类太过单一,技术与产品同质化现象比较严重。由于知名品牌的匮乏,许多企业长期处于以量取胜的同质化、粗放型发展战略中。目前为止,虽然一些企业已经开始意识到产品品牌和差异化建设的重要性,但大部分企业还是处于以量取胜、拉低价格的竞争状态,这些企业只能按照贴牌生产的方式运行,从中赚取

微薄的利润赖以生存。例如，郑州市的 2000 多家服装生产企业中只有 500
多个纺织服装企业拥有自主品牌，长期以来郑州纺织服装企业的主打产品
一直都是女裤，郑州纺织服装企业每年仅化纤女裤产量可达 1.6 亿条，全
国同类产品市场的占有率约为 50%。但是，郑州知名女裤的价格却只达到
国际知名女裤品牌产品价格的 1/5，国内知名女裤品牌产品价格的 1/2。虽
然河南纺织业先后创立了一批在国内外有一定影响力的品牌纺织品如"神
马"牌帘子布，"白鹭"牌粘胶纤维，"卧龙"牌、"白马"牌棉纱和棉
布，以及国内外知名的服装品牌如梦舒雅、娅丽达、度森、太可思等，但
河南省内的纺织服装产业与沿海发达省份的纺织服装产业相比还是在知名
品牌的数量略显不足。随着人民生活质量的提升，大家的品牌意识将会越
来越明显，缺乏自主品牌和名牌产品将会成为限制河南省纺织服装产业发
展的一大关键性因素。

（三）缺少龙头企业带动，产业集聚程度低

龙头企业对于产业集群来说是重中之重，要想使整个产业集群的分工协
作体系得以成形就必须依靠龙头企业的带动。龙头企业的存在具有很强的外
部效益，龙头企业在提高产业集群整体的竞争优势和推动产业集群不断演进
的过程中扮演着中流砥柱的角色。通常，一个产业集群的内核产业要有 3~5
个龙头企业来推动，每个外围产业需要 1~2 个以上龙头企业来保障。纺织
服装产业的综合竞争能力普遍源自原材料成本和劳动力成本的优势。但是近
几年，随着国际和国内纺织服装市场的不断变动，在原材料成本和劳动力资
源等方面，河南省内的相对优势已日渐削弱。而河南省大部分纺织服装企业
仍对中低档产品有很强的依赖性。虽然目前有一部分企业已经意识到纺织品
企业向高端市场发展的必要性，但产业整体水平还是普遍较低，绝大部分纺
织品企业尚未具备向高端市场进军的实力。同时外围产业内规模以上企业极
度缺失，再加上辅助材料、运营、广告、物流、售后等行业也没有具有规模
以上的企业，从而严重地影响了整个产业的健康发育。

到目前为止，河南省虽然形成了一定规模的纺织服装产业集群，但其
仍处于初级阶段是毋庸置疑的。河南省纺织服装产业集群化程度一般。集
群内企业在集群业务上的关联程度不强，大企业与中小企业之间普遍存在
竞争关系，大企业之间也有一定程度上各自为政的状态，甚至是敌对竞
争，并没有很好地起到龙头带动作用，产生良性的合作关系。从所处省内

产业集群的整体价值链来看，整个集群都处于生产制造这一低端价值链档次，很大一部分产业集群属于加工型的产业集群，产品档次低下，产品差异化程度低。此外，产业集群内的企业的创新能力并不强。

（四）企业规模小，产品档次不高，生产设备传统，经营模式落后

总的来看，河南省纺织服装企业大多属于小规模企业，特别是布、毛巾织造加工、毛线加工、服装加工、羊绒服饰和羊毛衫加工等纺织企业，基本都是由民营中小企业构成，企业的发展很大程度上受到资本规模小和技术装备水平落后、产品品种单一等方面的限制，企业的产品研发能力基本为零。由于越是小资本规模的民营纺织服装企业，抗风险能力越弱，这些企业从金融机构中获取资本的难度就越大，企业想要扩大规模往往只能依靠自身资产积累，发展速度极其缓慢，这就很大程度上制约了企业发展成为大型企业的可能。

小规模民营纺织服装企业在产品研发、技术改进、设备升级上可投放的资金有限，就直接导致了企业产品档次低下，经营战略往往就只能往薄利多销的方向发展，引进和模仿知名企业产品设计就成了企业产品改良的主要方式，这就不可避免地会造成这些企业产品种类单一，甚至重复。虽然近几年越来越多的河南省纺织服装企业已经意识到这些问题，并做了一定程度的改进和提高，但是与沿海发达省份如上海、江苏、山东、浙江等的纺织服装产业相比，生产技术和设备水平仍然处于落后的状态。目前为止，省内中、小型纺织服装企业仍在延续使用传统的纺织品生产方式和落后的缝制、处理技术和设备，新型的棉纺纱机、紧密纺、自动络筒等先进机型的普及使用与发达省份差距甚远，自动化水平和机电一体化水平也差距明显，特别是县域纺织服装企业差距更为明显。

河南省的纺织服装企业的原型往往是家族式的小作坊，技术落后、劳动力素质低下、自动化程度不高、管理模式低效粗放，信息化程度不高，面对多变的市场环境，反应能力有所欠缺，产业结构、物流、运营、销售、售后、品牌塑造等一系列的增值运作能力极为匮乏。市场竞争能力的塑造基本只能靠压低产品价格和简单的抄袭借鉴来完成，这样的企业发展速度必然会受到自身的限制。一部分民营中、小型纺织服装企业在实现一定程度原始积累之后产生了相当的生产规模，但是依然沿用家庭作坊式的管理模式，完全

没有意识到转变管理制度的必要性，落后的家族管理模式会引发各种各样的问题，从而进一步影响了企业整体的发展水平。所以目前河南省中小型纺织服装企业的发展亟待处理的问题便是经营理念和管理方式的改进。

（五）缺少纺织人才

河南人口基数庞大，劳动力资源丰富，廉价的劳动力对纺织服装产业是一大优势，但同时河南省劳动力待遇低下，就直接导致高素质技术型人才和高学历的经营管理型人才大量流失外省。因此，人才外流将逐渐成为制约河南纺织服装产业发展的一大因素。中、小型服装加工企业是河南省纺织服装企业的主力军，这些企业中与各类专业技术型院校合作交流的寥寥无几，这就出现了企业技术创新和技术培训的缺失，从而使省内劳动力的优势没有得到充分的发挥。从专业化角度来看，产品设计、营销、技术自动化等专业优秀人才的匮乏，就会导致企业发展缺失新鲜血液。

（六）纺织服装产业链条不完整

纺织服装业的产业链条一般分为四个环节：纺纱—织布—印染—服装。而河南省纺织服装产业链条中的印染后整理工艺设备和技术创新能力不足，这使得河南省七成以上的坯布在产出后被运往南方完成印染加工环节。这同时也使得河南省服装企业生产服装所需要的布料大多只能从省外购买，这就必然增加了产品成本，降低了省内纺织服装企业的产品竞争力。而且河南省纺织产品的种类、规格、质量同服装生产的材料需求不配套，纺织企业所生产的坯布符合服装企业需求的数量少之又少，服装企业所需要的面料只得从外省购买，不能形成完整的产业链条也严重影响了纺织服装产业的成长。

第二节 河南省纺织服装产业发展面临的机遇与挑战

一 面临的机遇

（一）沿海地区服装产业转移

由于土地、能源、劳动力等成本的快速提升和生态环境限制，东南沿海地区服装业受到了一定程度的制约，产业结构升级的需求更加迫切，同时纺织服装产业向中西部梯度转移的步伐逐渐加快。河南省与三大沿海城市圈毗邻，劳动力资源在国内最为丰富，是国内的产棉大省，同时又是国内重要的火力发电基地，在劳动力、电力、原材料等资源上具有相当优势，因此河南省是沿海地区服装产业转移的优选之地。

（二）产业结构需求调整

近年来，为使河南宏观经济布局趋于合理，一方面对省内资源型产业进行积极调控防止过度发展，另一方面鼓励劳动密集型产业的发展，可使大量富余劳动力得到安置，进一步促进就业，改善民生水平。所以，积极发展纺织服装等劳动密集型轻工业，可以促进经济发展方式的转变，带动产业结构调整，从而发挥河南劳动力资源充沛的优势，安置大批闲置劳动力，就业压力得到缓解，最终使河南的产业结构趋于稳定。

（三）市场需求快速增长

在国家政策的鼓励下，2014 年消费对经济增长的推动效果明显，全年消费对经济增长提供高达 50% 以上的贡献率，这也必然会引发服装消费的增长。一方面，消费者越来越强的理性消费意识，将会使购买渠道逐渐下移；另一方面，消费者越来越高的服装要求：款式多、设计美、质量好，消费者更愿意选择美观、清洁、舒适、安全的服装产品。随着消费者对服装消费需求的上升，河南省服装市场宽阔的领域，为河南省服装产业发展提供了又一个很好的机遇。

（四）国际市场拓宽

2014 年河南省服装出口额成功突破 1 亿美元的大关，达 1.07 亿美元。在美国和欧洲市场需求持续增长的同时，河南服装业积极开辟了非洲和亚洲的新兴市场，出口交易订单数量可观。产品出口量持续增长且出口价格稳定攀升，为服装企业提供了广阔的国际市场舞台。

（五）"互联网+"与纺织业的融合

新的工业革命必然会对我国产业结构调整的进度产生影响，其中的"新生儿"互联网革命，会为河南纺织服装产业的升级转型提供主导力量。新一代互联网技术正是第三次工业革命的中流砥柱，目前正处于第三次工业革命初级阶段的爆发期，2009～2014年，由于"云、网、端"的技术突破和完善，互联网平台迅速崛起；2014年至今，互联网已经以"互联网＋"为主要手段进化成为一种新的经济范式，这种颠覆传统经济社会的新经济模式表现出了惊人的长足的发展潜力。结合我国互联网发展历程来看，从2003年全国网民总数仅为0.79亿人增长到2014年底的6.49亿人，互联网渗透率从一开始的4.6%到如今的48%，中国的互联网市场已然成为世界最大的智能终端市场，其中智能手机用户高达5亿以上。2014年我国全国网购人数高达3.61亿，比欧洲英法德意四国人口总和还要多，变为世界最大的网络零售市场；2015年电子商务交易额约11万亿元，其中B2C和C2C交易额约2.59万亿元，同比增长34%，服装网购交易额约6153亿元，同比增长41.48%，这显示出线上线下消费已成消费方式的新常态。O2O加速开启新商业模式的序曲，互联网本身带来的创新形式的演变和纺织服装业的新形式相互作用、共同演化。从整个设计、生产、销售、售后进行了全过程改革。可以说，纺织服装业和互联网是"互联网＋"，而不仅仅是"＋互联网"，"纺织服装产业＋互联网"与"互联网＋消费"的转变将极大地促进我国经济和社会的发展。"互联网＋"产生的融合应用是一种化学反应，将打造纺织服装产业结构的颠覆性创新的模式。总之，所谓的"互联网＋"实际上是创新2.0下的互联网发展的新形式，在新的业态，是知识社会创新2.0推动下的互联网形态演进。新兴信息技术的发展将会引领纺织行业创新驱动发展的"新常态"。

二　面临的挑战

（一）经济环境不乐观

目前的国际经济环境处于低迷期，国际市场需求缩减，贸易保护主义呼声高涨，外部经济环境不乐观；国内PPI和CPI等经济指标有缓慢升高的趋势，国内通货膨胀情况严重，就业压力巨大。河南省地处中原地带且人口众多，虽然具有庞大的经济资源，但是河南省整体产业发展落后，低端劳动力和高端技术管理人才流失严重，整体经济水平低下，各种各样的因素都会给河南省服装业的发展带来严峻的挑战。

（二） 国内企业竞争压力增强

国内一些省份服装业起步早发展快，如山东、湖北、浙江、广东、北京等地的服装企业前期发展较快，部分省份服装产业较河南成熟得多。虽然河南省的服装企业也呈现出良好的发展趋势，但是和这些省份还是存在很大差距。河南服装企业起步较晚，未来的发展还有很大的进步空间，但是想要赶超目前已取得行业顶尖地位的国内其他企业，所面临的压力不可谓不大。

（三） 产业集群缺陷

从供产销整个产业链条来看河南服装产业存在诸多问题：一是化纤常规产品产能增长较快，而生产所需的功能性、差别化纤维供应却远远不能跟上化纤产品产能增长的速度，配套原料发展速度缓慢，从而产生突出的结构性矛盾；二是服装企业普遍规模较小且分布分散，市场竞争力弱，而大型企业普遍缺少企业竞争力的关键因素即核心技术，同时大型企业的跨地区配置资源能力也相对较弱；三是随着产能的增长，棉花、化纤原料生产增长速度缓慢，缺口不断加大，加上高纺织用水量和远低于制造业水平平均值的水重复利用率，导致资源环境对产业的发展造成极大制约。

（四） 新贸易壁垒的产生

河南服装产品的出口主要面向日本、美国、欧盟、中国香港特区等传统服装市场。河南的服装企业凭借自身低廉的劳动力优势，产生相对较低的产品成本，在出口时必然会对进口国的服装产业造成一定的冲击，进口国为保护本土企业会针对企业采用反倾销、特别保障等贸易保护政策。同时技术壁垒、环境壁垒和社会壁垒等各种各样的新贸易壁垒正在逐步成为贸易发展的新阻力。

第三节　河南省纺织服装产业转型升级的必要性

当前，国内普遍是从产业自身的发展规律和国内外行业发展形势两方面来分析纺织服装产业转型升级的必要性。从国内外发展形势看，"十二五"时期，国内外发达经济体受到地缘政治风险进一步加大的影响，在金融危机后接连步入振荡调整时期，全球经济多元化格局进一步加强，使我国纺织产业所处的外部环境进一步复杂化。在这种产业环境复杂的状况下，一方面，我国纺织服装产业稳健发展，至2014年底，纺织服装行业内规模以上企业（年销售额2000万元以上）所创造的总产值可达54786.5亿元，全行业实现出口额共计2541.23亿美元。在国内外纺织服装行业市场需求趋缓、企业生产综合要素价格持续增长等的压力下，2015年上半年我国纺织服装行业依然在不断提升品牌的贡献能力和先进生产科技应用率，产销规模保持两位数增长。据国家统计局数据统计，我国纺织服装行业规模以上（年销售额2000万元以上）企业单在2015年1~6月就累计实现26646.9亿元的工业总产值，达到11.25%的同比增长；累计实现25931.95亿元的工业销售产值，达到10.8%的同比增长。另一方面，相比2008年金融危机时期我国纺织服装产业所面临的形势在现阶段更为艰辛。同比利润下降程度很大，尽管产销规模持续增长，但与上年同期相比增速下滑程度相当大。在2014年，以"三驾马车"推动行业发展效果表现乏力。首先，国际市场疲软，2014年1~6月我国纺织品服装产业仅实现2.21%的同比增长，出口额仅达1170.68亿美元，与上年同期增速相比下降23.19个百分点；其次，国内纺织服装产业市场需求量增长速度逐渐减缓，2015年1~6月我国限额以上批零企业服装针纺织品零售额实现同比增长16.9个百分点，服装针纺织品零售额为4538亿元，而较上年同期增速回落7个百分点；最后，国内纺织行业资本投入动力不足，2015年1~6月我国纺织固定资产投资额同比增长15.17%，固定资产投资额达到3404.84亿元，较上年同期增长速度回落22.39个百分点。这表明我国纺织产业无论是发展方式还是增长方式都必须时刻紧跟行业先进潮流，同时我国纺织产业的基础作用、战略地位、民生角色转型升级的任务十分艰巨。

从我国纺织产业的微观基础来看，中小企业为我国纺织产业的主力军，虽然这种结构在调动人民群众的自主创业积极性上有着很鲜明的优势，能够使市场在资源配置中的有效性及基础性作用得到充分发挥，但是大多数企业受到管理经验匮乏、经营理念落后、技术创新能力和自我认知能力有限的中小企业主和民营企业家的限制，在发展过程中明显表现出自发性、盲目性，严重缺失企业转型、提升的自觉主动性，这就很容易使纺织企业产生"贫困化增长"进入"低水平均衡陷阱"。河南省由于中小企业资源大多精于中间加工制造环节而且市场"大进大出""两头在外",对出口过度依赖,加上产能过大而又缺乏营销网络的建设及原材料价格波动的缓冲能力,容易受到产业链上下游两端的挤压,无法实现通过"规模经济"效应带动生产规模的扩张,从而导致纺织服装企业陷入需要面对"进退两难"市场竞争压力的被动境地。加之较差的创新能力、不合理的产业结构、较低的国际化水平、研究与开发经费投入短缺、自主品牌缺失等问题,使得纺织产业粗放型、外延式的传统扩张发展方式难以为继,转型升级成为当务之急。再加上金融危机产生的后续影响,纺织产业面临国际需求大量削减、贸易保护主义苏醒、用工成本上涨、要素价格提升、传统竞争优势趋于弱化、市场竞争日益紧张的困境,纺织产业原本依赖低价格竞争、低成本发展的方式已难以持续。可见,为加快转型升级势在必行,要胸怀壮士断腕的魄力,忍住"破茧成蝶"的痛苦,甚至要做好牺牲短期增长的准备。

第四节　河南省纺织服装产业转型升级的路径

一　技术能力提升为先,市场能力提升随后

采取此战略的企业应着重关注产品的研发和设计。这就要求企业需要提供充分的资金储备来支持建立独立的研发机构、创建技术研发团队从而加强企业的技术研发能力。目前主要有三种技术提升的方式:技术原始创新、技术的引进创新、技术的集成创新。技术的引进主要有四个层次:引进关键生产设备、引进成套的生产技术、引进智力或技术人才、引进专有技术和专利技术。目前河南省纺织服装业的技术引进阶段主要还停留在层次较低的前两项。在技术引进时,需要关注技术的抉择、学习、接纳、吸收。相当多的企业在引进技术时,却不能很好地将引进的融会贯通,不能很好地将先进的生产设备和技术用在生产高质量产品上,导致了"金犁耙掘泥巴"现象的产生。技术的集成创新通常是通过对现有各种技术的横向结合和纵向延伸,形成一种全新技术的方式。在此种技术提升中,企业可以根据现有技术,抓住产品的市场特色,使各项技术的优点与产品高度融合,用较短的时间进行批量集成开发,以极快的速度迅速进入市场,可以有效提高产品的市场占有率。现阶段,河南省纺织服装产业的转型升级可

先以此为突破口。技术的原始创新就是企业自主研发完成技术的核心关键，企业的原始创新具有绝对的自主知识产权。虽然企业的技术原始创新需要投入极高成本并承担高风险，但是一旦技术原始创新研发成功，就可以给企业发展带来巨大的效益。企业想要成为产业先锋和市场领袖就必须坚持技术的原始创新。模仿引进只能是企业发展的短期计划，是权宜之计，原始创新才是企业长期发展的立足点，是企业长期生存的根本大计。此外，河南省纺织服装产业转型升级技术能力的提升可循序渐进由易到难，首先，实施"差别化战略"，虽然大多数处于中低档产品为主纺织企业盈利相当可观，但是不能仅满足于此，应该意识到需要在产品的面料、设计、质量上体现差异化，一开始即使是很细微的差异，逐渐培养也能激发企业的创新意识；其次，应有培养产品设计能力的意识，设计创新相对于产品研发而言，其对资金的依赖不高，即使是风险承担能力弱，无力负担巨额的研发资金的中小企业也可以通过培养产品设计能力来向产业转型过渡；最后，等企业发展到具有一定的研发能力，同时资金积累足够充足时，即可加大产品研发的力度，最终企业在产品技术能力方面取得长足进步。

二　市场能力提升为先，技术能力提升随后

市场能力的提升需要从市场定位、品牌的运维、营销网络的构造、销售及售后、广告策划等思路入手。这一思路着重强调企业要向价值链条的下游蔓延，通过国际市场的开拓，国际营销网络的构造，以创建品牌为主导，以品牌优势为着力点，不断融入文化和科技内核，真正意义上掌控销售渠道，以期获得丰厚的附加值。到目前为止，河南省纺织服装企业多数为国外企业贴牌加工，本土企业规模普遍较小，拥有自主品牌的企业数量更是少之又少，利润微薄，品牌和营销渠道的缺失是纺织服装业的普遍问题。中国 OEM 企业在全球纺织服装产业链中，仅赚取了占比不到 10% 的加工费，剩下 90% 的利润分别被国外的品牌商、渠道商和零售商瓜分，这对企业的获利和发展产生了极大的约束力。想要提升河南省纺织服装业的市场能力，可以由表及里，首先可通过出版物、广播、电视等媒体，以及服装展会与发布会，逐步提高产品的世界品牌知名度。其次，企业应逐步走出去，层层打通销售关卡，形成自己独立的销售渠道和营销模式，加强管理销售渠道。最后，企业可通过管理顾客关系、提升顾客体验、有策略

的定价、零售管理等方式，逐渐打造自己的品牌，从而实现对产品销售网络的掌控。以企业市场能力提升为前提的产业转型升级思路的本质是以客户需求为出发点，以品牌为内核，对现有渠道资源充分利用，从深度、时间、广度上构筑出无懈可击的立体营销网络，从而获取企业转型升级所需的各项资源，发力于产业链后端，最终实现纺织服装业的产业转型升级。

三　市场能力和技术能力同时提升

企业市场能力与技术能力同时提升的思路，即企业或产业需要同时向上下游产业蔓延，形成对整个产业价值链的完整控制。这要求企业和产业自身需具备一定程度的产品研发能力和资金投入，同时在销售体系和营销网络方面也已基本形成自己的体系。这种转型升级的思路模式，要求的不仅仅是企业的营销、研发等单一方面的能力，更多的是对企业或产业整体运筹能力的要求。当企业或产业发展到一定规模时，需要对自身产业、产品和企业的艺术内涵和文化内涵进行塑造，而这种内涵往往具有独一无二的特性，会受到地域、员工和企业的影响，所以在树立这种内涵的过程中自然而然就会形成产业或企业的独树一帜的风格，从而为实现企业的不可替代性打下基础。

在企业或产业文化内涵的开发与树立的过程中，不仅可以同时提升企业的产品技术能力与企业市场能力，更关键的是，可以增强企业市场能力与产品技术能力的双向互动。一方面，技术能力的提升可以为市场能力的提升奠定坚实基础，另一方面，市场能力的提升也为技术能力的提升提供丰富的资金支持。这种良性正反馈互动的形成，将会高效促进企业或产业不断进行转型升级，使企业快速实现超越。

四　在市场战略上实现由外销为主向内销外销市场并举的方向转型

在外销需求减少和国外市场竞争加剧的市场环境下，市场销售渠道和商业营销模式的转型十分重要，此时国内纺织服装企业应设定为向"多渠道、多元化"发展。特别是以外销为主的企业此时更要积极开拓培养国内市场，要充分利用内需增长的机遇，逐渐加大调整产品内销比重的同时，也要适度调整降低外销度并尽量优化调整外销市场结构，主动开发新产品，积极拓宽出口市场的多元化，最终达到国际市场份额的稳定，并实现内销外销市场并举销售模式的成功转型。此外企业也可以通过寻找新的市场需求，积极发现"红海"，找到企业转型的突破口。当国际市场疲软时，可以在国内市场寻求机遇；当城市市场乏力时，可以将战略目光转移到农村市场；当"现实需求"缩减时，可以在"潜在需求"寻找机会。

五　在经营模式上实现从代工到自主品牌转型

代工企业的企业竞争力能力低下且容易受到外部冲击，是因为企业大量采用代工生产模式，依靠对低廉的劳动力成本的过度依赖，以微薄的利润率进行大批量生产和大客户的单一产品订单维持企业经营。这些企业要想突破发展困境，冲击高端产业链就必须强化品牌建设。但是，代工企业想要发展成为品牌企业，需要经历一个漫长又艰难的过程，这需要企业综合能力的提升，必须得到政府的扶持。因此，政府也应该去鼓励具有优势的生产型企业主动向品牌运营商的转型，培育一批品牌企业。同时，也要加强区域的品牌建设，结合各地纺织业自身特色和各地区自然人文因素，强化区域企业品牌集聚力，从而使大企业在区域品牌创建中的带头作用得到充分发挥。

第五节　河南省纺织服装产业转型升级的对策措施

一　提高自主创新能力

河南省的纺织服装行业不断发展进步、不断转型升级的动力是自主创新，自主创新主要包括技术革新升级、品牌运营建设、拓展创新营销渠道、制度改革创新等方面，只有在这几个方面实现完成自主创新，河南省纺织服装行业才有可能在全球的纺织服装行业价值链中占据有利的地位。

切实加强政府部门对企业的服务。国家相关部门应尊重市场的自有规律，充分发挥在资源配置中起决定性作用的市场的功能。尊重企业家的创新精神，把服务企业作为一项重要举措来推进纺织服装行业发展，在政策引导、要素保障、开拓市场、融资服务和帮扶困难企业等几个方面建立长期有效的服务机制，帮助解决企业在生产经营过程中遇到的各种问题。相关部门应对纺织服装行业的重点产业、重点园区和重点项目在立项审批、资金支持、土地审批、环评等方面开辟"绿色"快速通道，保障项目建设顺利实施。

技术创新。有人曾经形容形容河南省纺织服装行业的状况为"一流的设备，二流的质量，三流的价格"，现在河南省大部分先进的纺织服装机械仍然依赖进口。但是河南省纺织服装行业即使引进了先进的机械化设备，仍然生产不出优质的产品，这个现象主要是因为河南省纺织服装行业缺乏核心技术。河南省纺织服装业需在许多方面实现技术创新，例如，服装版型与服装设计技术、立体剪裁技术、人体数字化测量技术的创新；纤维差别化、功能化及其产品的产业化；对高档面料织造、设计、印染及印染后整理技术的突破；高档配套室内家用纺织品的设计开发技术；数字化织造、印花技术；纺织品绿色环保技术；机电一体化的高性能纺纱、织造及印染设备技术；先进纺织机械的研发制造。

品牌建设。品牌建设包括"集群品牌"、"企业品牌"和"产品品牌"。首先，在产业集群领域争取整体品牌，提高区域知名度，使地名响亮的地域品牌。其次，注重培育企业做大做强，扩大国内外企业的声誉，建立国际一流的纺织服装企业。最后，提高产品设计和质量，在出口规模上进行比较。在大型加工和产品品牌中，我们应该根据国际公认的标准，培育一批具有竞争力的国际品牌。品牌建设，需要立足国内，放眼国际。品牌的建立不是时间问题，需要长期积累和培育。目前，我们应该从基础做起，积累雄厚的工业基础，培养优良的制造技术，保证高质量的产品质量。同时，增强区域和企业的品牌意识，力争超越。

营销渠道创新。国际品牌的建立不仅需要优质的产品，而且需要良好的宣传和特色营销模式。目前，河南纺织服装企业的宣传主要还是以广告的形式进行。值得注意的是，国内的广告成本超过了数百万元，甚至超过千万元，而国外宣传成本却很低，这种现状应该改变。国际广告可以通过国际杂志、广播、电视、互联网和其他媒体来完成。同时，要在国外建立健全的营销网络，建立服装品牌专卖店，或在国外先进的商场设立品牌柜台。参加国外著名服装展览会或展览会，在国际名城开展定期服装展，增强品牌知名度。此外，服装品牌不仅需要宣传，而且纺织企业需要加大宣传力度，让世界了解河南纺织企业及其产品。随着中国的改革开放和国力的不断增强，让世界越来越多的人认识中国品牌。河南纺织服装企业也应抓住这一发展机遇，走向世界，打造一批世界级品牌。

制度创新。目前，河南省纺织服装产业集群存在着严重的模仿现象，降低了率先创新企业的预期收益，严重损害了骨干企业创造和推广新技术的积极性，集群创新遇到了"天花板"。为保护创新企业的知识产权和技术开发的积极性，首先，我们应该利用法律和行业协会的力量，加强对侵犯知识产权和恶意竞争的企业的惩罚。其次，创新型企业应通过重点项目扶持、技术改造项目贷款贴息、所得税减免、技术创新基金补贴等优惠措施，激发创新型企业的创新活力。最后，要促进不同企业的定位。核心企业走高端路线，生产具有一定技术壁垒的高端产品，其他企业走中低端路线，生产中低档产品，或为核心企业或零部件提供支持服务，这样不仅可以满足不同层次的需要，同时，随着核心企业的不断升级，可以不断向集群内其他企业扩散较为低级的技术，可以形成以核心企业为主导的，整个产业集群的逐步转型升级的局面，它既不损害核心企业的创新收益，又有助于其他企业通过技术扩散实现竞争优势，实现"双赢"。这种激励相容的制度创新将不断释放产业的活力，促进产业的持续发展。

二　加快实施人才战略

纺织服装企业要创新要发展，人力资源需要首要考虑。他们需要掌握技术、设计、管理、国际营销、WTO 以及熟练的技巧等技能。近几年来，纺织行业人才严重匮乏，纺织教育逐步落后，纺织企业的人才流失。纺织相关专业能够招收的学生越来越少，并且由于收入、前途、偏好等诸多影响因素，他们放弃了纺织行业，转而进入其他行业。从长远来看，这也会阻碍纺织行业的发展。纺织行业可持续发展的当务之急是人才的培养。这需要政府的支持和企业自身通过努力来克服该问题，通过扩大高级纺织教育和多层次纺织技术人才培养和企业良好的环境和待遇来引进和留住人才。通过以下四种措施可以促进纺织企业人才的经营管理：首先要给人提升自身的空间，使工人能够有充分发挥出自身的价值和能力的余地，实现这些的重中之重是放权、交流和相关机制的完善。其次要深化企业文化机制的改革，使其发挥出按劳分配的职能，营造能者留庸者走的环境。然后要强化企业文化建设，通过建立积极正面的企业价值观来培养职工良好的就业品质，增强对企业的归属感。最后要加强对人才的培养，通过提升工人的思想品质来提升工人的核心竞争力。

市场的竞争，究其根本还是人才的竞争。人力资源对河南省纺织服装业的转型升级有着较为明显的影响。然而当前河南省纺织服装业人力资源的质和量的形式相当严峻，河南省纺织服装业发展进步主要矛盾已逐渐转变为高级技术工人的短缺。解决当前问题的当务之急是促进人才战略的实施和落实，让人力资源充分发挥出在企业改革当中的作用和意义。

应制定完善、高效、合理的人才匹配政策，包括人才造就、人才跃迁、人才引入、奖励诱惑、多渠道员工技术培养和拓展培养经费等。要解决"吸引人才，保住人才"的问题。比如，合理的奖励机制。积极推动技术入股、股票奖金等多种方式，极大地激励高技术人才，实现他们的对于奖励分红的热爱和创造能力、创新积极性的有机统一，使河南省纺织服装业成为人才从业、创业的天堂。

大量引入国内外高等技术人才。从目前河南省纺织服装业的现状来看，最直接有效的方法是人力资源引入，如高级纺织服装设计师、国际纺织服装机械师、纺织服装技术研究人员、高等复合型经营管理人才，以及既懂经济管理又了解国际规则的高级运营专家等。应给予引进人才的企业、个人奖励和优惠待遇。对于引进的人才，还应给予诸如住房、子女教育等方面的便利条件。加强人才培养，滚动高素质人才的雪球。加强对专家队伍建设的重视程度，着手建立国内纺织服装业专家人才库。加大对纺织专业高等人才教育的投资，尽可能地促进学校与企业的沟通合作，实施人才联合培养战略，加强专业技术人才从学术到技术的高效结合，从而培养出更加适用的人才。实力雄厚的大企业，也可以建立国外人才培养基地，及时学习领域先进技术和手段，跟随行业前沿，使企业的发展更具有国际性和领先性。政府也要从政策与财政的方面做出鼓励和支持，扶持企业建立职工培训中心，为中小型新生企业提供人才培养的平台。

三　增强产业品牌效应，把品牌建设作为开拓市场的立足点

企业的管理层应该有敏锐的品牌战略意识，应该认识到品牌战略对企业发展的战略性意义。今后纺织服装企业应将自己的发展目光集中于增强企业的核心竞争能力以应对今后将面临的国际竞争，这就要求纺织企业在通过技术改造大力加强企业有形资产竞争力的同时，积极推广发展自身品牌，坚持开发技术含量高的新产品。同时要明确品牌定位，精准宣传突出自身品牌产品的价值内核，开辟趋于品牌战略网点。从产品技术、产品质量等方面入手推广产品个性特点，使品牌知名度在极大程度上得到提升。

引导企业研发并投产一批具有自主知识产权、较高附加值和较强市场潜力的知名品牌产品强化品牌的核心竞争力，建立个性化、差异化的品牌形象。品牌核心竞争力是品牌独一无二的个性，是在第一时间将自己和其他品牌区分的形象化标志。一个品牌必须确定自己的核心竞争力，并始终保持在该领域的领先地位。根据"比较优势理论"，虽然一个品牌没有必要也不可能在各个方面都处于领先地位，但是一定要具有自己的比较优势。

积极鼓励纺织服装生产企业和品牌参加全国性和国际性的服装展会。最近中国服装百强榜发布，有12家河南服装企业上榜。这是中国服装百强榜活动举办了17年以来，河南服装企业的首次入围。这标志着河南服装企业在走向品牌化的道路上迈出了第一步。积极参与全国性和国际性的服装展会，是提升品牌实力，让外界了解河南服装企业的一条捷径。

四　鼓励企业做大做强

河南本土的服装纺织企业要想提升自身的综合竞争能力，使自身的实力能够同外省尤其是发达地区龙头企业展开竞争，就必须积累资本，提升企业规模，做大做强，为了达到这一目的，需要做到以下几点。

通过改制重组提高纺织服装企业规模，改革制度，明晰产权，建立和完善现代企业制度并将法人治理结构建立健全，使企业的生产经营活动规范化。通过成立专业化园区，使企业形成稳定，可持续，特色发展的产业集群，从而实现基础设施，生产要素，产品，市场信息，社会化服务等低成本，高效益的集聚。

利用河南本土像地理、交通方面的物流优势以及劳动力和原材料方面的成本比较优势吸引接纳外省发达地区龙头企业和项目转移至河南省，并改善投资环境，完善配套政策，加快平台建设，创造有利条件来壮大纺织服装产业总量。使服装纺织企业做大做强。在这一过程中也要保护本地区的资源、环境以及产业结构，减少负面影响，在结合河南本省对于纺织服装行业发展规划的基础上，避免引进一些高能耗、低附加、粗加工、低技术和高污染的企业和项目，有的放矢，合理引进。

五　突破瓶颈，完善产业链

在很长一段时间内，因为河南纺织行业印染工艺的缺失，河南的纺织行业和服装行业是严重脱节的，从而导致河南纺织行业生产的纱、布需要销往沿海发达地区，由广东、福建、浙江的企业进行印染加工之后，再由河南省的服装行业的企业回购后进行生产。为了减少成本、补足短板，完善产业链，在沿海发达地区印染产业转移的背景下，将这些印染企业吸引到纺织产业的集中区域。许昌、尉氏等部分地区已经落户了几个大型印染项目。

充分利用东部地区印染的优势，积极承接沿海地区技术先进，实力雄厚的印染企业转移，对解决河南省纺织服装产业印染技术发展瓶颈起到良好作用，同时淘汰旧产能，发展新印染技术加强绿色染整。宁波福甬印花有限公司入驻开封尉氏县，投资建设针织、印染、制衣一体化纺织工业项目，投资额达 12 亿元，拥有 $3 \times 10^4 t$ 的印染能力，这在整个印染行业都是前所未有的。将现在电子信息技术、生物工程技术、机械自动化技术与印染技术相结合，大力推广无水或少水引燃设备和技术，可有效提高自动控制生产水平。针对印染业资源消耗高、自动化程度低、环境污染特别严重等问题要高度关注重点解决，同时要积极产品创新，增加高附加值的新产品的开发和生产。

六 优化纺织服装产业布局

坚持集聚发展和特色发展，形成分工合理、特色鲜明、竞争优势突出的区域产业布局。通过增强产业配套能力、完善生产制造产业链条等，推进河南纺织服装产业现有的重点产业集聚区内企业集中布局、集群发展，形成规模效应和集聚效应；建立产业发展协调机制，强化不同产业集聚区的空间整合，推进各产业集聚区突出特色、错位发展、深度合作。

参考文献

[1] 李晓琳:《提升我国装备制造业在全球价值链中的地位》,《宏观经济管理》2018 年第 12 期,第 26 ~ 33 页。

[2] 黄满盈、邓晓虹:《中国纺织服装业转型升级驱动因素——基于上市公司的季度面板数据分析》,《技术经济与管理研究》2018 年第 9 期,第 118 ~ 123 页。

[3] 袁小锋、桂卫华、陈晓方、黄科科、阳春华:《人工智能助力有色金属工业转型升级》,《中国工程科学》2018 年第 4 期,第 59 ~ 65 页。

[4] 孙嘉楠、肖忠东:《政府规制下废旧汽车非正规回收渠道的演化博弈》,《北京理工大学学报(社会科学版)》2018 年第 5 期,第 26 ~ 36 页。

[5] 向晓梅、吴伟萍:《改革开放 40 年持续性产业升级的动力机制与路径——广东迈向高质量发展之路》,《南方经济》2018 年第 7 期,第 1 ~ 18 页。

[6] 何涛、姜宁川:《纺织服装业服务化转型及价值链优化》,《纺织导报》2018 年第 7 期,第 23 ~ 26 页。

[7] 李夏迪、周爱英:《"互联网 +" 时代我国纺织服装产业转型升级路径研究》,《纺织导报》2018 年第 7 期,第 26 ~ 28、30 页。

[8] 陆杰、颜建周、邵蓉:《仿制药企业转型升级路径研究——以梯瓦制药为例》,《中国医药工业杂志》2018 年第 5 期,第 698 ~ 701 页。

[9] 李巧、董绍辉:《生物医药产业发展关键因素识别研究》,《河北学刊》2018 年第 3 期,第 198 ~ 202 页。

[10] 苏贝、杨水利:《基于扎根理论的制造企业智能化转型升级影响因素研究》,《科技管理研究》2018 年第 8 期,第 115 ~ 123 页。

[11] 张荫楠：《行业转型升级和新旧动能转换持续深入——2018 中纺联春季调研组赴山东调研》，《纺织导报》2018 年第 4 期，第 20 ~ 21 页。

[12] 朱伟明、周丽洁：《互联网 + 浙江传统纺织服装专业市场转型升级研究》，《丝绸》2018 年第 4 期，第 49 ~ 56 页。

[13] 王剑：《装备工业转型升级中的智能制造策略研究》，《华东经济管理》2018 年第 3 期，第 158 ~ 166 页。

[14] 索理：《我国纺织服装出口贸易面临的挑战与转型策略研究》，《价格月刊》2018 年第 2 期，第 71 ~ 74 页。

[15] 唐楠、魏东、刘林、刘科伟：《基于 GE 衍生矩阵的资源型城市化工产业延链升级研究——以陕西省韩城市为例》，《地域研究与开发》2018 年第 1 期，第 80 ~ 85 页。

[16] 徐建伟：《我国制造业典型行业转型升级的经验分析——基于部分代表性企业的案例研究》，《经济研究参考》2018 年第 7 期，第 14 ~ 22 页。

[17] 颜建周、董心月、王梦媛、邵蓉：《印度仿制型制药企业的转型升级路径研究及其对我国的启示——以雷迪博士为例》，《科技管理研究》2018 年第 2 期，第 28 ~ 33 页。

[18] 胡国良、李洁：《全球经济"再平衡"与中国制造业竞争力再造——兼论人民币升值对制造业转型升级的倒逼机制》，《江海学刊》2017 年第 6 期，第 223 ~ 228 页。

[19] 赵霞：《加快湖北汽车产业智能化发展的路径研究》，《湖北社会科学》2017 年第 8 期，第 77 ~ 83 页。

[20] 李鹏飞：《促进传统产业转型升级的政策转型研究——基于产业技术经济特征的分析》，《当代经济管理》2017 年第 10 期，第 44 ~ 48 页。

[21] 张卫华、梁运文：《全球价值链视角下"互联网 + 产业集群"升级的模式与路径》，《学术论坛》2017 年第 3 期，第 117 ~ 124 页。

[22] 张俊飚、赵博唯：《供给侧改革背景下绿色食品产业转型升级的思考》，《中南民族大学学报（人文社会科学版）》2017 年第 4 期，第 131 ~ 134 页。

[23] 曹玉平：《纺织产业转型地区发展服务型制造路径分析——以山东省潍坊市为例》，《纺织导报》2017 年第 7 期，第 45 ~ 46 页。

[24] 朱建民、丁莹莹：《以知识管理新范式提升我国装备制造业竞争力研究》，《经济纵横》2017 年第 6 期，第 22 ~ 27 页。

[25] 杜朝晖：《发达国家传统产业转型升级的经验及启示》，《宏观经济管理》2017 年第 6 期，第 87 ~ 92 页。

[26] 曹玉平：《传统纺织产业带转型升级面临的形势及对策——以安丘纺织业为例》，《纺织导报》2017 年第 6 期，第 20、22 页。

[27] 施海燕：《浙江生物医药产业转型升级阶段与特征分析》，《科技管理研究》2017 年第 10 期，第 141 ~ 147 页。

[28] 尚蔚：《山东开展国际产能和装备制造合作的实践及对策》，《宏观经济管理》2017 年第 5 期，第 68 ~ 72 页。

[29] 赵福全、刘宗巍、史天泽：《中国制造 2025 与工业 4.0 对比解析及中国汽车产业应对策略》，《科技进步与对策》2017 年第 14 期，第 85 ~ 91 页。

[30] 聂名华：《中国制造业在全球价值链中的地位与升级方略》，《东南学术》2017 年第 2 期，第 127 ~ 134、248 页。

[31] 许家伟：《中原经济区汽车产业的转型升级与格局重构》，《江西社会科学》2017 年第 2 期，第 75 ~ 82 页。

[32] 冀耀强：《新常态下张家口工业经济转型发展》，《中国统计》2016 年第 12 期，第 57 ~ 58 页。

[33] 张志元：《供给侧改革背景下提高我国先进装备制造业竞争力研究》，《当代经济管理》2016 年第 12 期，第 52 ~ 56 页。

[34] 方巍、林汉川、张思雪、胡海晨：《万向集团国际化转型升级中的社会技术创新研究》，《科技进步与对策》2016 年第 23 期，第 87 ~ 91 页。

[35] 赵福全、匡旭、刘宗巍：《面向智能网联汽车的汽车产业升级研究——基于价值链视角》，《科技进步与对策》2016 年第 17 期，第 56 ~ 61 页。

[36] 张彤：《价值链嵌入视角下的制造业与物流业互动升级》，《中国流通经济》2016 年第 5 期，第 18 ~ 24 页。

[37] 范叙春：《收入增长、消费结构升级与产品有效供给》，《经济与管理研究》2016 年第 5 期，第 16 ~ 24 页。

[38] 赵福全、刘宗巍：《中国发展智能汽车的战略价值与优劣势分析》，

《现代经济探讨》2016 年第 4 期，第 49 ~ 53 页。

[39] 王立元、朱根华、吴晓明：《生物医药产业集群发展趋势与对策——以江西省为例》，《企业经济》2016 年第 2 期，第 153 ~ 157 页。

[40] 赵福全、刘宗巍：《工业 4.0 浪潮下中国制造业转型策略研究》，《中国科技论坛》2016 年第 1 期，第 58 ~ 62 页。

[41] 周平：《新常态下的工业转型升级》，《中国统计》2015 年第 12 期，第 11 ~ 12 页。

[42] 刘建丽：《工业 4.0 与中国汽车产业转型升级》，《经济体制改革》2015 年第 6 期，第 95 ~ 101 页。

[43] 杜文宏、黄忠东：《广西电子信息产业转型升级研究》，《广西社会科学》2015 年第 10 期，第 37 ~ 40 页。

[44] 隋映辉、于喜展：《我国轨道制造的系统创新与转型路径——跨越式发展与创新转型实践》，《科学学研究》2015 年第 5 期，第 767 ~ 773 页。

[45] 孙占、张玉赋、张华：《江苏省人才与产业转型发展互动关系研究》，《科技进步与对策》2015 年第 8 期，第 46 ~ 50 页。

[46] 赵欣：《煤炭资源型城市发展低碳经济的路径研究——以鄂尔多斯市的低碳发展为例》，《生态经济》2015 年第 4 期，第 68 ~ 72 页。

[47] 仵明丽：《新常态下煤炭企业转型发展的思考与实践》，《中国煤炭》2015 年第 3 期，第 30 ~ 32 页。

[48] 董欢：《我国盐业企业战略转型的理论框架与路径选择》，《理论月刊》2015 年第 3 期，第 128 ~ 131 页。

[49] 王云霞、李峰：《对山东省装备制造业转型升级的思考》，《东岳论丛》2015 年第 3 期，第 179 ~ 184 页。

[50] 刘客：《产业融合视角下中国煤炭产业转型路径研究》，《山东社会科学》2015 年第 2 期，第 169 ~ 174 页。

[51] 马晓河：《结构转型、困境摆脱与我国制造业的战略选择》，《改革》2014 年第 2 期，第 22 ~ 34 页。

[52] 贾晓霞、赵萌萌：《组织间网络联结对企业转型升级影响的实证研究——基于海洋装备制造企业的考察》，《科技进步与对策》2014 年第 21 期，第 87 ~ 93 页。

[53] 李坤、于渤、李清均：《"躯干国家"制造向"头脑国家"制造转型

的路径选择——基于高端装备制造产业成长路径选择的视角》,《管理世界》2014 年第 7 期,第 1～11 页。

[54] 蔡勇志:《全球价值链下我国电子信息产业集群转型升级的思考》,《经济体制改革》2013 年第 5 期,第 124～127 页。

后　记

　　制造业转型升级是近年来我国经济发展中的热点话题。河南省制造业自改革开放以来得到了快速发展，但随着全球经济形势的不断变化和第四次工业革命的到来，河南省制造业发展中面临的资源环境约束越来越强，转型升级迫在眉睫。本专著是郑州轻工业大学刘珂教授主持河南省高等学校哲学社会科学应用研究重大项目"新常态下河南省承接产业转移促进制造业转型升级研究（2016－YYZD－20）"的研究成果。

　　研究基于翔实的数据资料，将河南省制造业转型升级置于全球经济结构调整和产业转型升级的大背景下，探讨了河南省制造业产业转型升级的问题和困境，提出了一些新的看法和观点，研究成果对于政府部门制定产业政策具有一定的参考价值。

　　这部著作是集体智慧的结晶，有多人参加了课题研究和论著的编写，具体分工如下：刘珂负责研究框架确定并撰写第三、四章；刘凤伟负责撰写第一章；谢芳负责撰写第二章；王光霁负责撰写第五章；裴卫旗负责撰写第六章；韩珂负责撰写第七、八、九章；陈昱负责撰写第十章。

　　本书的出版得到了社会科学文献出版社的大力支持，从策划到最终定稿，出版社提出了许多合理建议，在此对社会科学文献出版社表达真诚的谢意。还有许多朋友对本书的写作和出版非常关心，并给予了帮助，在此一并致谢。

图书在版编目(CIP)数据

河南省制造业转型升级研究 / 刘珂等著. -- 北京：
社会科学文献出版社，2018.12
ISBN 978 - 7 - 5201 - 3828 - 4

Ⅰ.①河…　Ⅱ.①刘…　Ⅲ.①制造工业 - 产业结构升
级 - 研究 - 河南　Ⅳ.①F426.4

中国版本图书馆 CIP 数据核字（2018）第 257256 号

河南省制造业转型升级研究

著　　者／刘　珂 等

出 版 人／谢寿光
项目统筹／任文武
责任编辑／连凌云

出　　版／社会科学文献出版社·城市和绿色发展分社（010）59367143
　　　　　　地址：北京市北三环中路甲 29 号院华龙大厦　邮编：100029
　　　　　　网址：www.ssap.com.cn
发　　行／市场营销中心（010）59367081　59367083
印　　装／三河市尚艺印装有限公司

规　　格／开 本：787mm × 1092mm　1/16
　　　　　　印 张：14　字 数：233 千字
版　　次／2018 年 12 月第 1 版　2018 年 12 月第 1 次印刷
书　　号／ISBN 978 - 7 - 5201 - 3828 - 4
定　　价／78.00 元

本书如有印装质量问题，请与读者服务中心（010 - 59367028）联系